"十四五"职业教育国家规划教材

劳动通识

——中等职业学校劳动教育读本

安鸿章 主编

北京理工大学出版社
BEIJING INSTITUTE OF TECHNOLOGY PRESS

版权专有　侵权必究

图书在版编目(CIP)数据

劳动通识：中等职业学校劳动教育读本/安鸿章主编．--北京：北京理工大学出版社，2020.8（2024.7重印）
ISBN 978-7-5682-8616-9

Ⅰ.①劳… Ⅱ.①安… Ⅲ.①劳动教育-职业高中-教材 Ⅳ.① G40-015

中国版本图书馆 CIP 数据核字（2020）第 110114 号

责任编辑： 时京京　　**文案编辑：** 陆世立
责任校对： 李雪冬　　**责任印制：** 边心超

出版发行 / 北京理工大学出版社有限责任公司
社　　址 / 北京市丰台区四合庄路 6 号
邮　　编 / 100070
电　　话 / （010）68914026（教材售后服务热线）
　　　　　　（010）68944437（课件售后服务热线）
网　　址 / http://www.bitpress.com.cn
版 印 次 / 2024 年 7 月第 1 版第 11 次印刷
印　　刷 / 定州市新华印刷有限公司
开　　本 / 787 mm×1092 mm　1/16
印　　张 / 12.5
字　　数 / 287 千字
定　　价 / 36.00 元

图书出现印装质量问题，请拨打售后服务热线，负责调换

编写委员会

主　编： 安鸿章（首都经济贸易大学）
副主编： 张建军（唐山工业职业技术学院）
　　　　　华群青（佛山市南海区盐步职业技术学校）
参　编： 翟松辉（青岛市技师学院）
　　　　　张禹贵（临漳县职业技术教育中心）
　　　　　周晓瑜（宜兴高等职业技术学校）
　　　　　温君慧（北京财贸职业学院）
　　　　　张春青（唐山职业技术学院）
　　　　　陆　群（南京信息职业技术学院）
　　　　　张跃东（江苏省南京工程高等职业学校）

前 言
Preface

"劳动是推动经济社会发展的根本力量,是人的本质。"[①] 2022 年 10 月 16 日,中国共产党第二十次全国代表大会报告"深化实施人才强国战略"中再次强调"尊重劳动、尊重知识、尊重人才、尊重创造"。2018 年 9 月 10 日召开的全国教育大会提出了培养德、智、体、美、劳全面发展的社会主义建设者和接班人的总要求。这一提法将劳动教育从以往促进青少年全面发展的途径,提升为国民教育体系中与德、智、体、美育并举的重要组成部分。

2020 年 3 月,中共中央、国务院颁发了《关于全面加强新时代大中小学劳动教育的意见》,对新时代大中小学加强劳动教育进行了全面、系统的部署,强调"劳动教育是国民教育体系的重要内容,是学生成长的必要途径,具有树德、增智、强体、育美的综合育人价值"。

职业教育以努力培养数以亿计的高素质劳动者和技术技能人才为己任。旨在促进学生修养德行,沉淀智慧,积累能力,强壮体魄,健康审美,崇尚劳动,娴熟技能,这更契合崇尚工匠精神、崇尚劳动、崇尚技能的舆论环境。

因此,职业院校具有落实落地劳动教育的天然优势。《关于全面加强新时代大中小学劳动教育的意见》和《教育部关于印发〈大中小学劳动教育指导纲要(试行)〉的通知》(教材〔2020〕4 号)均要求:"职业院校以实习实训课为主要载体开展劳动教育,其中劳动精神、劳模精神、工匠精神专题教育不少于 16 学时。"其实,早在

---

① 习近平. 在庆祝"五一"国际劳动节暨表彰全国劳动模范和先进工作者大会上的讲话[N]. 人民日报,2015-04-29.

2019年,《教育部关于职业院校专业人才培养方案制订与实施工作的指导意见》(教职成〔2019〕13号)就已经提出:"结合实习实训强化劳动教育,明确劳动教育时间,弘扬劳动精神、劳模精神,教育引导学生崇尚劳动、尊重劳动。""学校还应当组织开展劳动实践、创新创业实践、志愿服务及其他社会公益活动。"

许多职业院校已经先行一步,积极探索。通过劳动教育课程,可以培养学生的劳动精神(含劳动态度、劳动理念、精神风貌),使其成为有素质的劳动者;进而可以培养学生的工匠精神(包括爱岗敬业、刻苦钻研、精益求精、追求卓越等),鼓励其成为优秀的劳动者;更进一步地,可以激发学生向劳动模范们学习劳模精神,促使其在工作中爱岗敬业、争创一流、艰苦奋斗、勇于创新、淡泊名利、甘于奉献,进而成为影响别人的杰出的劳动者。

本教材是融思想性、科学性、实用性于一体的创新教材。教材既体现了劳动教育的思想性——运用马克思主义唯物史观,阐述了全面的、本原的劳动观,把劳动看成包括人类创造世界、改造世界的一切实践活动;又兼顾劳动科学的系统性——充分彰显了劳动形态的时代发展性,阐明了劳动与人类伦理、劳动与经济、劳动与法律、劳动与劳动关系、劳动与安全等关系,揭示了劳动永远与每个人的生活与发展息息相关的真理。此外,教材还特别突出了实用性——注意结合当代中职学生未来的职业发展和在社会生活中可能遇到的各种劳动问题,普及必要的、实用的知识。

本教材以培养劳动观念、指导劳动实践、提升劳动能力为基本理念,以培养学生适应当代社会需要的核心素养和现代职场需要的核心能力为具体要求,以日常生活劳动素养、服务性劳动素养、生产劳动素养培养为教学目标。主要内容包括:劳动观念与劳动教育、劳动科学常识、劳动法规与劳动权益、劳动素养修炼与提升等理论知识,教材采取分场景的劳动实践(家庭、学校、社会、职场)方式,介绍了有关通用劳动技能和职业素养的内化训练方法,旨在引导新时代中职学生坚定树立马克思主义劳动观,正确认识劳动的现象与本质,正确理解劳动与社会的关系,正确认识与处理中国特色劳动关系,真正懂得劳动创造价值、劳动关乎幸福人生的道理。

——在生活劳动教育上,以体力劳动为主,侧重基本生活知识和技能积累,在日常生活劳动实践中学会认知、学会生活、学会生存、学会共处,适应生活环境、适应社会生活。服务家人起居,参与家庭事务管理,达成生活自理,同时树立绿色意识、环保意识,学会美化环境,愉悦心情,使得生活和工作充满希望,提高生活质量。

——在服务性劳动教育上,以智力劳动为主,侧重于用知识、技能、工具、设备等为他人和社会提供服务。以自身劳动成果奉献他人,造福社会,陶冶情操,美化心灵;学会共处、学会奉献、学会担当,增强公益服务意识,培育志愿者精神,彰显奉献精神;增强专业服务意识,强化社会责任,提升技能和人文素养,培育担当精神。

通过服务性劳动，推动学生接触社会、深入生活、参加各种社会实践，形成良好的社会风尚；培养学生为人民服务、为公众谋利益的良好思想品德。

——在生产劳动教育上，集体力＋脑力劳动于一体，侧重技术技能训练与积累，分层分步推进。在劳动实践中学会学习、学会工作、学会创造，达成劳动美感、获得感、成就感。培养团队协作精神、创新精神、劳模精神，增强劳动获得感，取得初步的生产经验，扩展生产技术知识，为就业和未来职业发展储能，增加成就感，同时强化劳动纪律和安全防范意识。

劳动教育是一门实践性很强的课程。除了扎实推进新时代职业院校劳动教育的课程建设外，各职业院校至少还需要做到以下七个方面"相结合"：劳动教育与思想政治教育相结合、劳动教育与专业教育相结合、劳动教育与实习实训相结合、劳动教育与社会实践和志愿服务相结合、劳动教育与创新创业教育相结合、劳动教育与产教融合相结合、劳动教育与职业生涯教育及就业指导相结合，进一步完善劳动教育体系，将劳动教育融入学校育人各个环节中。

中国特色的社会主义伟大事业需要依靠一代又一代中国人的辛勤劳动、持续奋斗来实现。青年有理想、有本领、有担当，国家就有前途，民族就有希望，为更好地贯彻落实党的二十大精神，让我们这代青年人在职场的人生舞台上，通过日常生活劳动、生产劳动和服务性劳动创造社会财富，创造美好人生。

安鸿章[①]

[①] 安鸿章（1949— ），中国劳动学会原常务理事，我国著名劳动经济学专家，首都经济贸易大学教授。

目　录
Contents

第一部分　认知劳动世界

模块一　探究劳动本源 …………………………………………………………… 2
　　主题 1.1　劳动基本概念和价值 ……………………………………………… 3
　　主题 1.2　马克思主义劳动观 ………………………………………………… 9
　　主题 1.3　中国劳动教育的前世今生 ………………………………………… 15

模块二　认知劳动法律与权益 ………………………………………………… 23
　　主题 2.1　劳动法律法规 ……………………………………………………… 24
　　主题 2.2　劳动合同及权利保障 ……………………………………………… 29
　　主题 2.3　岗位实习权益 ……………………………………………………… 35

模块三　传承劳动精神 ………………………………………………………… 43
　　主题 3.1　劳动精神和劳动纪律 ……………………………………………… 44
　　主题 3.2　工匠精神和技能成才 ……………………………………………… 52
　　主题 3.3　劳模精神和劳动素养 ……………………………………………… 62

第二部分　培养劳动能力

模块四　学校劳动实践 ………………………………………………………… 72
　　主题 4.1　校园清洁和环保行动 ……………………………………………… 73

主题 4.2　义务劳动和勤工助学·················· 80
主题 4.3　专业服务和创新劳动·················· 87

模块五　家庭劳动实践·················· 95
主题 5.1　自我生活劳动·················· 96
主题 5.2　日常生活劳动·················· 101
主题 5.3　日常家务劳动·················· 108

模块六　职场劳动实践·················· 116
主题 6.1　劳动保护和职场安全·················· 117
主题 6.2　岗位实习和现场管理·················· 125
主题 6.3　角色转换和职场适应·················· 132

第三部分　提升职业素养

模块七　弘扬职业精神·················· 142
主题 7.1　恪守职业道德·················· 143
主题 7.2　诠释爱岗敬业·················· 150
主题 7.3　珍惜职业荣誉·················· 155

模块八　提升职业素养·················· 161
主题 8.1　探索人职匹配·················· 162
主题 8.2　提升岗位胜任能力·················· 168
主题 8.3　终身学习和未来劳动·················· 175

参考文献·················· 186

第一部分

认知劳动世界

- ◆ 探究劳动本源
- ◆ 认知劳动法律与权益
- ◆ 传承劳动精神

模块一

探究劳动本源

导读导学

恩格斯指出:"劳动是整个人类生活的第一个基本条件,而且达到这样的程度,以致我们在某种意义上不得不说:劳动创造了人本身。"人类的劳动是体力与智力的结合。几千年来,人类劳动的形态已经发生了许多巨大的变化。随着人工智能时代的到来,虽然大部分可以自动化的机械性劳动都会逐步被替代,但是体力劳动仍然是不可或缺的。体力劳动仍然是我们维持日常生活所必备的一种基本能力,体力劳动在培养我们的好奇心、想象力和批判性思维方面的作用是不可替代的。

新时代重提劳动教育是对劳动教育的认识回归本质,既有马克思主义"教劳结合"思想的引领,又有"耕读传家久"的传统。职业院校的学生更应该把技能与劳动精神、工匠精神、劳模精神、职业精神相结合、社会实践与责任担当相结合,树立"大劳动观",拓展劳动的广度与深度;重构个体与他人、社会和自然的关系,立志成长为一名爱劳动、会劳动、能劳动、知感恩、愿助人的,德、智、体、美、劳全面发展的社会主义建设者和接班人。

本模块主要包括劳动基本概念和价值、马克思主义劳动观、中国劳动教育的前世今生。通过学习,引导中职学生树立科学的劳动观,充分认识劳动是一切成功的必由之路,是创造价值的唯一源泉,积极培养吃苦耐劳、勤劳勇敢、爱岗敬业、诚实守信、埋头实干的劳动精神。

主题1.1 劳动基本概念和价值

◎哲人隽语

劳动，不仅仅意味着实际能力和技巧，而且首先意味着智力的发展，意味着思维和语言的修养。

——苏霍姆林斯基

 学习目标

1. 了解劳动的定义和价值，端正对劳动的态度。
2. 可运用对辛勤劳动、诚实劳动、创造性劳动的认识提升自己的劳动意识。
3. 养成热爱劳动、尊重劳动、崇尚劳动的态度。

 案例思考

大学生掏粪工上岗

掏粪工这个入不了很多人法眼的职业，却在山东省济南市环卫局城肥二处，出现了激烈竞争的火爆场景。经过激烈角逐，2018年3月3日，5名大学生掏粪工正式签约拜师，他们分别来自济南大学、沈阳建筑科技大学、山东经济学院和山东政法大学。

据了解，此次被录取的王延峰、邢鸿雁出自"掏粪世家"：王延峰的姥爷是著名的全国劳模掏粪工人时传祥，爷爷曾是肥料厂工人，父亲则是城肥二处的掏粪工；而邢鸿雁的父亲也是掏粪工。

点评： 作为高校大学生，能主动"降低身份"竞聘掏粪工，从事最脏、最累的工作，不仅是对劳动无贵贱、劳动最光荣的最好诠释，更是对时传祥"宁可脏一人，换来万家净"精神的最佳传承，尤其出自"掏粪世家"的两位大学生。这也是"时传祥精神"所体现出的时代性、民族性和社会性。

思考： 你是如何理解劳动的？

一、劳动的概念和分类

劳动是人类社会存在和发展的最基本的条件，劳动在人类形成过程中，起了决定性的作用。劳动是人类的本质特征，社会上一切的物质财富与精神财富都来源于劳动，可以说，没有劳动，就没有人类的生活。

（一）劳动的概念

劳动是人类特有的，为满足自身的物质和精神需要，有目的地调整和控制人和自然界之间的物质变换过程的一种改变自然物的社会实践活动。恩格斯在《劳动在从猿到人转变过程中的作用》一文中指出：在一定意义上说，"劳动创造了人本身"。所谓劳动是指人们运用一定的生产工具，作用于劳动对象，创造物质财富和精神财富的有目的的活动。

（二）劳动的分类

按照劳动复杂程度可分为简单劳动和复杂劳动两大类。简单劳动是在一定的社会条件下不需要经过特别的专门训练，每个普通劳动者都能从事的劳动。而复杂劳动是需要经过专门学习和训练，从而在技术上比简单劳动复杂的劳动。它等于强化了的简单劳动。

根据劳动所依靠的主要运动器官的不同，我们可以将劳动划分为体力劳动和脑力劳动。虽然每个人都会不可避免地进行体力和脑力两种劳动，但根据其从事劳动的主要特征，我们又经常将劳动者划分为体力劳动者和脑力劳动者。

二、劳动的价值

劳动是创造物质世界和人类历史的根本动力，劳动、劳动者神圣光荣。劳动是一切社会财富的源泉，按劳分配是合乎正义的分配原则，不劳而获、少劳多得可耻不义。劳动价值是由人类自身机体所产生的，是人的劳动能力的价值体现，是由人在劳动过程中所释放出来的。

（一）劳动创造了人类

劳动是人类适应自然和改造自然的独特方式。恩格斯说："首先是劳动，其次是语言和劳动一起，成为猿人发展的主要推动力，猿的脑髓逐渐变成了人的脑髓。"他认为，手的使用和语言思维的产生都是在生产劳动过程中形成和发展的，正是由于劳动人才得以从动物界中分化出来，所以说劳动创造了人本身。劳动是人类赖以生存、发展的决定力量。劳动创造智慧，智慧创造生产工具。人发明制造劳动工具让劳动创造获取更多的价值。如果没有劳动，便没有发明与创造，那样人类社会将永远停留在原始、野蛮的古代社会，根本不会创造出现在如此灿烂辉煌的物质财富和精神财富。劳动是人类生存的需要，也是安全的需要、爱的需要、发展的需要，是人最后自我实现的需要。

（二）劳动可以开发思维

人类的思维活动离不开实践活动，而智力的核心是思维能力。实践活动既有学习活动，又有创造活动，而劳动兼有学习与创造这两个功能。例如，在劳动中，往往会使我们遇到课堂上、书本里没有的问题，这就会引起大脑思考的需要，我们就要对劳动的结果有所预想，就要设计达到目的的过程。当我们克服劳动中的困难，解决了劳动中的问题，看到了自己的劳动成果，便会获得成功的喜悦，这将进一步激发我们的求知欲，增进学习兴趣，促进智力发展。而这一过程在其他活动中是难以实现的。

（三）劳动能培养吃苦耐劳的精神

劳动不仅是一种生活体验，也是锻炼我们动手能力、社会实践能力的重要途径，更是培养我们尊重劳动、勤俭节约、劳动光荣等价值观的重要方式。现在很多中职学生最让学校老师和企业头疼的是在企业里干不了几天就辞职走人。他们受不了一点苦，没有坚定的意志，缺乏吃苦耐劳精神。因此，中职学生在学校时应多参与一些力所能及的劳动，在活动中要乐于吃苦，勇于自我挑战，使自己敢于吃苦、能吃苦，从而培养吃苦耐劳的劳动精神。

（四）劳动能培养责任意识

劳动是衡量一个人综合素质的最后形式。通过劳动，人的道德、知识、能力、素质可以得到全面、综合的提升和展示。通过劳动，有助于培养我们独立自主的生活生存能力；有助于增强我们的公民意识和社会责任感。国内外大量的调查研究证明，从小养成劳动的习惯，长大后更可能具有责任心，也更容易适应家庭生活和职场工作的需要。而不爱劳动的人恰恰相反，他们更可能成为生活与职场的失败者。

案例1-1

从洗马桶到世界旅馆业大王

一个年轻人在一家星级酒店得到了他的第一份工作——在卫生间清洗马桶。他因此心灰意冷，十分消沉。难道自己的人生就从马桶开始，沿着马桶一直走下去吗？

这时，一个老员工出现在年轻人的面前。他什么多余的话都没说，亲自动手清洗马桶示范给年轻人看。年轻人漫不经心地站在旁边瞧着。等清洗完毕，马桶内外光洁一新时，老员工从马桶里盛出一杯水，当着年轻人的面一饮而尽。这杯不同寻常的水，给了这位年轻人极大的震撼！

从此，这个洗马桶的年轻人仿佛脱胎换骨，每天兢兢业业地踏实工作，工作质量达到了无可挑剔的程度。终于有一天，他也可以从自己洗过的马桶里盛出一杯水，眉头不皱地喝下去……

这个年轻人就是后来的世界旅馆业的大王——赫赫有名的康拉德·希尔顿。

思考：假设让你洗马桶，你会怎么做？

（五）劳动有利于培养正确的劳动价值观

思想决定行动，树立什么样的劳动价值观很重要，这直接影响着人们对劳动的态度和行为。教育的本质是培养人，其根本目的是全面提高劳动者的素质。为了实现这一目的，我们必须克服轻视劳动教育的观念，把劳动教育提高到全面贯彻教育方针的高度来认识。劳动教育是德育、技术意识、创新意识与文明意识相互作用与统一的一门课程，它具有其他学科不可替代的育人的功能。因此我们要重视劳动教育，树立正确的劳动观，以劳动为荣，把劳动当作一种乐趣融入物质和精神生活之中。

（六）劳动是个人和家庭幸福的源泉

幸福是个人由于理想的实现或接近而引起的一种内心满足。追求幸福是人们的普遍愿望。幸福不仅包括物质生活，也包括精神生活；幸福不仅在于享受，更在于劳动和创造。在科学技术日新月异的未来社会，我们必须具备多方面、多层次的劳动能力和勤奋工作的态度才能适应。如果我们在成长过程中珍惜动手机会，有意识地培养训练自己的动手动脑能力来解决自己生活中的问题，久而久之，就会使我们形成动手动脑的好习惯，在未来社会中更能很好地适应生活和工作的需要。因此，劳动是财富的源泉，也是幸福的源泉。

三、辛勤劳动、诚实劳动和创造性劳动

劳动创造历史，劳动开创未来，劳动改变了我们的生活。用劳动创造美好生活，是历史的逻辑，是时代的诉求，也是未来的召唤。

模块一　探究劳动本源

（一）辛勤劳动

辛勤劳动指勤劳且肯于吃苦的劳动，它是推动社会发展的不竭动力。辛勤劳动创造了中华民族的辉煌历史，铸就了中华人民共和国成立70多年来的伟大成就。在科技日新月异、国际竞争日趋激烈的今天，广大劳动者的辛勤劳动、奉献与奋斗，关系到国家和民族的未来，更关系到亿万中国人民的光荣与梦想。无论科技进步、知识更新到何种程度，我们实现梦想依然必须依靠辛勤劳动。全面建设社会主义现代化国家，是一项伟大而艰巨的事业，前途光明，任重道远。当前，世界百年未有之大变局加速演进，新一轮科技革命和产业变革深入发展，国际力量对比深刻调整，我国发展面临新的战略机遇。作为新时代的我们更应该牢固树立"以辛勤劳动为荣，以好逸恶劳为耻"的观念，并将其落实到实际行动上，用自己的劳动为中华民族的伟大复兴添砖加瓦。

案例 1-2

铁人王进喜与铁人精神

中华人民共和国成立后，广大工人成了国家的主人，劳动热情倍增。振兴中华，改变祖国一穷二白的落后面貌，成了人民群众共同的愿望和行动。被称为"铁人"的王进喜就是胸怀祖国、发愤图强的一代工人的典型。

王进喜（见图1-1、图1-2）本来是玉门石油矿的一名普通工人，可他一心为国分忧。他看到汽车没油烧，在车顶上放着大大的煤气包，靠烧煤气行驶，他难过得吃不好睡不着，心想："我是石油工人，现在国家缺油，我有责任啊！"不久，他被调到大庆，参加开发新油田的会战，他兴奋得像有使不完的劲儿，恨不得一拳头砸出一口井来。没有住房，他和大家住在刚打垒的简易棚子里，吃冷饭，睡地铺。钻井机到了，可没有吊车下不了火车，他一声呐喊，带着工人用绳子拉、肩膀顶，终于把机器卸下来运到工地。第一座井架竖起来了，没有水灌井，他和工人们用脸盆、水桶，硬是把水一盆一桶地弄来，争分夺秒地开了钻。发生井喷事故时，没有搅拌机，他纵身跳进泥浆池，用身体搅拌。他为什么要这样做？为的是尽快打出石油，改变祖国石油工业落后的面貌。

因为常年劳累，饮食不规律，王进喜得了严重的胃病，经常疼得不能入睡。可他说："为了拿下大油田，我宁可少活20年！"

◎知识窗
铁人精神

图1-1　王进喜和同事们卸钻井机

图1-2　用身体当搅拌机制服井喷

思考："铁人精神"已被广为传颂，你认为在新时代下我们是否还需要"铁人精神"？

（二）诚实劳动

所谓"诚实劳动"是指在各种法规、各项政策允许的范围内所从事的各种有益于社会发展的体力劳动和脑力劳动。如从事工农业生产、商业服务、科研和文教卫生工作，以及社会咨询、信息传播等。同时，"诚实劳动"又是指劳动者以主人翁的态度对待劳动的一种道德规范。它具体表现为：每一个有劳动能力的人都应该把为社会而劳动看作自己应尽的职责和神圣的义务，尽己所能地从事劳动；在劳动中发扬首创精神，不墨守成规，不满足现状，善于吸收各时代、各民族、各国的好东西，敢于在前人、他人成果的基础上努力学习，掌握最新的科学技术，使用最先进的科技装备。诚实劳动应该是每个劳动者所必须具备的优良品质。当今社会，人们的思想和文化都呈现出多元化、多样性的特点，诚实劳动就显得更为重要。只有通过诚实的劳动，才能改变自己的命运；也只有具备诚实的品质，才能真正体会生活的意义和获得他人对我们发自内心的尊重。

（三）创造性劳动

创造性地劳动，即通过人的脑力劳动萌发出技术、知识、思维的革新，从而高效提升劳动效率、产生出超值的社会财富或成果的劳动。创造性劳动是建立在开放性思维和挑战性实践的基础之上的，不仅仅是靠激情、靠运气、靠蛮干，更是要以扎实的学识和技能为其逻辑支点的。创造性劳动就是一种巧干，这种巧干，在具体的生产实践中能起到事半功倍、甚或以一当十的经济效益。

当下，我国的制造业很发达，已经成为制造业大国，但较之一些先进国家如美国、德国、日本，在核心技术、关键零部件及产品质量方面仍有较大差距，一线制造工艺还不够精细，技术还不够严谨，数据还不够充实。要使中国真正成为制造业强国，当代工人的创造性劳动是不可或缺的，创造性劳动充分体现出当代工人的敬业精神。

总结案例

最美清洁工 20 年未过春节

在新春佳节，家家户户都会燃放烟花爆竹，欢度春节，却给环卫工人增加了繁重的工作量，他们的工作量比平常至少增加了两三倍。李萍叶是七里河城管局清扫所清扫二站的环卫工人，她当环卫工人 20 多年来，每年春节，基本上都在马路上清扫垃圾。

1. 凌晨 3 点起床，清扫垃圾。 李萍叶所在的清扫二站负责敦煌路的清扫工作，从西站到十里店黄河大桥，由于此路段属于兰州市商业中心和交通枢纽站，每天产生的垃圾也特别多。春节期间她们分早、中、晚三班清扫。由于早班的工作量最大，全站人员的 80% 常会派去做早班的清洁工作。春节期间，每天李萍叶都把闹铃调到凌晨 3 点钟，从安西路的家骑车 10 余分钟，就抵达负责的清扫路段。大年三十由于燃放的烟花爆竹比较多，她和同事们早晨 2 点钟就出动了。

2. 上班 20 年，春节从未放过假。 李萍叶在七里河城管局清扫所当环卫工人已经 20 多年了，春节从未放过假，并且还要比平时忙很多倍。以往上最早班时，一天能清

模块一　探究劳动本源

扫两三车垃圾；春节期间，因为燃放烟花爆竹，经常一天就能扫五六车垃圾；除夕和元宵节还要多。每年的除夕夜和正月十五这两个团圆的日子，她基本上都在马路上做清扫，没有和家人一起团聚过。她告诉记者，春节期间的工作量比平常增加两三倍，而且非常难扫，烟花爆竹遍地开花，纸屑和残渣随风乱飘，有些还刮到了绿化带里，清扫难度也增大了。

（资料来源：《西部商报》，2020年1月30日，有删节）

点评： 平凡的工作，更需要坚守。美好的城市环境，正是来自每一位普通的清洁工的辛苦劳动。是什么样的信念让她能够把这样一份工作坚守20多年？是什么样的力量支撑她20年未过春节一直坚守岗位？这份力量来自她对工作的热爱、对劳动的热爱。工作虽然辛苦，但内心是快乐的。我们作为当代青少年，是祖国的未来，是民族的希望，更需要这种坚守平凡岗位、努力工作的精神和毅力。

思考： 每个人都想拥有不平凡的人生，我们如何在平凡的工作岗位上活出精彩的人生？

课堂活动

关于"大学生快递脏衣服回家"现象的调研

一、活动目标

通过调研让学生充分认识到劳动的意义和价值，爱上劳动，崇尚劳动，积极参加劳动。

二、活动时间

一周时间。

三、活动流程

1. 教师向学生说明调研背景和现象。

2014年3月9日全国两会新闻中心举行的网络访谈中，国家邮政局市场监管司副司长刘良一爆料说，目前高校的快递业务有很大一部分来自学生把积攒一段时间的衣服寄回家去，家里洗完之后再通过快递寄回来。

"大学生将脏衣服快递回家洗"的现象折射出家庭教育与社会教育的偏失。大学生寄脏衣服回家洗，虽不是普遍现象，但一些家长、教师和学校急功近利，往往从孩子小时候就对他们的衣、食、住、行全部代为操办，从而造成大学生独立生活能力的逐步缺失。

由于父母过度溺爱造就的"小皇帝""小公主"越来越多，甚至出现了很多没有"断奶"的大学生。除了邮寄脏衣服的，甚至还有父母买张机票将自己"邮寄"到孩子宿舍，给孩子洗完衣服后，再把自己"邮寄"回家。

2. 教师将学生按照4~6人划分小组，以小组为单位进行调研。

3. 调研结束后，每个小组形成一份调研报告。

4. 每组推选一人陈述本组调研报告，其他小组可以对其提问，小组内其他成员也可以回答提出的问题；通过问题交流，将每一份调研报告中的问题都弄清楚。

5. 教师进行归纳、分析，总结发生这种现象的背后原因，引导学生如何从自身做起，拒绝此类行为的发生。

6. 教师结合调研报告和整个活动过程中各组表现，对每个小组赋分。

主题 1.2　马克思主义劳动观

 学习目标

1. 能够概述马克思主义劳动观。
2. 在日常生活和学习中积极尝试树立正确劳动观的方法。
3. 树立科学的劳动观，了解正确劳动观对自身的意义。

◎哲人隽语
　　劳动创造世界。
　　　　　　——马克思

 案例思考

行行出状元　快递小哥被评定为杭州高层次人才

快递小哥李庆恒，被评定为"高层次人才"，获得 100 万元政府补贴的新闻火了。

只有高中学历的他，在普通人眼里，也许高层次人才跟他就是截然对立的两面。作为"90 后"的李庆恒，高中毕业后就独自开始闯荡社会，在不起眼的快递行业已工作 5 年。

从在客服岗位，到一线快递员工，李庆恒的能力也在不断提升，真所谓厚积薄发。在被领导看到娴熟的业务能力后，李庆恒被指派参加了快递员有奖比赛，这也是他第一次参赛，却捧回了一个奖杯。此后，每年的比赛他都会参加，即使在最难的环节，李庆恒也都可以带领团队突破难关，结果奖励证书铺满了整个桌子。

而在最近的浙江省第三届快递职业技能竞赛中，李庆恒更是带领团队得到了金牌大奖。由于此次比赛的含金量高，李庆恒最终获评杭州市高层次人才。

点评：随着快递业的迅猛发展，需要从事的快递员越来越多，对技能的要求也越来越高。俗话说："三百六十行，行行出状元。"李庆恒的热情和努力，为他带来了许多荣誉和奖金，而这些荣誉和奖金就是支撑他继续前行的力量。作为新时代中职学生，我们应该树立正确的劳动观，干一行，爱一行，在喜欢的领域努力钻研，终有出彩的一天！

思考：你认为我们应该树立什么样的劳动观？

一、劳动观的概念

人们在劳动的过程中，总会形成对劳动的看法和认识，这就是劳动观。劳动观反映着劳动者对劳动的态度，决定着劳动者在劳动过程中的行为。劳动观作为意识形态领域的内容，与人生观、世界观是一脉相承的，劳动观生动地反映着人生观、世界观。随着经济的发展和科技的进步，劳动被赋予新的内涵。只有树立正确的劳动观，才能让自己更好地懂得尊重劳动人民,更好地珍惜自己的劳动成果,并以热情饱满的劳动态度积极投入社会劳动生产过程当中,从而不断提高劳动生产率,为社会创造出更加丰富的社会物质财富,同时能够促进个人的全面发展。

一个人只有树立了正确的劳动观,才能自觉强化劳动意识,用双手和智慧去创造人生,实现自己的理想,并对人生观、世界观的形成起到积极的作用。

二、马克思主义的劳动观

马克思(见图1-3)认为:"全部人的活动迄今都是劳动。"劳动是马克思思想体系中的核心观念,是马克思主义理论研究的基础。马克思把劳动比喻成整个社会为之旋转的太阳,劳动是人类生存的本质,人类的发展过程就是劳动的发展史。马克思主义对于劳动的论述,主要体现为劳动本质论、劳动价值论以及劳动解放论。

(一)劳动本质论

"人的本质"是什么,一直是困扰哲学界的一个重要命题。马克思主义认为劳动是人的本质,人的本质是一切社会关系的总和。

1. 劳动创造了人本身

恩格斯(见图1-4)在《劳动在从猿到人转变过程中的作用》一文中详细描述了劳动在人类从猿进化为人的过程中的作用,提出:"会使用和创造劳动工具把人类社会与猿群世界得以区分开来,劳动使人学会直立行走,并且劳动还创造了语言。"

图1-3 马克思

图1-4 恩格斯

2. 劳动创造了人类生活

马克思、恩格斯在《德意志意识形态》中明确地指出:"全部人类历史的第一个前提无疑是有生命的个人的存在。"劳动的过程就是人通过自身的劳动作用于自然的过程,是人的本质力量与自然之间的一种物质交换过程。

3. 劳动是一切价值的创造者

马克思认为:"劳动是一切价值的创造者。只有劳动才赋予已发现的自然产物以一种经济学意义上的价值。"恩格斯在《自然辩证法》中也同样有着明确的表述:"其实,劳动和自然界在一起它才是一切财富的源泉,自然界为劳动提供材料,劳动把材料变为财富。但是劳动的作用还远不止于此。它是一切人类生活的第一个基本条件,而且达到了这样的程度,以致我们在某种意义上不得不说:劳动创造了人本身。"劳动是人类创造物质和精神财富的活动。

4. 劳动创造了社会关系

劳动不仅创造了人与自然的关系,劳动还形成了人与人之间以及人与主观意识之间的关系,而这些关系成为人类社会的基本关系。社会是人类劳动的产物,是劳动活动的展开形式,也必将随着劳动的发展而发展。

(二)劳动价值论

劳动价值论是马克思关于劳动创造商品价值及商品生产、交换遵循价值规律的理论,它详细阐述了商品经济的本质和运行规律。

(1)生产商品的同一劳动划分为具体劳动和抽象劳动,具体劳动创造商品的使用价值,抽象劳动创造商品的价值。而具体劳动与抽象劳动是生产商品劳动的两种形态,是同一劳动的两个不同方面,不是生产商品的两次劳动。

(2)抽象劳动内在的属性是生产商品过程中人类脑力或体力的支出(人类的一般劳动),其外在的属性则是生产商品创造价值的劳动,其抽象劳动创造的价值则是商品经济社会特有的经济特征。马克思认为,在一切社会状态下,劳动产品都是使用物品,但只是历史上一定的发展时代,也就是生产一个使用物品耗费的劳动表现为该物的"对象"属性,即它的价值的时代,才使劳动产品转化为商品。

(3)抽象劳动内化为商品的价值,外化为商品的交换价值。正如马克思所述:"我们实际上也是从商品的交换价值或交换关系出发,才探索到隐藏在其中的商品价值。"这种体现着商品生产者之间平等交换劳动的社会关系正是以抽象劳动为内核。

(三)劳动解放论

劳动解放论是从劳动本质论和劳动价值论中得出的对科学社会主义的深刻表述,它认为劳动的发展过程推动了人类史当中在自然和社会两方面的不断解放。劳动解放首先是人类的智力的提高过程,是劳动工具的改进与经济形态的创新,而不是一种简单的政治行为或者政权的归属问题。其次,劳动者解放程度是衡量社会文明的尺度和标准,对于劳动与劳动解放程度的促进或者倒退、保护或者破坏等,直接反映出社会的政治体系与制度模式的优劣。总之,劳动者解放是全人类的共同使命,一切社会制度都必须遵从于和致力于劳动者的社会解放。

三、树立正确劳动观的重要意义

(一)有助于培养热爱劳动的美德

马克思说过:"体力劳动是防止一切社会病毒的伟大的消毒剂。"脑力劳动者参加一些体力劳动,晒晒太阳,活动筋骨,是有利于身心健康的。向社会提供劳动,获得自己生活的权利,是光荣的生存方式。树立正确的劳动观,坚持劳动正义感,在社会上广泛传播正能量，有助于促进我国社会的和谐发展，是实现中华民族伟大复兴、全面实现共产主义事业的推进器。

（二）是通向成功、实现理想的必由之路

青春是用来奋斗的。劳动最光荣。劳动是财富的源泉，也是幸福的源泉。再宏伟的目标、再美好的愿景，只有靠脚踏实地的诚实劳动、勤勉工作，才能一步步变成现实。

（三）有助于形成积极向上的就业创业观

很多人在毕业就业过程中容易形成眼高手低的择业观念、不能胜任工作等问题，只有树立正确的劳动观，才能形成积极向上的就业观和创业观。正确的劳动观能够培养中职学生优良的品质，实现中职学生的积极就业。正确的劳动观能够帮助中职学生正确认识社会劳动分工的本质，消除劳动差别观，建立劳动平等观，促进中职学生积极基层就业。

（四）可以使生活丰富而充实

"劳动是世界上一切欢乐和一切美好事情的源泉。"这是高尔基对劳动的诠释，也是劳动的真谛。生活中，劳动必将是一笔难得的人生资源和财富。人生的绚丽和精彩都是在不断劳动并勇于创造过程中写出来的。劳动能使我们消除不必要的忧虑和摆脱过分的自我注意，使生活内容丰富而充实。劳动的成功与成果，可使我们认识到自己生存的价值，因而对生活充满信心。

（五）有助于促进自身全面发展

社会主义的合格建设者和接班人本质上是"以劳动实现中国梦"的劳动者，既是辛勤的劳动者，也是敬业的劳动者，更是创造性的劳动者。树立正确的劳动观，有利于中职学生在劳动中增强体魄、磨炼意志、提升人格品质，真正实现以劳树德、以劳增智、以劳健体、以劳育美的目标。

四、如何树立正确的劳动观

（一）善待自己劳动的岗位

劳动的一个重要特性就是平等性，意思是说劳动虽然有分工、专业、条件和环境等诸多方面的差别，但就劳动本身而言，是没有高低、贵贱之别的。因此，不管是从事体力劳动，还是从事脑力劳动，不管是从事简单工作，还是从事复杂工作，也不管是从事重要工作，还是从事一般性工作，性质都是一样的，其地位都是平等的。只有理解了这一点，才能客观地看待自己劳动的岗位，愉快地服从组织分配的任何工作，在本职岗位上建功立业，用辛勤劳动实现"我的梦"进而助推"中国梦"的早日实现。

案例 1-3

努力赢得机会 实现儿时梦想

2017年，王圆毕业于一所高职院校的护理专业，经过双向选择于2017年8月成为北京某三甲医院的一名护士，2018年还被单位评选为优秀护士。

做一名白衣天使是王圆儿时的梦想,所以高考结束后她就报了护理专业。从开学第一课她知道了学校对优秀学生提供到北京的知名三甲医院见习和实习的机会。为了让自己变得优秀,在校学习期间,她除了认真学习护理专业基础课和核心课外,对于各种拓展课和实践课,她也是尽量抽出多的时间参与。对于班级组织的各种劳动实践课和公益活动她都积极参与,尽自己所能承担更多的工作,任劳任怨,获得了老师和同学们的一致好评。大一暑期,王圆参加了学校组织的医院和康养机构见习,通过两周的学习,她对自己未来的工作有了更清晰的认识,对护士的辛苦工作也有了更多了解。大二学业结束后她凭借优秀的成绩进入北京某三甲医院成为一名实习护士。在实习期间因为工作认真细致、娴熟的业务操作能力、病人满意度高而击败很多本科生成为一名正式护士。

思考: 你认为王圆成功的内因和外因有哪些?

(二)充分认清劳动与财富之间的关系

劳动不但创造着有形的物质财富,也在创造着无形的精神财富,劳动在丰富物质生活的同时,也在塑造着劳动者的精神世界。正确的劳动观,是既重视物质财富的产出,又重视精神财富的产出;既重视物质上的回报,又重视精神上的满足。树立正确的劳动观,就应该把国家利益和人民利益举过头顶,以集体利益为重,自觉强化奉献意识,用辛勤劳动书写报效祖国的忠诚。

(三)坚信劳动价值,养成热爱劳动的良好习惯

劳动是人类的本质活动,劳动光荣、创造伟大是对人类文明进步规律的重要诠释。青年人作为我国社会主义事业建设的希望和栋梁,要身体力行地践行劳动观,不断充实自我。作为新一代中职学生,只有牢记初心、不忘使命,对工作保持一如既往的干劲儿,才能永葆奋斗品质,为祖国建设添砖加瓦,为实现中华民族的伟大复兴和现代化强国贡献力量。

 总结案例

从贫困生到营收千万的公司CEO

他是中南财经政法大学一名大四学生,同时也是武汉爱鲸科技有限公司创始人、武汉华清捷利科技发展有限公司CEO。23岁的李金龙三年前还在为生活费发愁,如今已是年营收数千万公司CEO。2020年,正当很多应届毕业生开始为自己毕业后的工作而苦恼时,同样是应届毕业生的李金龙要想的却是如何带领他的公司发展得更快。

李金龙出生在甘肃陇西的一个偏远山村,从小家境贫寒,父亲在镇上开了一家兽药铺,以此维持一家人的生计。6岁那年,他不慎使自己的右眼受伤导致很难看清书上的字,虽然视力带给了他很多学习上的不便,但他还是凭努力考入了中南财经政法大学公共管理学院。入学后的李金龙想要通过自己的努力尽可能地减轻家里负担,于是通过开培训班、做驾校代理、卖新生用品的方式赚钱贴补家用。

李金龙虽然开过培训班、做过驾校代理、卖过新生用品,而真正意义走上创业道路,机会来自一次调研。在调研中作为班长的他不仅每天晚上要安排调研行程和对接

模块一 探究劳动本源

社区,还要说服同学克服早起和期末复习的困难。那时的李金龙几乎每天都要工作到夜里一两点钟,5天下来瘦了6斤,也正是这次社区调研让老师看到了李金龙出色的能力和坚强的意志。于是老师把他推荐给当时正在创业的师兄们,让李金龙和他们一起创业。

在师兄们的带领下,李金龙开始负责运营更多的项目,涉及在线教育、社会调查、智能洗护设备等多个领域,并且和师兄一起开始了新的创业项目——智慧校园。该项目主要以共享洗衣机的刚需聚拢流量、搭建智慧校园生态,设备从最初的15台发展到7 000余台,公司营收超过千万。

"大二上学期买了车,大三上学期买了房。"李金龙凭借自己的辛勤劳动和创造性劳动尚在读书阶段就实现了人生几个小目标。

点评:李金龙经历过生活的艰辛困苦,但他没有向困难低头,凭借着自己的努力和坚持考入了大学。在校期间他开始创业且取得了成功,成功是个人能力积累的过程,它与个人劳动观紧密相连,而劳动观也是一个长期培养的过程。任何人的成功都不可能是随随便便获得的,都需要付出辛勤劳动,作为中职学生的我们未来不一定创业,但若想获得成功需要树立科学的劳动观,并在劳动中培养自己会劳动、能劳动的本领。

思考:你认为李金龙身上有哪些优秀品质值得自己学习?

课堂活动

让青春在劳动中闪光

一、活动目标

通过活动帮助学生们深刻体会"劳动创造美好生活",认识到劳动不分贵贱,养成热爱劳动的良好习惯。

二、活动时间

建议60分钟。

三、活动准备

教师将学生按照4~6人划分活动小组,并根据活动内容安排各组分别准备以下内容:
(1)关于劳动的诗词不少于5首。
(2)领袖人物劳动故事不低于3个。
(3)《劳动最光荣》视频不低于2个。

四、活动流程

1. 教师首先安排准备诗词的小组分享诗词,然后讲述诗词背后劳动与生活和社会的关系。
2. 教师安排准备领袖人物劳动的小组讲述劳动故事。
3. 教师安排准备视频的小组演示《劳动最光荣》视频。
4. 教师要求各小组按照"劳动的基本内涵—树立正确的劳动观—劳动的青春最出彩"展开探究和讨论,并组内分工合作写一篇1 000字左右的感想。

5. 每组推选一名代表分享小组写的感想。

6. 教师分析、归纳和总结，引导学生树立劳动最光荣、劳动最崇高、劳动最伟大、劳动最美丽的观念，并根据各组在活动中的表现予以赋分。

主题1.3 中国劳动教育的前世今生

◎哲人隽语

劳动教育的目的，在谋手脑相长，以增进自立之能力，获得事物之真知及了解劳动者之甘苦。

——陶行知

学习目标

1. 能描述劳动的定义和特征。
2. 了解中国劳动教育的前世今生。
3. 深刻理解劳动教育，积极与他人讨论劳动教育中的收获和感悟。

案例思考

杜威的"教育即生活"和陶行知的"生活即教育"

约翰·杜威是美国著名的实用主义哲学家、教育学家。杜威作为美国进步主义运动的代表，首次提出了实用主义教育思想，并倡导"教育即生活"。在他的《民主主义与教育》中，杜威提出："教育是生活的必需。"教育是一种培养人的社会活动，是一种特殊的生活方式，从一开始就源于生活，在生活中发展，并以促进生活水平的提高为目标。杜威的"教育即生活"认为，教育必须依赖于生活并改善现实生活，通过教育来使儿童获得更好的发展，具备构建美好生活的知识和能力。

陶行知在经过多年的教育实践探索中继承了杜威的"教育生活理论"，并对其进行了革新和创造。陶行知把杜威的"教育生活理论""翻了半个跟头"，创造了具有中国特色的"生活教育理论"。他主张："生活即教育，社会即学校，教学做合一。"这一生活教育理论在他所创办的晓庄乡村师范学校中得以实践。陶行知说，要先能做到"社会即学校"，然后才能讲"学校即社会"；要先能做到"生活即教育"，然后才能讲到"教育即生活"。要这样时学校才是学校，这样的教育才是教育。

点评： 杜威的"教育即生活"以及陶行知的"生活即教育"思想对我国当前劳动教育发展具有一定的启发意义。生活中有教育，寓教育于生活。"教育即生活"和"生活即教育"思想都强调教育与生活之间的关系，主张把二者统一起来。陶行知的生活教育理论源于教育实践，同时也指导着教育实践，而劳动教育思想在某种程度上是其生活教育理论的基石与核心。

思考： 你是如何理解劳动教育的？你认为劳动和教育如何结合会更有助于自身成长？

一、劳动教育概述

（一）劳动教育的定义

对劳动教育的定义见仁见智，概括起来有德育说、智育说、德智并育说、全面发展说等多种。

1. 德育说

《辞海》对劳动教育的定义是："劳动教育是德育的内容之一，对学生进行热爱劳动和劳动人民，珍惜劳动成果，树立正确的劳动观点和劳动态度，通过日常生活培养劳动习惯和技能的教育活动。"这个定义强调了劳动教育的德育属性，直接将劳动教育定义为德育的一部分，侧重热爱劳动和劳动人民的情感、正确劳动观念和态度的培养，把劳动习惯和技能的教育看作是日常生活培养的结果，并不突出劳动教育的智育价值。

2. 智育说

《教师百科辞典》对劳动教育的定义是："劳动教育就是向受教育者传播现代生产的基本知识和技能，培养他们具有正确的劳动观点、劳动习惯和热爱劳动人民、劳动成果的感情。劳动教育十分重视劳动过程中的智力因素，把平凡的劳动同创造性劳动结合起来，把简单的劳动与富有知识的劳动结合起来。"这个定义强调了劳动教育的智育属性，将劳动教育的主要价值定位为传播现代生产基本知识和技能，提高社会劳动生产的智力水平。

3. 德智并育说

《中国百科大辞典》在劳动技术教育词条下对劳动教育和技术教育分别做了解释："劳动教育是以劳动实践为主，结合进行思想教育。技术教育是使学生掌握一定的生产知识及技术和劳动技能。其实施有利于培养学生的劳动观点、劳动技能和劳动习惯，为普通教育和职业教育打下基础。"也就是说，劳动教育更偏重德育，技术教育更偏重智育，二者相结合共同培养劳动观点、劳动技能和劳动习惯。

4. 全面发展说

苏霍姆林斯基认为，"劳动教育是对年轻一代参加社会生产的实际训练，同时也是德育、智育和美育的重要因素"，其劳动教育的理想追求是"使每一个人早在少年时期和青年早期就能领悟到劳动能使他的自然天赋更全面、更明显地发挥出来，劳动会带给他精神创造的幸福"。陶行知把劳动教育视为"在劳力上劳心"的实践活动。他说："中国教育之通病是教用脑的人不用手，不教用手的人用脑，所以一无所能。"劳动教育的目的就在于"谋手脑相长，以增进自立之能力，获得事物之真知及了解劳动者之甘苦"。

（二）新时代劳动教育的特征

社会在发展，教育在进步。在新的时代，劳动教育必然会在与社会的互动中保持时代性，呈现出自己的鲜明特色。

1. 劳动教育理念的科学化

观念是行为的先导，理论是行动的指南。劳动教育必须成为与德、智、体、美并行的教育。劳动教育需要得到重视而不能"在学校中被弱化，在家庭中被软化，在社会中被淡化"，它事关个人发展、民族复兴和国家富强。劳动教育是从培养学生良好的劳动价值观和促进学生全面发展的角度出发，设计规划劳动教育，而不是满足于简单的劳动技能、劳动知识的教育。

2. 劳动教育特质的时代化

劳动在不同的时代具有不同的特质。在信息时代，科技制胜，生产劳动演变成以科学技术的方式进行，人才成为第一资源，创新成为发展的第一动力，劳动更在于"智造"而非"制造"。因而，劳动教育需要适应时代发展特点，引导学生尚进尚新，以"有本领"的面貌实现自己的时代担当。

3. 劳动教育形式的多样化

劳动教育的实施要科学规划、做好设计。在纵向上，根据不同教育目标设计不同的教育形式；在横向上，要形成国家与社会重视劳动教育、学校做好劳动教育、学生热爱劳动教育的良好局面；在具体形式上，要适应时代特点，在传统体力劳动的基础上更加重视创造性的非体力劳动形式，如科学技术的发明创造、公益活动、志愿服务，以及其他非物质劳动形式，如数字劳动、体育劳动等。

案例 1-4

冬奥会志愿者后备力量选拔

2018年9月，北京工业大学"冬奥志愿服务骨干学校"正式成立，并面向2018级新生启动招募2022年北京冬奥会志愿者候选骨干人才。该校在北京市高校中率先启动了北京冬奥志愿者的后备力量培训。该骨干学校将聚焦志愿者的管理和志愿者骨干培养，针对赛会、城市、社会志愿者的全过程、全领域培育，努力培养2022冬奥志愿者候选骨干人才。

在学校的招新现场，短道速滑、滑雪、冰壶等体验项目吸引了很多学生驻足观看、体验，由曾经参加过北京奥运会、平昌冬奥会的志愿服务专家为大家做现场讲解。据悉，"冬奥志愿服务骨干学校"在经过初选和测试之后，将从应征同学中选出骨干志愿者进行全过程培养。同时，学校还将在校园以及周边社区加强冬奥的宣传推广，讲好冬奥故事，营造良好的冬奥氛围，带动大学生参与冰雪运动、服务冬奥筹办。

图1-5为2022年冬奥会会徽，图1-6为志愿者标志。

图1-5　2022年冬奥会会徽

图1-6　志愿者标志

思考： 对创造性的非体力劳动，除了志愿服务，你还参加过哪类劳动？有什么收获？

二、中华人民共和国劳动教育的前世今生

1949年中华人民共和国成立后的新民主主义时期，国家以建设与恢复发展为主要任务，劳动教育也以个人与国家的生存与发展为主要目的进行初塑。国家将这一时期的教育方针定义为"为工农服务，为生产建设服务"，通过教育支援工农生产，通过教育推动国家建设。

1955年4月教育部要求，除注重培养学生的劳动意识之外，还应注重进行"综合技术教育"。这一明确指示是中华人民共和国成立以来劳动教育探索理论与实践并行的开端。

1958年《中共中央、国务院关于教育工作的指示》指出党的教育工作方针是"教育为无产阶级的政治服务，教育与生产劳动相结合"。此后十多年劳动教育在教育方针中有了一席之地，但同时也因过度政治化而走向了异化发展。

1981年《关于建国以来党的若干历史问题的决议》提出了要"坚持德、智、体全面发展，又红又专，知识分子与工人农民相结合，脑力劳动与体力劳动相结合的教育方针"。

1986年，时任国家教委副主任彭珮云明确提出"把德育作为德、智、体、美、劳五育全面发展的一个有机组成部分，使五育互相配合、互相渗透"，形成了"五育全面发展"的教育思想。

2001年《国务院关于基础教育改革与发展的决定》发布，赋予了劳动教育愈加丰富的内涵与要求，推动了劳动教育迈入整合发展的时代。

2010年《国家中长期教育改革和发展规划纲要（2010—2020年）》进一步强调了坚持教育教学与生产劳动、社会实践相结合，加强劳动教育，培养学生热爱劳动人民的情感，对教育与生产劳动相结合的方针进行了更加深化的阐述，并融入了新时期教育改革的思想。之后一段时期，习近平总书记在不同的场合（党的十八大、十九大、全国教育大会等）多次提出要尊重劳动、崇尚劳动，为推进实施劳动教育营造了良好的教育和社会环境，使劳动教育进一步从理念转变为具体行动。

2020年3月20日，中共中央、国务院颁发了《关于全面加强新时代大中小学劳动教育的意见》。这是中华人民共和国成立以来，国家最高层面首次对大中小学劳动教育进行顶层设计和系统部署，我国的劳动教育步入了"快车道"。意见中特别提出了健全劳动素养评价制度，强调将劳动素养纳入学生综合素质评价体系，制定评价标准，建立激励机制，组织开展劳动技能和劳动成果展示、劳动竞赛等活动，全面客观记录课内外劳动过程和结果，加强实际劳动技能和价值体认情况的考核。把劳动素养评价结果作为衡量学生全面发展情况的重要内容，作为评优评先的重要参考和毕业依据，作为高一级学校录取的重要参考或依据。2022年，党的二十大报告指出，"在全社会弘扬劳动精神、奋斗精神、创造精神和勤俭节约精神，培育新时代新风貌"，并再次强调"尊重劳动、尊重知识、尊重人才、尊重创造"。

在新时代的背景下，劳动是人类社会赖以生存和发展的基础。在经济社会飞速发展的今天，通过劳动教育使学生树立正确的劳动观，养成良好的劳动习惯已成为教育不可或缺的责任。

三、开展劳动教育的意义

（一）劳动教育是遵循马克思主义教育思想的必然要求

对照人类社会的发展史，无论人类解放和自身发展，还是获得财富都离不开劳动，幸福也需要通过劳动创造。重视劳动，强调教育与劳动相结合，是马克思主义重要的主张。马克思主义哲学认为，劳动推动社会历史进步，是人作为人之最本质、最显著的特征。因此，构建德、智、体、美、劳全面培养的教育体系，加强劳动教育，是回归人之本质、回归学生自身的主体性教育方式，能够帮助学生在自主实践中发现自我，通过双手改变和创造自己的生活。

（二）劳动教育是立德树人的重要途径

立德树人既是教育的根本任务，也是检验教育成效的根本标准。立德树人的目的在于培养"德、智、体、美、劳"全面发展、合格的社会主义建设者和可靠的接班人，劳动教育则是实现立德树人目标的一个重要过程。首先，劳动教育丰富了教育工作的内涵，促使学生端正劳动态度并树立正确的劳动观念，能够培养学生对于劳动和劳动人民的思想感情，逐步养成热爱劳动、善于劳动以及勤于劳动的素质。其次，劳动教育和道德教育紧密联系，劳动教育也是加强德育的过程。我国历来注重劳动教育的重要作用和实际意义，将劳动视为形成良好道德品质的重要途径，"德之根在心，人之本在劳"，二者结合就是立德树人的根本。

学校只有强化劳动教育，才能将职业技能内化为职业能力，培养出具备一定职业素养的技术技能型人才。学校只有强化劳动教育，才能帮助学生树立正确的择业观念，脚踏实地地做好自身的职业生涯规划。

（三）劳动教育的实际作用和现实需要

无论是国家富强，还是民族复兴，抑或是人民幸福，离开了劳动，都将是无源之水、无本之木。因此，劳动教育是劳动和教育的有效结合。一方面，发挥了劳动的实践效用，通过利用和总结实践经验实现了理论和实践相结合、知行合一，人们得以在实践中学习、在学习中实践。另一方面，发挥教育的效用，增进学生对于劳动生产知识和技术的认识与理解，提高学生的劳动实践能力以及分析和解决问题的水平。在现实生活中，由于社会物质生活的丰富和传统的家庭教育的方法有失偏颇，学生应该做的事情都由家长包办了，部分大学生连起码的洗衣、扫地、整理物品、料理个人的日常生活小事都做不来，都不会做。因此，劳动教育有助于完善教育工作，培养"德、智、体、美、劳"全面发展的人才。

总结案例

> **"大国工匠"翟国成：辽宁舰上一种工具以他的名字命名**
>
> 2019年，在辽宁舰上有一个高级士官群体，他们从接舰的那一天起，就伴随着辽宁舰一同成长。

模块一 探究劳动本源

　　瞿国成是辽宁舰首个获得国家专利的航母舰员。3本国家专利证书、10余项创新研究成果、4次荣立三等功、全军优秀士官人才奖一等奖……这是二级军士长瞿国成在航母上收获的一份成绩单。更让这位航空保障部门支持设备区队长骄傲的是，有一种工具，能以自己的名字命名——"瞿国成扳手"。

　　航母甲板被称为"世界上最危险的机场"。甲板上进行的每一个操作都可能影响到飞机的起降安全，大到设备，小到工具，在操作上容不得半点误差。"瞿国成扳手"正是在这样谨小慎微的环境中诞生的。一次飞行甲板作业过程中，一名舰员在使用工厂配发的航空供给盖扳手时，扳手从供给盖滑脱，手背瞬间被飞行甲板坚硬的涂层擦伤。看见身边年轻战友滴血的伤口，在一旁的瞿国成心疼不已。"为什么扳手会滑脱？是不是扳手设计上有缺陷？能不能有更合理的改进？"一连串疑问在瞿国成脑海中一个接一个冒出来。凭着自己多年的机务保障经验，在对供给盖结构原理进行反复思考后，瞿国成终于找到了症结。他立即着手研究改进，在战友帮助下学会工程制图，设计出重量轻、费力小的立式扳手。

　　在瞿国成的引领下，辽宁舰掀起了装备革新的热潮，涌现出多名"装备革新之星"，为航母建设提出的装备改进建议多达数百条。"是航母给了我平台，让我去创新。"而关于发明创造的初心，瞿国成说，一切都为了能打仗、打胜仗。"装备改进一点，航母的战斗力就提高一点。"

（资料来源：央视网 2017-8-22 第457期，有删节）

点评： 瞿国成和他的战友们，这群年轻人，用吃苦耐劳的劳动精神、精细精准的工匠精神、无私奉献的劳模精神，见证了我国航母工程建设取得的每一项成就，也伴随着辽宁舰一同成长；用他们精益求精的追求演绎着无悔青春，成为一名名为社会主义现代化建设做出突出贡献的"大国工匠"，践行着"用劳动托起中国梦"。

思考： 结合个人专业，如何更好地参与到劳动教育中帮助自己成长成才？

课堂活动

案例讨论：反思劳动创造意识

一、活动目标

引导学生深刻理解劳动教育、提高对创新意识的认识。

二、活动时间

建议15分钟。

三、活动流程

1. 教师出示以下阅读材料，并提问：请结合实际情况谈一谈造成以下现象的原因及对策。

中职学生创业情况

　　一项针对我国西部某沿海省份某市中职学生的调查（样本容量336）表明，中职学生的创业意愿整体较强烈，但其对创业知识的认知与掌握程度不足；学校在创业教育方面师资力量薄弱,创业教育体系不完善;政府给予中职学生创业优惠政策宣传不到位。

1. 调查数据显示,60.59%的中职学生表示对创业有兴趣,7.06%的学生表示对创业不感兴趣。这反映出中职学生的创业意愿较强烈,在有效创业教育的引导下,提升其创新创业素质,该部分学生极有可能走上创业的道路。

2. 从可能的创业资金来源上来看,其中45.88%的中职学生认为创业资金来源为家里或自己存款,45.88%的学生觉得选择贷款和借款或集资从而获取创业资金,其余学生选择利用股权融资寻找投资人,有5.29%的学生选择申请创业扶持资金,由此反映出其对创业资金的筹备没有成熟的规划。

3. 关于创业需要准备哪些知识,调查数据显示,81.76%的中职学生认为创业需要具备市场营销知识,73.53%的学生认为创业需要财务管理知识,60%的学生觉得创业需要项目运作能力,54.12%的学生认为创业需要具备公共关系能力。由此可见其对创业应具备的基本知识有一定认知,学校可以依据学生所需调整对应课程。

4. 关于创业时需要具备的能力和素质,从调查数据可看出,大部分中职学生认为创业最需要个人魄力和创业头脑、出色的交际与沟通能力、较好的专业知识这三个方面的能力;其次是管理与领导能力、强烈的挑战精神、对市场的认知水平和一定的社会关系等能力。学校可根据对应的项目,开展相关活动或者课程,提高学生的创业能力和素质。

5. 关于创业领域和时机的选择,8.82%的中职学生选择感兴趣或熟悉的领域,只有10%的学生选择当今热门但不了解的行业进行创业。由此可知,大多学生对自己定位清楚,知道能做和可做的方向,其创业动机明确。调查数据显示,85.88%的学生选择毕业几年后有工作经验和资金再创业。

6. 关于创业地区选择,调查数据显示,有60.59%的学生选择回家乡创业,17.65%的学生选择珠三角地区创业,有10%的学生选择东部地区创业,有11.76%的学生想去华北或者其他地区创业。大多数学生选择回家乡创业,他们大多来自农村,如果其回乡创业成功,可以带动家乡产业和经济的发展。

7. 关于对国家创业政策的了解,有53.53%的学生表示不了解创业政策,有33.53%的学生对创业政策的了解程度为一般,只有12.94%的学生表示对创业政策较为了解。从中看出学生在对政策的了解和认识上存在很大的缺陷。

8. 从心理素质情况,调查数据显示,有59.41%的学生认为自己在面临创业压力能进行自我调节;37.06%的学生不知道自己能否自我调节,有3.53%的学生觉得自己基本不可以进行自我调节。由此可看出,大多数中职学生的抗压能力较强,反映大多数学生具备创业基本的心理素质,存在巨大的创业潜力,具有很大的可塑性。

另一项针对我国某东部发达省份的中职学生的创新创业调查(样本容量100)表明以下几点。一是学生创新创业意识较低、尝试创业或者是将创业付诸行动的学生少之又少。某校通过对本校100名中职学生创新创业情况进行调查,从结果上看,其存在着很多的问题,具体分析如下:在100名中职学生中,仅有30名学生有创业的想法,占所有学生的30%左右。而在这30名学生中,仅有8名学生尝试进行创业,且有7名学生创业失败,仅有1名学生创业成功。从上述数据显示,目前中职学生的创新创业意识较低。二是学生创业的成功率较低。从上述的调查数据发现,8名尝试创业的学生中仅有1名学生创业成

模块一 探究劳动本源

功,这说明学生在创业方面的成功率非常之低。创业是一个系统性的工程,其涉及很多方面内容,像理论知识、人员、客户、营销、货源、物流,等等,这些都是创业中必不可少的元素。而很多学生是第一次进行创业,他们对于这些内容了解的甚少。例如,学生在创业的过程中,缺少货源,或者是找的货源没有市场竞争优势,导致学生创业出现瓶颈。

2. 教师将学生按照6~8人划分小组,通过小组内部讨论形成小组观点。

3. 每组推选一名代表陈述本组观点,其他小组可以对其进行提问,小组内其他成员也可以回答提出的问题;通过问题交流,将每一个需要研讨的问题都弄清楚。

4. 教师进行归纳、分析和总结,引导学生深刻认识开展劳动教育的重要性,提前做好就业准备。

5. 教师根据各组在活动过程中的表现予以赋分。

模块二

认知劳动法律与权益

导读导学

近些年来，随着《劳动合同法》《就业促进法》《社会保险法》等相继实施，我国逐渐形成了以《宪法》为依据、《劳动法》为基础、《就业促进法》《劳动合同法》《社会保险法》《劳动争议调解仲裁法》为主干、相关法律法规为配套的劳动保障法律体系。而其中《劳动合同法》与我们的就业息息相关，它以完善劳动合同制度，明确劳动合同双方当事人的权利和义务，保护劳动者的合法权益，构建和发展和谐稳定的劳动关系为目的，值得我们每个人充分理解并灵活运用。

岗位实习作为职业教育人才培养的主导模式，它是中职学生完成学业、走向工作岗位的必经阶段。但是由于学生工作经验不足、风险防范意识缺失、实习企业管理不规范，导致学生们在岗位实习期间的劳动权益难以得到充分的保障，为此国家制定了《职业学校学生实习管理规定》，进一步规范和加强职业学校学生实习工作，维护学生、学校和实习单位的合法权益。

本模块共分为劳动法律法规、劳动合同及权利保障、岗位实习权益三部分，希望学生们通过学习能够熟悉相关的劳动法律、法规，并能运用法律专业知识解决劳动关系中的实际问题，明确在劳动关系和岗位实习中自己的权利与义务，切实维护自身的权益，做一个知法、守法、懂法的好公民，也为自己以后进一步走向社会打下坚实的基础，更加从容地迎接未来正式的职场劳动。

模块二　认知劳动法律与权益

主题 2.1　劳动法律法规

 学习目标

1. 了解劳动者在职场中要面对的相关法律法规。
2. 能够运用相关法律法规处理一般的劳动争议。
3. 培养学习相关法律法规知识的兴趣并形成良好的职业道德。

◎哲人隽语

　　带来安定的是两种力量：法律和礼貌。

——歌德

微课

案例思考

临时工作

　　2018年4月，汪恺刚刚参加完山东省统一组织的高职院校单独招生考试。一想到离9月份正式进入大学校园还有很长一段时间，他于是去潍坊市某宾馆应聘，工作岗位是锅炉房司炉，希望勤工助学一段时间，为家里减轻一些负担。之后他被这家宾馆录用了（该宾馆在此之前已向所在地的劳动行政部门办理了用工登记）。因为汪恺的身份还是学生，在宾馆岗位上究竟能做多长时间自己也不确定，于是宾馆方面就把他划入了临时工的行列，也没有签订相应的劳动合同，但约定每天工作8小时，工资按月结算，并对其安排了健康体检。体检合格后，汪恺正式步入了工作岗位。上班后前几个星期，汪恺发现工作比较清闲，对这份工作很满意。但过了一段时间，宾馆迎来旅游旺季，热水需求急剧增加，每天为了烧锅炉需要他自己一个人用推车推运十几车煤，工作时间远超8小时，一天下来汪恺感觉浑身酸疼，身体渐渐吃不消了。

　　于是，汪恺向宾馆有关领导要求增加人手或给自己调换工作岗位，而宾馆的有关负责人却以招聘启事中明确约定了汪恺的工作岗位为由拒绝了他的要求，因此，双方产生了争议。汪恺实在难以忍受如此高强度的劳动，于是向宾馆提出辞职，并要求结算相应的工资，但宾馆却以工作不满一个月为由拒绝给他结算工资，汪恺该怎么办呢？

　　点评：我们可能在实际生活当中也会遇到类似的问题，但是往往因为缺乏相应的法律知识和常识、维护自身合法权益的意识，导致事情最后不了了之。所以，学习一些劳动方面的法律知识，对于我们在职场中维护自身合法权益是十分必要的。根据我国《劳动法》《劳动合同法》等法律法规的相关规定，我国劳动争议处理实行"一调、一裁、两审"的处理体制。

　　思考：你了解哪些劳动的法律法规可以保护汪恺的权益吗？作为劳动者，你的合法权益受到侵害时你会怎么办？

一、我国的劳动法律体系

（一）劳动法律体系和法律制度

　　劳动法律体系是由各项劳动法律制度及其劳动法律规范组成的有机联系的整体。特点是按一定的标准将劳动法律规范分类组合。劳动法律体系说明各项劳动法律规范之间的统一、区别、相互联系和协调性。可以按照劳动法律规范的制定机关及其效力分类组合成一种形式的劳动法律体系，也可以按照劳动法律规范的内容分类组合成一种形式的劳动法律体系。

劳动法律制度是调整劳动关系某一方面的法律规范的总称。调整劳动关系的各种法律规范的总和，就是一国的劳动法律部门。各项法律制度及其劳动法律规范构成劳动法律体系。其主要有：劳动合同法律制度、工作时间和休息时间法律制度、劳动报酬法律制度、劳动安全与卫生法律制度、女工与未成年工保护法律制度、社会保险与劳动保险法律制度、工会法律制度、劳动争议处理法律制度、劳动监督和检查法律制度等。

（二）劳动法律法规

劳动法是调整劳动关系以及与劳动关系密切联系的社会关系的法律规范的总称。劳动法主要调整劳动关系，同时也调整因劳动力管理、社会保险和福利、职工民主管理、劳动争议处理等产生的其他社会关系，进而建立和维护适应社会主义市场经济，促进经济发展与社会进步的劳动制度。

劳动法的基本原则包括：社会正义原则、劳动自由原则（即择业自由、辞职自由、反对就业歧视、禁止强迫劳动）、三方合作原则（即劳动者、劳动使用者、政府三方的合作）。

我国主要的劳动法律法规包括《中华人民共和国劳动法》《中华人民共和国劳动合同法》《中华人民共和国劳动争议调解仲裁法》《中华人民共和国社会保险法》《中华人民共和国就业促进法》《中华人民共和国社会保险法》《中华人民共和国工会法》等。

二、《中华人民共和国劳动法》和《中华人民共和国劳动合同法》

（一）《中华人民共和国劳动法》

《中华人民共和国劳动法》（以下简称《劳动法》）于1995年1月1日起施行并分别于2009年和2018年进行了修正。它是为了保护劳动者的合法权益，调整劳动关系，建立和维护适应社会主义市场经济的劳动制度，促进经济发展和社会进步而制订的。《劳动法》分为13章，具体包括总则、促进就业、劳动合同和集体合同、工作时间和休息休假、工资、劳动安全卫生、女职工和未成年工特殊保护、职业培训、社会保险和福利、劳动争议、监督检查、法律责任、附则。

我国劳动法的基本原则包含以下几点。

1. 劳动既是权利又是义务的原则

（1）劳动是公民的权利。每一个有劳动能力的公民都有从事劳动的同等的权利，主要体现在以下几点。对公民来说意味着：①有就业权和择业权在内的劳动权；②有权依法选择适合自己特点的职业和用工单位；③有权利用国家和社会所提供的各种就业保障条件，以提高就业能力和增加就业机会。对企业来说意味着：①平等地录用符合条件的职工；②加强提供失业保险、就业服务、职业培训等方面的职责。对国家来说意味着应当为公民实现劳动权提供必要的保障。

（2）劳动是公民的义务。劳动者一旦与用人单位发生劳动关系，就必须履行其应尽的义务，其中最主要的义务就是完成劳动生产任务。这是劳动关系范围内的法定义务，同时也是强制性义务。

2. 保护劳动者合法权益的原则

（1）偏重保护和优先保护。劳动法在对劳动关系双方都给予保护的同时，偏重于保护处于弱者地位的劳动者，适当体现劳动者的权利本位和用人单位的义务本位：劳动法优先保护劳动者利益。

（2）平等保护。全体劳动者的合法权益都平等地受到《劳动法》的保护，各类劳动者的平等保护，特殊劳动者群体的特殊保护。

（3）全面保护。劳动者的合法权益，无论它存在于劳动关系的缔结前、缔结后或是终结后都应纳入保护范围之内。

（4）基本保护。对劳动者的最低限度保护，也就是对劳动者基本权益的保护。

○知识窗

各类就业歧视

（二）《中华人民共和国劳动合同法》

《中华人民共和国劳动合同法》（以下简称《劳动合同法》）自2008年1月1日起施行，适用范围为中华人民共和国境内的企业、个体经济组织、民办非企业以及国家机关、事业单位、社会团体等组织。

《劳动法》和《劳动合同法》的区别在于：《劳动法》是大法，《劳动合同法》是专门规范用人单位与劳动者建立劳动关系，订立、履行、变更、解除、终止劳动合同的法律法规。

《劳动法》与《劳动合同法》，是前法与后法、旧法与新法的关系，按照《立法法》"新法优于旧法"的原则，《劳动法》与《劳动合同法》不一致的地方，以《劳动合同法》为准；《劳动合同法》没有规定而《劳动法》有规定的，则适用《劳动法》的相关规定。

关于《劳动合同法》的更多内容，请参阅本模块"主题2.2 劳动合同及权利保障"。

 案例2-1

岗前培训有工资吗？

2018年6月，李冉从河北省某中职学校毕业后经过笔试和面试被现在的公司录用。李冉拿到了正式的录取通知书后按照通知书规定的日期报到，上班第一天就接到了人力资源部的通知，要求所有的新人都必须参加1个月的岗前培训。

考虑到自己已经毕业且家庭负担重，所以李冉壮胆去问了一下人力资源部经理，岗前培训这1个月的工资能发放多少。人力资源部经理对她说："因为这1个月是培训期，不算正式工作，但公司会给予每个人700元的生活补贴。"李冉觉得给的太少了，所以就直接对人力资源部经理说："经理，现在物价这么高，700元怎么活呀？！"经理回答她说："你参加培训没有创造价值，哪来的工资，公司给予补贴已经很好了。"听到经理这么说，李冉既不满意也觉得不合理，但她又不知道该如何捍卫自己的权益。

思考： 对于试用期，你听说过或了解过哪些不合法现象？

三、《中华人民共和国就业促进法》和《中华人民共和国社会保险法》

（一）《中华人民共和国就业促进法》

《中华人民共和国就业促进法》（以下简称《就业促进法》）是自 2008 年 1 月 1 日开始施行的。这部法律将就业工作纳入法制化轨道，从法律层面形成了更有利于学生就业的社会环境。内容涉及转变就业观念，提高就业能力；强化依法管理，加大资金投入；规范就业市场，打击违法行为；鼓励自主创业，加强就业援助；反对就业歧视，营造公平环境等几个方面。因此，当自己在就业中遇到困难时可以向相关政府部门要求援助，当受到歧视时可以向相关政府部门反映甚至诉讼。

《就业促进法》共有九章六十九条，主要内容归纳为"116510"，即"一个方针，一面旗帜，六大责任，五项制度，十大政策"，我们这里只介绍方针和旗帜。

1. 一个方针

一个方针，即坚持"劳动者自主择业，市场调节就业，政府促进就业"的方针。

2. 一面旗帜

一面旗帜，即高举"公平就业"旗帜，创造公平就业的环境（见图 2-1）。

《就业促进法》第三条明确规定：劳动者就业，不因民族、种族、性别、宗教信仰不同而受歧视；同时专设"公平就业"一章（第三章第二十五条至第三十一条）明确规定：残疾人、传染病携带者和进城就业的农村劳动者等群体享有与其他劳动者平等的劳动权利。

图 2-1 就业平等

（二）《中华人民共和国社会保险法》

《中华人民共和国社会保险法》（以下简称《社会保险法》）于 2011 年 7 月 1 日起施行，2018 年部分条款做了修改。

《社会保险法》是中国特色社会主义法律体系中起支架作用的重要法律，是一部着力保障和改善民生的法律。《社会保险法》规定，国家建立基本养老保险、基本医疗保险、工伤保险、失业保险、生育保险等社会保险制度，保障公民在年老、疾病、工伤、失业、生育等情况下依法从国家和社会获得物质帮助的权利。

《社会保险法》坚持四大原则：一是贯彻落实党中央的重大决策部署；二是使广大人民群众共享改革发展成果；三是公平与效率相结合，权利与义务相适应；四是确立框架，循序渐进。

 总结案例

打赢的官司

郭海滨被浙江省某县邮政局招用为报刊投递临时工，对于工作郭海滨非常珍惜，他并不把自己当作临时工看待，而是像正式职工一样有着"绿衣天使"的职业自豪感。

模块二 认知劳动法律与权益

他每天都早出晚归，工作踏踏实实，从没有出现过报刊的迟投或误投，因此也深得客户和邮电局领导的好评。2017年的一天，郭海滨在骑车投递报刊时，不慎被一辆拖拉机上的毛竹严重戳伤右眼，右眼视网膜剥离。经过近1个月的医治，眼睛虽然是保住了，但被认定为6级伤残，右眼几近失明，左眼视力已降至0.1。突如其来的事故，让郭海滨欲哭无泪，生存的压力成了他心上无法释然的阴影。邮政局虽然同意报销他的医疗费用，但认为他只是本单位的临时工，因此，只同意发给郭海滨12个月的本人工资作为一次性伤残补助费。2019年3月，郭海滨向法院提起诉讼，要求县邮政局支付医疗费用、伤残补助金等合计4.65万元，并安排工作，享受职工待遇等相关的工作保险待遇。最后官司打到浙江省高级人民法院。2019年11月，经省检察院提出抗诉，省高级法院直接对案件进行再审，并作出终审判决：郭海滨依法享有工伤保险待遇，县邮政局应承担郭海滨的医疗费用、工伤津贴等4.5万元，并按照每月3000元标准发放工资。

点评： 郭海滨之所以能打赢官司，这是因为工伤保险待遇是《宪法》和《劳动法》赋予劳动者享有的合法权益，是国家为保障职工合法权益、促进安全生产和维护社会稳定而设置的一项强制性的社会保险制度。工伤保险作为一项带有强制性的福利性待遇，是每一位企业职工当然享有的权利。

思考： 对于我国劳动法律法规中保护劳动者权益的规定，你还了解哪些？你觉得它们包含的哪些内容对个人最重要？

课堂活动

劳动法律法规知识懂多少

一、活动目标

了解我国的劳动法律法规，知悉它们中有哪些内容是保护个人劳动权益的。

二、活动时间

建议20分钟。

三、活动流程

1. 所有学生运用各种途径整理个人认为重要的保护个人劳动权益的相关法律法规知识。

2. 教师按照8~10人划分小组，并要求从组员整理的法律法规知识中讨论挑选出15~20个小组认为十分重要的。

3. 每个小组选出一名代表陈述本组整理的十分重要的法律法规知识，其他小组可以对其进行提问，小组内其他成员也可以回答提出的问题；通过问题交流，将每一个值得探讨的法律法规知识都弄清楚。

4. 教师引导学生灵活运用我国的劳动法律法规知识，并把各组解读的劳动法律法规知识进行分析、归纳、总结。

5. 教师根据各组在研讨过程中的表现，给予点评并赋分。

主题 2.2　劳动合同及权利保障

学习目标

1. 了解《劳动合同法》中劳动权利的基本内容。
2. 可运用相关法律法规处理一般的劳动争议。
3. 能借鉴劳动争议处理中的措施保护个人权益。

◎哲人隽语

没有义务的地方，就没有权利。

——洛克

微课

案例思考

劳动合同该不该签

2017年，甘肃省某区劳动监察大队受理了多起劳动保障方面的举报投诉案件。经调查，这些案件中的劳动者与用人单位大多都未签订劳动合同。令人惊讶的是，有的竟然是劳动者不愿与用人单位签订劳动合同，理由是签订劳动合同会束缚自己的自由，影响自己将来跳槽或者接私活。

点评： 劳动合同是劳动者与用人单位确立劳动关系、明确双方权利和义务的协议。它对劳动者而言，是保障劳动者权益的有效武器，一旦与用人单位发生劳动争议，无论是举报投诉还是申请仲裁，没有合同为证会带来很多麻烦。建立劳动关系时应当订立劳动合同。

思考： 个人与企业确立劳动关系时，签订劳动合同需要注意哪些问题才能保障自己的权益？

一、劳动合同

劳动合同是劳动者与用人单位确立劳动关系、明确双方权利和义务的协议。劳动合同的形式一般有书面形式和口头形式两种，书面合同是由双方当事人达成协议后，将协议的内容用文字形式固定下来，并经双方签字。劳动合同的条款分为法定条款和协商条款。法定条款是指法律、法规规定必须协商约定的条款。协商条款是指根据工种、岗位的不同特点，以及双方各自的具体情况，由双方选择协商约定的具体条款。

（一）劳动合同必备条款

根据《劳动合同法》的明确规定，用人单位与劳动者签订劳动合同应以书面形式确立，劳动合同应具备如下条款：

（1）用人单位的名称、住所和法定代表人或者主要负责人。
（2）劳动者的姓名、住址和居民身份证或者其他有效身份证件号码。
（3）劳动合同期限。
（4）工作内容和工作地点。
（5）工作时间和休息休假。

◎知识窗

劳动合同的签订原则

（6）劳动报酬。
（7）社会保险。
（8）劳动保护、劳动条件和职业危害防护。
（9）法律、法规规定应当纳入劳动合同的其他事项。

（二）无效劳动合同

无效劳动合同是指当事人违反法律规定订立的劳动合同，该劳动合同不具有法律效力。

1. 无效劳动合同的效力

根据无效程度，无效劳动合同分为部分无效和全部无效，具体这两种无效劳动合同的效力如图2-2所示。

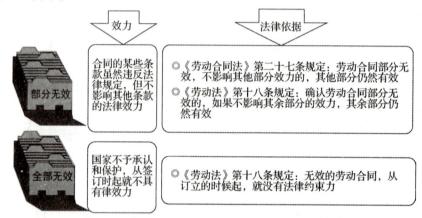

图2-2 部分无效和全部无效劳动合同的效力对比

2. 无效劳动合同的适用情形

《劳动合同法》第二十六条规定：下列劳动合同无效或者部分无效。

（1）以欺诈、胁迫的手段或者乘人之危，使对方在违背真实意思的情况下订立或者变更劳动合同的。

（2）用人单位免除自己的法定责任、排除劳动者权利的。

（3）违反法律、行政法规强制性规定的。

二、劳动权利

（一）平等就业与选择职业的权利

平等就业和选择职业是每个劳动者都拥有的劳动权利，所谓平等就业就是指在劳动就业中实行男女平等及民族平等的原则。招工时不得歧视妇女，不得歧视少数民族的劳动者，男女之间及不同民族之间应一视同仁。在录用职工时，除国家规定的不适合妇女的工种或者岗位外，不得以性别为由拒绝录用妇女或者提高对妇女的录用标准。在劳动和工作的调配方面应根据实际情况，对妇女予以必要的照顾。根据政策等对少数民族应有适当的照顾，在工资方面应贯彻同工同酬的原则。

（二）取得劳动报酬的权利

取得劳动报酬是每个劳动者都拥有的权利，它是指劳动者有权根据自己的劳动数量和质量及时得到合理的报酬，任何用人单位不得克扣或无故延期支付。《劳动合同法》规定，全日制用工的，工资应当至少每月支付一次；非全日制用工劳动报酬结算支付周期最长不超过 15 日。在此规定下，用人单位工资发放时间由用人单位与职工在劳动合同中约定。

在我国，劳动者取得劳动报酬的分配方式是按劳分配。按劳分配是根据劳动者提供的劳动量给付报酬，多劳多得，少劳少得，不劳不得。

为给予劳动者必要的社会保护，国家实行最低工资保障制度。最低工资是指保障劳动者及其家庭的最低生活需要的工资，其标准由各省、自治区及直辖市人民政府规定，报国务院备案。

案例 2-2

超低的试用期工资

张跃到一家中外合资电子企业工作，进厂时未提出与企业订立劳动合同。但与企业口头约定，用工试用期为 6 个月，期满后视情况再定工作岗位。第一个月张跃领到工资 2 500 元，其他员工告诉她，当地最低工资标准为 2 800 元，企业支付给张跃的工资太低。张跃找到电子企业的厂长询问，厂长解释说试用期属于不熟练劳动期，工资可以低于最低工资标准。

思考：如果你是张跃，你会怎样据理力争？

（三）休息休假的权利

休息日是我国宪法规定的公民权利，这一权利的重要意义在于能够保证劳动者的身体和精神上的疲劳得以解除，借以恢复劳动能力。

我国实行每日工作 8 小时，平均每周工作 40 小时的工作制度。

在一般情况下，在法定的节假日期间，用人单位应当按照国家规定的休假天数安排劳动者休假，而不能任意组织加班。用人单位由于生产经营需要，经与工会和劳动者协商后可以延长工作时间，一般每日不得超过 1 小时；因特殊原因需要延长工作时间的，在保障劳动者身体健康的条件下延长工作时间每日不得超过 3 小时，但是每月不得超过 36 小时。

用人单位在符合法律规定的条件下延长劳动者的工作时间，必须向劳动者支付报酬，而且要支付高于劳动者正常工作时间的工资报酬。

此外，我国还实行带薪休假制度。劳动者连续工作一年以上，享受带薪年休假。

（四）获得劳动安全和卫生保护的权利

获得劳动安全和卫生保护是每个劳动者都拥有的劳动权利。在劳动生产过程中存在各种不安全和不卫生因素，如果不采取措施加以保护，就会危害劳动者的生命安全和身体健康，甚至妨碍生产的正常进行。劳动者有权要求改善劳动条件和加强劳动保护，保证在生产过程中能够安全和健康。

劳动者在劳动过程中必须严格遵守安全操作规程，对用人单位管理人员违章指挥及强令冒险作业等有权拒绝执行；对危害生命安全和身体健康的行为有权提出批评、检举和控告。从事特种作业的劳动者必须经过专门培训并取得特种作业资格。

（五）接受职业技能培训的权利

职业技术培训是为了培养及提供人们从事各种职业所需的技术业务知识和实际操作技能而进行的教育和训练，劳动者有权要求接受这种教育和训练。

职业培训是国民教育体系的一个重要组成部分，用人单位应当建立职业培训制度，按照国家规定提取和使用职业培训经费。企业要根据本单位实际，有规划地对劳动者进行培训。从事技术工种的劳动者，上岗前必须经过培训。

（六）享受社会保险福利的权利

享受社会福利保险是每个劳动者都拥有的劳动权利，我国《宪法》明确规定："中华人民共和国公民在养老、疾病或者丧失劳动能力的情况下，有从国家和社会获得物质资助的权利。"劳动者享受的社会保险和福利权也就是劳动者享受的物质帮助权。

用人单位和劳动者必须依法参加社会保险，缴纳社会保险费。国家鼓励用人单位根据本单位实际情况为劳动者建立补充保险，提倡劳动者个人进行储蓄性保险。将基本保险、补充保险和储蓄性保险相结合，使劳动者享受的社会保险待遇得到切实保障。

（七）提请劳动争议处理的权利

劳动争议涉及劳动者的健康安全、工作和生活的各个方面，关系到劳动者的切身利益，因此一旦劳动争议出现，劳动者就有权请求处理。

解决劳动争议应当根据合法、公正和及时处理的原则，依法维护劳动争议当事人的合法权益。

三、劳动争议处理

劳动争议是劳动关系当事人之间因劳动的权利与义务发生分歧而引起的争议，又称劳动纠纷。其中有的属于既定权利的争议，即因适用劳动法和劳动合同、集体合同的既定内容而发生的争议；有的属于要求新的权利而出现的争议，是因制定或变更劳动条件而发生的争议。

（一）劳动争议处理范围

根据《中华人民共和国劳动争议调解仲裁法》（以下简称《劳动争议调解仲裁法》）第二条规定，劳动争议处理的范围包括以下六个方面的内容。

（1）因确认劳动关系发生的争议。

（2）因订立、履行、变更、解除和终止劳动合同发生的争议。

（3）因除名、辞退和辞职、离职发生的争议。

（4）因工作时间、休息休假、社会保险、福利、培训以及劳动保护发生的争议。

（5）因劳动报酬、工伤医疗费、经济补偿或者赔偿金等发生的争议。

（6）法律、法规规定的其他劳动争议。

（二）劳动争议处理方式

1. 协商

《劳动争议调解仲裁法》第四条规定："发生劳动争议，劳动者可以与用人单位协商，也可以请工会或者第三方共同与用人单位协商，达成和解协议。"

2. 调解

根据《劳动争议调解仲裁法》第五条规定："发生劳动争议，当事人不愿协商、协商不成或者达成和解协议后不履行的，可以向调解组织申请调解；不愿调解、调解不成或者达成调解协议后不履行的，可以向劳动争议仲裁委员会申请仲裁；对仲裁裁决不服的，除本法另有规定的外，可以向人民法院提起诉讼。"

3. 仲裁

劳动争议仲裁是劳动争议仲裁机构根据劳动争议当事人一方或双方的申请，依法就劳动争议的事实和当事人应承担的责任作出判断和裁决的活动。

案例 2-3

超过时效的仲裁

凤彩霞于 2002 年 10 月进入深圳市宝安区一家电子厂工作，并于 2011 年 12 月辞职离厂。2012 年 4 月，凤彩霞以厂方超时加班及克扣加班费为由，向宝安区劳动争议仲裁委员会提出劳动仲裁请求，要求判令厂方支付其经济补偿金 95 570 元人民币，并同时支付其 2011 年 3 月至 9 月的加班工资 23 494 元。2012 年 4 月 25 日，劳动仲裁庭作出裁定，鉴于凤彩霞未能提供充分证据，且支付加班费的请求已超仲裁时效，驳回凤彩霞的全部请求。

思考： 发生劳动争议时，我们该如何及时维护自己的权益？可以寻求哪些帮助？

4. 诉讼

劳动争议诉讼是劳动争议当事人对劳动争议裁决结果不满意，而在规定时间内向人民法院起诉的行为。在我国现行的法律体系中，劳动争议实行先裁后审制度，即劳动争议仲裁是劳动争议诉讼的前置程序，对于未经过仲裁的劳动争议申诉案件，人民法院不予受理。

总结案例

多次约定试用期

2018 年 1 月，许某被北京一家外商投资企业录用，主要从事企业产品销售工作。许某上班后企业就与他签订了 1 年期的劳动合同，并约定了 2 个月的试用期，每月的劳动报酬是 5 000 元，另外根据许某的销售业绩予以提成。双方合同约满后，企业认为许某不适应从事销售工作，调整其工作岗位为仓库发货员，并与其续签了 1 年的劳动合同，且又约定了 2 个月的试用期。第二次试用期期间，许某收到了企业解除劳动合同通知书，原因是许某在试用期内几次犯错。许某感到很突然，要求企业给个说法，但企业不予理会。于是，许某只能将企业告到劳动仲裁，要求企业支付违法解除劳动

模块二 认知劳动法律与权益

合同的经济补偿金两倍的赔偿金。仲裁委员会依法予以受理。

点评： 不管是劳动合同的续订、劳动者离职后的再次招用，还是劳动者岗位发生变更，均不能成为用人单位与劳动者再次约定试用期的理由。因《劳动合同法》有规定，同一用人单位与同一劳动者在签订劳动合同时不能两次约定试用期。聘用许某的公司擅自约定两次试用期，并以试用期不符合录用条件为由单方面与许某解除劳动合同属于违法解除，所以按照《劳动合同法》的有关规定，该企业应该支付许某经济补偿标准的两倍的赔偿金。

思考： 你认为劳动合同可以从哪些方面保护劳动者的合法权益？你知道试用期有哪些保护劳动者的规定吗？

课堂活动

劳动合同中的竞业禁止

一、活动目标

引导学生掌握劳动合同的相关知识，为未来进入职场签订劳动合同时规避风险做好准备。

二、活动时间

建议 15 分钟。

三、活动流程

1. 教师出示以下阅读材料，并提问：你认为该案件应当如何判决？

苗某于 2016 年 10 月 9 日与某电脑公司签订劳动合同，被聘为技术员，聘期两年。双方当事人在劳动合同中约定了竞业禁止：合同解除或终止后，苗某三年内不得在本地区从事与该公司相同性质的工作，如违约，苗某须一次性赔偿电脑公司经济损失 10 万元。

因电脑公司拖欠苗某 2017 年 9 月、10 月两个月的工资，2017 年 11 月 15 日，苗某向区劳动争议仲裁委员会申请仲裁，要求解除劳动合同；补发两个月工资，给付经济补偿金；确认劳动合同中的竞业禁止约定条款无效。

2. 教师按照 4~6 人将学生划分小组，通过小组内部讨论形成小组观点。

3. 每个小组选出一名代表陈述本组观点，其他小组可以对其进行提问，小组内其他成员也可以回答提出的问题；通过问题交流，将每一个需要研讨的问题都弄清楚。

4. 教师进行分析、归纳、总结。

5. 教师根据各组在研讨过程中的表现，给予点评并赋分。

主题 2.3　岗位实习权益

学习目标

1. 可理解《职业学校学生实习管理规定》的主要内容。
2. 可有效使用岗位实习管理规定维护自身权益。
3. 增强对《职业学校学生实习管理规定》的全面认识，尤其是个人权益方面，积极参与岗位实习。

> ◎哲人隽语
> 专读书也有弊病，所以必须和现实社会接触，使所读的书活起来。
> ——鲁迅

微课

案例思考

同工不同酬

段雪峰作为某中职学校旅游英语专业的学生，在经过两年系统学习后在三年级上学期被学校统一安排到一家酒店当服务员。对于刚刚迈出校门的学生，他从开始的好奇兴奋到后来的乏力，从自我否定到肯定，短短几个月的实习，他自认为经历的事情比自己前16年的还多。段雪峰在酒店服务员的实习生活一开始就遇到了两个难题。第一个就是和学校大不一样的作息时间和用餐时间。早、中、晚三班倒，令他睡眠有些不足；早、午、晚饭间隔时间不固定，使得他无法正常吃饭。第二个难题是这个岗位的特殊性，哪里有需要就往哪里跑，点单、上菜、倒水、收拾餐盘，每天都忙忙碌碌12个小时以上。

经过两周的岗位实习后，段雪峰慢慢适应了这种紧张的生活。他憧憬着发工资的日子早点到来，毕竟是自己人生第一次依靠辛勤劳动赚来的钱，所以他特别在乎。在期待中迎来了发工资的日子，段雪峰没有想到他的第一个月工资仅有1 800元。他觉得跟正式工每月4 000元的工资相比太低了，所以他主动去找主管反映意见。但主管说因为他们是实习生，很多工作都不熟悉甚至无法胜任，所以实习期间每月1 800元的工资是非常合理的。段雪峰认为自己与酒店员工干着无差别的工作，主管的说法有些强词夺理，但自己作为实习生却无力反抗。他非常郁闷，正在考虑是否联合实习的同学一起去争取自己的权益。

点评：《职业学校学生实习管理规定》要求接收学生岗位实习的实习单位，应参考本单位相同岗位的报酬标准和岗位实习学生的工作量、工作强度、工作时间等因素。合理确定岗位实习报酬，原则上不低于本单位相同岗位试用期工资标准的80%，并按照实习协议约定，以货币形式及时、足额支付给学生。段雪峰在实习期间承担了正常的岗位工作，但其实习工资却仅是酒店相同岗位试用期工资标准的45%，所以他应该据理力争维护自己的权益。

思考：你知道如何拿起《职业学校学生实习管理规定》这个武器保护自己的岗位实习权益吗？

模块二　认知劳动法律与权益

一、岗位实习的概念

岗位实习是学生在完成文化基础课、部分专业课以及校内专业实践课以后进行的实践性教学环节，是提高学生实践技能的重要途径。岗位实习是学生在企业里身兼员工身份，将理论与实践进行有机结合，有明确的工作责任和要求，通过专业对口实习全面提高自身能力，提前到岗位上真刀实枪的工作，有效实现学校与社会的"零距离接触"。学生岗位实习期间的任务，主要是完成实习工作任务和实习期间的学习任务，在实习期间既能提高自身职业技能，又能培养吃苦耐劳精神，提升自身就业竞争力。职业学校学生实习是实现职业教育培养目标，增强学生综合能力的基本环节，是教育教学的核心部分。

二、岗位实习的政策与规定

2022年1月，为深入贯彻全国职业教育大会精神，落实中共中央办公厅、国务院办公厅《关于推动现代职业教育高质量发展的意见》，进一步做好职业学校学生实习工作，根据《中华人民共和国教育法》《中华人民共和国职业教育法》《中华人民共和国劳动法》《中华人民共和国安全生产法》《中华人民共和国未成年人保护法》《中华人民共和国职业病防治法》及相关法律法规、规章，教育部、工业和信息化部、财政部、人力资源社会保障部、应急管理部、国资委、市场监管总局和中国银保监会对《职业学校学生实习管理规定》进行了修订，主要内容如下。

（一）实习形式

（1）认识实习：学生由职业学校组织到实习单位参观、观摩和体验，形成对实习单位和相关岗位的初步认识的活动。

（2）岗位实习：具备一定实践岗位工作能力的学生，在专业人员指导下，辅助或相对独立参与实际工作的活动。

对于建在校内或园区的生产性实训基地、厂中校、校中厂、虚拟仿真实训基地等，依照法律规定成立或登记取得法人、非法人组织资格的，可作为学生实习单位。

（二）实习组织

1. 职责分工

教育主管部门负责统筹指导职业学校学生实习工作；职业学校主管部门负责职业学校实习的监督管理；职业学校应将学生岗位实习情况报主管部门备案。

2. 单位要求

（1）合法经营，无违法失信记录。

（2）管理规范，近3年无违反安全生产相关法律法规记录。

（3）实习条件完备，符合专业培养要求，符合产业发展实际。

（4）与学校有稳定合作关系的企（事）业单位优先。

职业学校在确定新增实习单位前，应当实地考察评估形成书面报告。考察内容应当包括：单位资质、诚信状况、管理水平、实习岗位性质和内容、工作时间、工作环境、生活环境以及健康保障、安全防护等。

3. 组织实施

在岗位实习的组织实施过程中，遵循"五要、五不要"原则。

（1）"五要"，即要制定实习计划并开展培训；职业学校和实习单位要分别选派实习指导教师和专门人员全程指导、共同管理学生实习；实习岗位要符合专业培养目标要求，与学生所学专业对口或相近，原则上不得跨专业大类安排实习；对自行选择岗位实习单位的学生要做好服务、跟踪和了解；岗位实习时间一般为6个月。

（2）"五不要"，即学生不得自行选择认识实习；岗位实习学生的人数不超过实习单位在岗职工总数的10%；在具体岗位实习的学生人数不高于同类岗位在岗职工总人数的20%；任何单位或部门不得干预职业学校正常安排和实施实习方案；不得强制职业学校安排学生到指定单位实习，严禁以营利为目的违规组织实习。

（三）实习管理

在岗位实习的管理上，应健全管理制度，签订实习协议。

1. 管理制度

《职业学校学生实习管理规定》第十三条指出："职业学校应当明确学生实习工作分管校长和责任部门，规模大的学校应当设立专门管理部门，建立健全学生实习管理岗位责任制和相关管理制度与运行机制；会同实习单位制定学生实习工作具体管理办法和安全管理规定、实习学生安全及突发事件应急预案等制度。职业学校应当充分运用现代信息技术，建设和完善信息化管理平台，与实习单位共同实施实习全过程管理。"

第十四条规定："学生参加岗位实习前，职业学校、实习单位、学生三方必须以有关部门发布的实习协议示范文本为基础签订实习协议，并依法严格履行协议中有关条款。未按规定签订实习协议的，不得安排学生实习。"

2. 实习协议——"签订主体、协议内容"

实习协议应约定以下内容。

（1）各方基本信息。

（2）实习的时间、地点、内容、要求与条件保障。

（3）实习期间的食宿、工作时间和休息休假安排。

（4）实习报酬及支付方式。

（5）实习期间劳动保护和劳动安全、卫生、职业病危害防护条件。

（6）责任保险与伤亡事故处理办法。

（7）实习考核方式。

（8）各方违约责任。

（9）三方认为应当明确约定的其他事项。

3. 管理要求

（1）未满16周岁的学生不参加岗位实习，未满18周岁的学生参加岗位实习，应取得学生及其法定监护人（或家长）签字的知情同意书。

（2）职业学校和实习单位要依法保障实习学生的基本权利。

（3）实习单位应遵守国家关于工作时间和休息休假的规定。

（4）实习学生应遵守职业学校的实习要求和实习单位的规章制度、实习纪律及实习协议，完成规定的实习任务，撰写实习日志，并在实习结束时提交实习报告。

（5）职业学校要和实习单位建立学生实习信息通报制度。

（6）加强学生实习期间的业务指导和日常巡视工作。

（7）外地实习应当安排学生统一住宿。

（8）安排学生赴国（境）外实习的，应当事先经学校主管部门同意，按程序报省级主管部门备案。

（9）鼓励各地职业学校主管部门建立学生实习管理和综合服务平台。

（10）合理确定岗位实习报酬，原则上不低于本单位相同岗位工资标准的80%或最低档工资标准，并按照实习协议约定，以货币形式及时、足额、直接支付给学生。

（11）职业学校和实习单位不得向学生收取实习押金、培训费、实习报酬提成、管理费、实习材料费、就业服务费或者其他形式的实习费用，不得扣押学生的学生证、居民身份证或其他证件，不得要求学生提供担保或者以其他名义收取学生财物。

4. 禁止性规定

（1）完全禁止性条款。职业学校和实习单位要依法保障实习学生的基本权利，并不得有下列情形。

① 安排、接收一年级在校学生进行岗位实习；安排、接收未满16周岁的学生进行岗位实习。

② 安排未成年学生从事《未成年工特殊保护规定》中禁忌从事的劳动。

③ 安排实习的女学生从事《女职工劳动保护特殊规定》中禁忌从事的劳动。

④ 安排学生到酒吧、夜总会、歌厅、洗浴中心、电子游戏厅、网吧等营业性娱乐场所实习。

⑤ 通过中介机构或有偿代理组织、安排和管理学生实习工作。

⑥ 安排学生从事Ⅲ级强度及以上体力劳动或其他有害身心健康的实习。

（2）部分禁止性条款。除相关专业和实习岗位有特殊要求，并事先报上级主管部门备案的实习安排外，实习单位应遵守国家关于工作时间和休息休假的规定，并不得有以下情形。

① 安排学生从事高空、井下、放射性、有毒、易燃易爆，以及其他具有较高安全风险的实习。

② 安排学生在休息日、法定节假日实习。

③ 安排学生加班和上夜班。

（3）罚则。对违反本规定组织学生实习的职业学校，由职业学校主管部门依法责令改正。拒不改正的，对直接负责的主管人员和其他直接责任人依照有关规定给予处分。因工作失误造成重大事故的，应当依法依规对相关责任人追究责任。

对违反本规定中相关条款和违反实习协议的实习单位，职业学校可根据情况调整实习安排，根据实习协议要求实习单位承担相关责任。

对违反本规定安排、介绍或者接收未满16周岁学生进行岗位实习的，由人力资源社会保障行政部门依照国家关于禁止使用童工法律法规进行查处；构成犯罪的，依法追究刑事责任。

（四）实习考核

1. 考核成绩及应用

① 职业学校要会同实习单位，完善过程性考核与结果性考核有机结合的实习考核制度，根据实习目标、学生实习岗位职责要求制订具体考核方式和标准，共同实施考核。

② 学生实习考核要纳入学业评价，考核成绩作为毕业的重要依据。不得简单套用实习单位考勤制度，不得对学生简单套用员工标准进行考核。

2. 学生违纪管理

《职业学校学生实习管理规定》第二十八条：职业学校应当会同实习单位对违反规章制度、实习纪律、实习考勤考核要求以及实习协议的学生，进行耐心细致的思想教育，对学生违规行为依照校规校纪和有关实习管理规定进行处理。学生违规情节严重的，经双方研究后，由职业学校给予纪律处分；给实习单位造成财产损失的，依法承担相应责任。对受到处理的学生，要有针对性地做好思想引导和教育管理工作。

3. 实习归档要求

职业学校应当组织做好学生实习情况的立卷归档工作。实习材料包括纸质材料和电子文档，具体包括以下内容：

（1）实习三方协议。

（2）实习方案。

（3）学生实习报告。

（4）学生实习考核结果。

（5）学生实习日志。

（6）学生实习检查记录。

（7）学生实习总结。

（8）有关佐证材料（如照片、音视频等）。

（五）安全职责

（1）职业学校和实习单位要确立"安全第一、预防为主"的原则，强化实习单位主要负责人安全生产第一责任人职责，严格执行国家及地方安全生产、职业卫生、人格权保护等有关规定。职业学校主管部门应当会同相关行业主管部门加强实习安全监督检查。

（2）实习单位应当健全本单位安全生产责任制，执行相关安全生产标准，健全安全生产规章制度和操作规程，制定生产安全事故应急救援预案，配备必要的安全保障器材和劳动防护用品，加强对实习学生的安全生产教育培训和管理，保障学生实习期间的人身安全和健康。未经教育培训或未通过考核的学生不得参加实习。

（3）实习学生应遵守国家法律法规、校纪校规和实习单位安全管理规定，认真完成实习方案规定的实习任务，提高自我保护意识。

（4）地方各级负有安全生产监督管理职责的部门要将实习安全责任履行情况作为安全生产检查的重要内容，在各自职责范围内对有关行业、领域实习单位落实安全生产主体责任实施监督管理，依法对实习单位制定并实施本单位实习学生教育培训计划落实情况进行监督检查。

(六)保障措施

(1)加快发展职业学校学生实习责任保险和适应职业学校学生实习需求的意外伤害保险产品,提高职业学校学生实习期间的风险保障水平。鼓励保险公司对学徒制保险专门确定费率,实现学生实习保险全覆盖。积极探索职业学校实习学生参加工伤保险办法。

(2)职业学校和实习单位应当根据法律、行政法规,为实习学生投保实习责任保险。责任保险范围应当覆盖实习活动的全过程,包括学生实习期间遭受意外事故及由于被保险人疏忽或过失导致的学生人身伤亡,被保险人依法应当承担的赔偿责任以及相关法律费用等。学生实习责任保险的费用可按照规定从职业学校学费中列支;免除学费的可从免学费补助资金中列支,不得向学生另行收取或从学生实习报酬中抵扣。职业学校与实习单位达成协议由实习单位支付学生实习责任保险投保经费的,实习单位支付的投保经费可从实习单位成本(费用)中列支。鼓励实习单位为实习学生购买意外伤害险,投保费用可从实习单位成本(费用)中列支。

(3)学生在实习期间受到人身伤害,属于保险赔付范围的,由承保保险公司按保险合同赔付标准进行赔付;不属于保险赔付范围或者超出保险赔付额度的部分,由实习单位、职业学校、学生依法承担相应责任;职业学校和实习单位应当及时采取救治措施,并妥善做好善后工作和心理抚慰。

(4)地方各级工业和信息化部门应当鼓励先进制造业企业、省级"专精特新"中小企业、产教融合型企业等积极参与校企合作,提供实习岗位。

(5)地方财政部门要落实职业学校生均拨款制度,统筹考虑学生实习安全保障相关支出和学费水平,科学合理确定生均拨款标准。实习单位因接收学生实习所实际发生的与取得收入有关的合理支出,依法在计算应纳税所得额时扣除。

(6)地方各级国资部门应当指导国有企业特别是大型企业将实习纳入人力资源管理重要内容,对行为规范、成效显著的企业,按照有关规定予以相应政策支持。

(7)县级以上地方人民政府可结合实际,对实习工作成效明显的职业学校、实习学生和实习单位,按规定给予相应的激励。

(8)职业学校应当对参与学生实习指导和管理工作中表现优秀的教师,在职称评聘和职务晋升、评优表彰等方面予以倾斜。

三、岗位实习主要权利

(一)无协议不实习

《职业学校学生实习管理规定》要求,学生参加岗位实习前,职业学校和实习单位应与学生签订三方实习协议,明确各方的责任、权利和义务。如果学校未按规定签订实习协议,学校不能安排学生去实习,并且对实习协议的基本内容作出了规定。

(二)有报酬底线

《职业学校学生实习管理规定》要求,接收学生岗位实习的实习单位,应当参考本单位相同岗位的报酬标准和岗位实习学生的工作量、工作强度、工作时间等因素,给予适当的实习报酬,原则上不低于本单位相同岗位工资标准的80%或最低档工资标准,并按照实习协议约定，以货币形式及时、足额、直接支付给学生，原则上支付周期不得超过 1 个月，不得以物品或代金券等代替货币支付或经过第三方转发。

（三）有禁止性规定

《职业学校学生实习管理规定》为保护学生实习，对不适宜学生实习的情况在完全禁止性条款和部分禁止性条款中都作了详细规定，例如，禁止职业学校通过中介机构安排和管理学生实习工作，禁止职业学校安排学生进行强制实习和付费实习等（见图 2-3）。

（四）不交纳额外费用和不提供担保等问题

《职业学校学生实习管理规定》要求，职业学校和实习单位不得向学生收取实习押金、培训费、实习报酬提成、管理费、实习材料费、就业服务费或者其他形式的实习费用，不得扣押学生的学生证、居民身份证和其他证件，不得要求学生提供担保或者以其他名义收取学生财物。

图 2-3 职业学校学生实习管理划定"红线"

被抽成的实习工资

又是一年实习季，2019 年 7 月杜玉明和同学们 60 多人作为兰州市某职业中专的学生被学校统一安排到江苏省南京市的某光电有限公司做普通工人，做着和所学专业毫无关系的流水线工作，岗位实习期为 6 个月。

他们在学校以"岗位实习"的名义与某家人力资源公司签署了协议，到岗后他们被要求每天工作 8 小时，义务加班 2 小时，然后还要服从工厂安排。高劳动强度工作后杜玉明和同学们每个月算上加班费最多能拿到 3 000 元左右。但他了解到，一样工作在相同岗位上的正式员工，每个月的工资是 4 000 元至 5 000 元。为什么工资相差这么大呢？经过多方打听，杜玉明了解到，原来学校按照惯例，从每个学生每小时的工资里抽取 1 至 2 元作为提成了。

思考：你知道有哪些不合理的岗位实习现象？

（五）有岗位实习学生占在岗人数比例规定

《职业学校学生实习管理规定》要求，岗位实习学生的人数一般不超过实习单位在岗职工总数的 10%，在具体岗位实习的学生人数一般不高于同类岗位在岗职工总人数的 20%。

（六）有人身安全和健康的要求

《职业学校学生实习管理规定》要求，实习协议的必备条款中要有对学生在实习期间劳动保护和劳动安全、卫生、职业病危害防护条件和责任保险与伤亡事故处理办法。

（七）有投保实习责任保险要求

《关于在中等职业学校推行学生实习责任保险的通知》（教职成〔2009〕13 号）明确指出，中等职业学校可以根据自身专业设置、教学安排等实际情况，选择为最后一年学生投保全年学生实习责任保险，或者为全部学生投保与其实习期间相对应的学生实习责任保险。《职业学校学生实习管理规定》进一步明确，职业学校和实习单位应根据国家有关规定，为实习学生投保实习责任保险，并提出要推动建立学生实习强制责任保险。

 总结案例

岗位实习乱象丛生

近几年，职业教育受诟病的问题之一，就是一些职业学校打着"岗位实习""社会实践""体验式教学"等旗号，把学生"输送"给企业充当廉价劳动力。更有甚者，强迫学生到酒吧、夜总会表演或陪酒，给学生的身心健康造成了不小的伤害。

据《中国青年报》报道，兰州某外语职业学院不少学生被学校安排至惠州、东莞、昆山等地的电子工厂，开始了为期6个月的岗位实习。学生们每天被要求至少工作12小时，做着和所学专业毫无关系的流水线工作。

一些职校之所以违反国家相关规定，如此操作，大都是冲着其中的利益。近年来，珠三角、长三角等地区存在用工荒等问题，加之部分企业用工不规范，以及违法违规成本太低等因素影响，一些职业学校为了创收，俨然与企业联手，将学生实习变为工厂打工，并以扣学分、不发毕业证等迫使学生就范。

点评： 实践也好，实习也罢，作为职业教育的一部分，其内容都应当与我们的专业学习紧密连接，服务于提高我们专业素质与能力这一根本目标。国家相关部门对岗位实习乱象进行整顿，对岗位实习过程要进行规范，不仅需要提高企业和学校的违法违规成本，对违规行为人追究责任，而且我们也要拿起《职业学校学生实习管理规定》等法律武器，向变味的岗位实习"潜规则"说"不"。

思考： 你期望的岗位实习是什么模样？

 课堂活动

制订岗位实习计划和目标

一、活动目标

通过制订岗位实习计划和目标，深刻理解岗位实习的内涵和各项政策与规定。

二、活动时间

建议40分钟。

三、活动流程

1. 教师按照6~8人把学生划为一组，每组成员分工合作，查找相关信息。
2. 小组成员集体头脑风暴，通过小组内部讨论形成小组观点，共同制订本组的岗位实习计划和目标。
3. 每个小组选出一名代表陈述本组的岗位实习计划和目标，其他小组可以对其进行提问，小组内其他成员也可以回答提出的问题；通过问题交流，将每一个需要研讨的问题都弄清楚。
4. 教师进行分析、归纳、总结。
5. 教师根据各组在研讨过程中的表现，给予点评并赋分。

模块三

传承劳动精神

导读导学

劳动素养是新时代人才必备素养，劳动教育的核心是修炼与提升受教育者的劳动素养。秉持正确的劳动精神，是一个合格的社会主义劳动者的基本要求。随着时代发展，劳动精神的内涵不断丰富，新时代的劳动精神主要表现为：尊重劳动、劳动平等、劳动创造、劳动幸福等。其中，由劳动者在劳动中展现的精神状态、精神面貌、精神品质而形成的劳动精神、劳模精神、工匠精神更值得在全社会特别是青少年学生中弘扬，以教育引导青少年学生崇尚劳动、尊重劳动，懂得劳动最光荣、劳动最崇高、劳动最伟大、劳动最美丽的道理，长大后能够辛勤劳动、诚实劳动、创造性劳动。

本模块共分为劳动精神和劳动纪律、工匠精神和技能成才、劳模精神和劳动素养三部分，希望学生们通过本模块的学习，能够熟悉传承劳动精神的相关知识和方法，树立正确的劳动观点和积极的劳动态度，尊重、热爱劳动过程、劳动成果和劳动人民，不断追求高超的技艺和精湛的技能，形成良好的劳动习惯，努力成为一名优秀的新时代所需要的创造性劳动者。

模块三　传承劳动精神

主题 3.1　劳动精神和劳动纪律

 学习目标

1. 了解劳动精神概念和新时代内涵，熟悉劳动纪律的重要性。
2. 能够运用对劳动精神的认识培育劳动精神。
3. 形成尊重、热爱劳动过程、劳动成果和劳动人民的态度。

> ◎哲人隽语
>
> 劳动最大的益处还在于道德和精神上的发展。这种精神发展是由和谐的劳动产生的，它应当构成无产阶级社会公民区别于资产阶级社会公民的那种人的特质。
> ——马卡连柯

微课

 案例思考

全国劳动模范包起帆

被誉为"抓斗大王"的上海港务局南浦港务公司工程师包起帆（见图3-1），数十年来本着"在岗位尽责，为事业奉献"的精神，与其他同志一起，发明创造了多种高效、安全的装卸工具和装卸工艺，为国家和人民创造了大量财富。

18岁那年，包起帆进上海港当了一名装卸工，从此踏上了坎坷的发明创造之路。为了实现用抓斗装卸木材的梦想，包起帆如饥似渴地自学物理、数学等基础知识，刻苦钻研业务。他的生活被浓缩在起重、力学、机械的理论和计算之中，脑海浮现着各种数据、原理和构想。经过无数个日夜的努力，尝遍失败、艰辛和磨难，包起帆和他的同事终于创造出木材抓斗。这项革新填补了国际港口装卸工具的一项空白。

之后，包起帆把目光投向更广阔的领域……30多年间，他以主人翁精神，刻苦学习科技知识，先后完成了70多项革新发明，其中8项获国家专利，9项获国际发明金奖。他还把自己和同事发明创造的新型抓斗（见图3-2）、工索具技术等推广到全国数百个港口和冶金、矿山、建筑、林场等单位，大大提高了这些单位的经济效益。

艰辛的劳动和突出的贡献，使他获得了"全国五一劳动奖章"和"全国劳动模范"等荣誉称号。

图3-1　包起帆在工作

图3-2　包起帆抓斗

> **点评：** 全国劳动模范包起帆数十年来本着"在岗位尽责，为事业奉献"的精神，刻苦学习，艰辛劳动，由一名装卸工成长为完成70多项革新发明的工程师，为国家建设做出了突出的贡献，成为全国劳动楷模。
>
> **思考：** 作为中职学校学生，你还能从包起帆的事迹中总结出其他值得你学习的精神吗？

一、劳动精神的概念

"精神"一词有两方面含义，一方面是指"人的意识、思维活动和一般心理状态"，另一方面是指"（人）所表现出来的活力"和"活跃、有生气"。劳动精神，则主要指人们对劳动的热爱态度以及劳动者在劳动过程中体现出来的积极人格气质。

劳动精神既包含了对于劳动价值的认识、对于劳动的正向态度以及对劳动者、劳动过程、劳动成果的尊重，又包含了对于劳动热爱的态度在劳动主体身上的体现，包括劳动者身上所具有的对于劳动的积极评价、敬业态度、积极性、创造性等。

随着时代的发展，劳动精神内涵也不断丰富，呈现"尊重劳动、劳动平等"的价值导向性，倡导"劳动创造"的实践创新性，强调"劳动神圣、劳动光荣"的精神幸福性。

弘扬劳动精神，就是要紧紧把握劳动精神的深刻内涵，引导全社会特别是青少年学生进一步崇尚劳动、尊重劳动，懂得劳动最光荣、劳动最崇高、劳动最伟大、劳动最美丽的道理，能够辛勤劳动、诚实劳动、创造性劳动，共同为实现中华民族伟大复兴而奋斗。

二、新时代的劳动精神

进入新时代，劳动精神有着更丰富的内涵，不仅在内容上继承并发展了马克思主义劳动价值观和中华民族传统优秀的劳动观念，而且彰显了"辛勤劳动、诚实劳动、创造性劳动"的新理念，倡导"劳动光荣、技能宝贵、创造伟大"的时代风尚，生成了一种"劳动者至上、劳动者平等、劳动者可敬、劳动最光荣、劳动最崇高、劳动最伟大、劳动最美丽"的劳动观。

（一）尊重劳动

"尊重劳动"是新时代劳动精神蕴含的核心要义。首先，尊重劳动是对每个人的道德要求。劳动不仅创造了世界和人本身，而且为推动社会进步提供了必备的物质基础，因此一切劳动都应当受到尊重。其次，尊重劳动者创造的价值。劳动者付出了劳动，为社会创造了物质财富和精神财富，应获得必要的回报。最后，维护劳动者的尊严。要合理安排劳动者的劳动时间，维护劳动者合法权益，保障劳动者合法权益不受侵犯，创设更舒适安全的劳动环境，让劳动者心情舒畅，在工作中体会到劳动的快乐和收获的幸福。

（二）劳动平等

劳动平等是维护劳动权利的基本条件和维护劳动尊严的基本保障。第一，强调人人享有平等的劳动机会，即所有的劳动者都能够有机会平等地参与劳动。第二，反对一切劳动歧视与偏见。"劳动没有高低、贵贱之分，任何一份职业都很光荣"。第三，强调人人都可以通过劳动作贡献。每个人的劳动不仅可以创造自身的幸福生活，而且可以为中国特色社会主义事业作出自己的贡献。

（三）劳动神圣

劳动具有光荣和神圣的意义。首先，劳动是宪法赋予的、不可剥夺的权利和义务。我国《宪法》规定："公民有劳动的权利和义务。"劳动一方面是公民依法"行使的权利"，另一方面也是公民依法"享受的利益"。其次，劳动是我们生存于世界的最为神圣的活动。劳动是人类生存和发展的最基本条件，是每一个现代人必备的基本素质或行为习惯。最后，劳动果实是圣洁的。劳动果实是诚实劳动、精诚合作的劳动结晶。

◎知识窗

"劳工神圣"：现代"劳动"观念的觉醒

（四）劳动创造

新时代科学技术迅猛发展，弘扬劳动精神更加注重培养学生的实践性和创新性。首先，培养服务至上的敬业精神。新时代弘扬劳动精神强调劳动的实践体验性，在劳动中有效提升学生的动手能力、沟通合作能力及解决实际问题的能力，培养学生的职业道德，养成专业敬业的工匠精神。其次，培养精益求精的品质。新时代劳动精神的培养注重与技术相结合，以技术应用和技术创新为核心，引导学生在工作中养成认真严谨、精益求精的工匠精神。最后，培养追求卓越的创造精神。新时代劳动精神的培养与"创新驱动"的国家发展战略相结合，注重创新意识的提升、创新思维的训练和创新能力的培养，鼓励学生不断追求卓越，进而在全社会弘扬"劳动光荣、技能宝贵、创造伟大"的劳动风尚。

（五）劳动光荣

新时代劳动精神倡导每个人通过自己的劳动，收获满足感、快乐感、尊严感，在创造丰富物质财富的同时，拥有丰盈的精神世界。一方面，个体可以通过劳动充分发挥自身的积极性与创造性，学会与人合作，追求个体幸福，享受劳动尊严；另一方面，通过劳动磨砺人的意志，培养勤俭节约、勤劳勇敢、艰苦奋斗、坚韧不拔等精神品质。

◎知识窗

五一国际劳动节的由来

案例 3-1

毛泽东同志的"责任田"

抗日战争时期，边区的经济遇到了很大的困难。党中央发出了"自力更生"的号召，于是一场轰轰烈烈的大生产运动在陕甘宁边区开展起来了。

这天，警卫班的战士们正在杨家岭毛泽东同志住的窑洞附近召开生产动员会。会上，战士们个个摩拳擦掌，表示要大干一场，争当生产模范。这热烈的气氛惊动了毛泽东同志，只见他快步从窑洞里走了出来，与大家一起商量怎样开荒种地、怎样引水浇田，并决定几天以后正式开工。

到了开工那天，天刚蒙蒙亮，战士们就扛着农具下地了。战士们经过毛泽东同志住的窑洞门口，看到里面灯光仍然亮着，大家都知道他又熬夜了，所以谁也不忍心去叫他。大家蹑手蹑脚地从门口走过，生怕打搅了他，不料还是被他听到了。没一会儿工夫，只见毛泽东同志也扛着农具找来了，他边走边说道："不是说好了给我一块地吗？我的一份在哪儿呢？"

"主席，您考虑革命大事，非常劳累，这开荒种地的小事就不用参加了。您的活儿，我们加把劲儿就都完成了。"战士们异口同声地说。

"不行！不行！开荒种地是党的号召，我也不应该例外。"在他的一再坚持下，大家只好在临河不远处给他划出了一亩来地。

毛泽东同志分到责任田后，对这一"争"来的土地十分珍惜，只要一空下来，他就去挖地。战士们发现后，一齐赶来帮忙，毛泽东总是坚持自己完成。他说："你们有你们的生产计划，我有我的生产任务，这块地，你们挖了叫我挖什么呢？别看我的年纪比你们大，我还敢与你们比一比，看谁的田种得好！"

此后，毛泽东同志硬是忙里偷闲，在挖好的地里栽上了黄瓜、辣椒和西红柿。又经常利用休息时间施肥、锄草，蔬菜越长越茂盛。

一分汗水，一分收获。夏天到了，毛泽东同志田里的西红柿结得又红又大，辣椒又尖又长，黄瓜沉甸甸地低垂着头，个个顶花带刺的，真是诱人极了。人们每走过这里，都禁不住要停下脚步称赞一番。

毛泽东同志亲手开荒种田的消息很快传遍了延河两岸，军民大生产的劲头更足了。

思考：你能再讲几个名人热爱劳动的故事吗？你对劳动是什么样的态度？

三、新时代劳动精神的价值

在新时代下，培育中等职业学校学生劳动精神有着重要的价值意蕴，是契合时代需要、彰显制度优势和映现职校学生青春气质的重要举措。

（一）新时代劳动精神是职校学生全面发展的需要

新时代的职校学生身处一个多元思想观念的新的成长环境，自信有追求、个性张扬、思维活跃、接受新事物能力强，正是身心全面发展的关键期。培养新时代劳动精神能让他们明确劳动者光荣、劳动伟大的劳动理念，明白劳动实践是实现人生价值的途径；让他们养成良好的劳动习惯，在劳动实践中增强自我认知能力，实现自我追求，从而完善自我，成长为真正全面发展的人。

（二）新时代劳动精神是引领职校学生劳动实践的精神高地

在学校中讲好工匠故事、劳模故事，使抽象的劳动精神变成一个个具体的真实的劳动人物、一个个具体的真实的劳动成果、一个个令世界惊叹的奇迹，让职校学生感悟新时代的高素质技术人才必须具备的爱岗敬业、精益求精的劳动品质，吃苦耐劳的劳动境界，改革创新的劳动技能，团结协作的劳动作风等，以新时代工匠、劳模为榜样引领职校学生的劳动精神塑造。

（三）新时代劳动精神是职校学生肩负历史担当的强大精神动力

技能型人才是实现中国特色社会主义现代化强国目标的不可缺失的重要角色，职校学生肩负历史使命与责任担当，应以弘扬新时代劳动精神为旗帜，提倡人人热爱劳动、尊重劳动、崇尚劳动，在劳动实践中团结协作，在劳动实践中攻克一个个技术难关，不断创新，通过劳动实现自身的人生价值，展现新时代职校学生的风采，创造幸福的生活。

（四）新时代劳动精神是催生职校学生奋斗精神力量源泉

职校学生处于朝气蓬勃、精力旺盛的青春时期，昂扬奋进是其主旋律。青春是用来奋斗的，奋斗的青春才是最美的青春。新时代劳动精神和这种奋斗精神有着密切的关联性。对职校学生进行新时代劳动精神的培育，充分尊重了职校学生的青年气质、青年特点，是"因时施教"的重要体现，有利于激发新时代青年学生的斗志，使他们始终保持锐意进取、奋发有为的精神状态。

四、职校学生如何培育劳动精神

劳动精神的培育对职校学生正面劳动观念的形成、正向劳动情感的滋养、正义劳动品质的锻炼和正确劳动习惯的养成有着重要的作用，有利于促进职校学生全面发展。绝大多数职校学生不是因为热爱劳动才选择接受职业教育的，而是中考后的无奈选择，尚处于迷茫状态，这就更需要加强劳动精神的培育。

（一）以美好生活愿景激发对劳动的热爱

人生而为人，在于人可以发挥主观能动性来绘制自我发展的蓝图，并用自身的艰苦奋斗去满足自身的需求、实现自己的目标。"奋斗的价值、自我的超越，是对美好生活的向往及努力，这是一种理想，也是一份责任。"培育劳动精神，应以美好生活的愿景来激发对劳动的热爱，具体有以下两个方面。

1. 以个人幸福梦激发对劳动的热爱

我们每一个人都期盼能成长得更好、工作得更好、生活得更好，这些是我们的美好生活需要，也是我们理想的生活愿景。但是，理想不是空想，幸福不是坐享其成，要实现个人的价值，追求幸福的生活必须发扬艰苦奋斗的新时代劳动精神。

2. 以国家富强梦、民族振兴梦激发对劳动的热爱

立足当代，我们都是国家富强梦、民族振兴梦的追梦者和圆梦人，新时代的发展舞台十分宽阔、前景十分光明。我们要以国家富强、人民幸福为己任，把自己的理想同国家的前途、民族的命运结合在一起，胸怀理想、志存高远，以国家富强梦、民族振兴梦激励自己积极投身中国特色社会主义伟大实践，并为之奋斗终身。

（二）以正向的劳动精神引领正确劳动观念的生成

当前社会存在着这样一些劳动者，他们急功近利，妄图通过拉关系、走捷径等方式获得快速成效而突破基本道德底线；有的呻吟社会不公，偏激地将自己劳而无功归因于缺乏"特权"而自甘平庸、堕落。这些错误的劳动价值观产生了十分消极的影响，因此，必须要用正向的劳动精神引领我们正确劳动观念的生成。

一方面，要抵制急功近利的劳动价值观，培育常态化的奋斗精神；另一方面，抵制惰性和不作为，保持奋发有为的精神风貌。当今时代仍然是一个"爱拼才会赢"的时代，是一个属于真正奋斗者的时代。如果不想在这个百舸争流、千帆竞发的时代原地踏步，就必须同自身的惰性思维做斗争，不能沉迷于"伪奋斗"而不能自拔，而要勇做新时代的弄潮儿。

（三）以汲取劳模精神、工匠精神丰润劳动情感的培养

培育劳动精神需要营造一个学习劳模精神、工匠精神的良好环境，通过正面学习、耳濡目染将劳动精神内化于心，外化于行。劳动模范人物是优秀劳动者的典型代表，他们身上都有着一种吃苦耐劳、进取创新、无私奉献精神，是我们学习的榜样。

通过对劳模的先进事迹学习，不断汲取劳模精神、工匠精神的滋养，才能更加自觉地接受"劳动光荣，技能宝贵，创造伟大"的时代风尚的洗礼，主动回应"人人皆可成才，人人尽展其才"的良好环境的呼唤，紧紧抓住人生出彩的机会，树立劳动意识，随时准备通过诚实劳动铸就生命里的一切辉煌。

（四）以丰富的实践活动助推劳动行为习惯的养成

新时代劳动精神培育不是一句空洞的理论口号，不能"纸上谈兵"，止步于思想环节，而是要落实到具体的实践工作中。以丰富的实践活动助推劳动行为的养成，可以从以下两个层面进行。在学习上，注重实践锻炼，做到理论与实践相结合。一方面，可以通过读好"有字之书"，间接学习别人有益经验来磨炼意志、增长见识以培育劳动精神。另一方面，要身体力行，通过参加各种劳动实践锻炼，来培养吃苦耐劳的精神，通过理论与实践的紧密结合将劳动精神融入个人品格中。在生活中，加强实战演练，养成勤劳自持的习惯。在学校学习阶段，我们需要走出"衣来伸手，饭来张口"的舒适圈，独立地解决自己的衣食住行问题，照顾好自己，帮助自己劳动行为习惯的养成。

案例 3-2

"爱心冰柜"

在炎炎夏日，一个个装满冷饮、雪糕、西瓜的冰柜悄然出现在许多城市的街头。冰柜上面赫然写着"免费"二字，里面的解暑食品是专为环卫工人、交警、快递小哥、外卖小哥等在酷暑中仍坚持工作的劳动者准备的。

在杭州，已有数十台"爱心冰柜"分布在闹市街头。冰柜无人值守，取用全凭自觉。据报道，有两位刚运动完的少年，打开矿泉水后才发现是给特定对象的，赶紧留下零钱；附近的阿姨专门赶来帮忙整理冰柜；一位路过的大爷甚至从自己买的苹果中挑了个大的放进去……炎炎烈日下，冰柜里的东西不仅没有"意外流失"，反而还增多了。还有一封特殊的信，出自一位小朋友之手，信中写道："谢谢给爸爸送水的叔叔阿姨，是你们让这个夏天变得更加美好……"原来，他的爸爸是一位快递小哥。

思考：你能再讲几个尊重劳动、尊重劳动者的故事吗？

五、劳动纪律的重要性

（一）劳动纪律的概念

劳动纪律又称为职业纪律或职业规则，是指人们在共同劳动过程中，为取得行动一致，保证生产（或工作）过程实现所必须遵守的行为准则。劳动纪律是人们从事社会劳动的必要条件，根据劳动纪律的要求，劳动者必须按照规定的时间、质量、程序和方法，完

成自己承担的生产和工作任务。

人们从事社会劳动,不论在任何生产方式下,只要进行共同劳动,就必须有劳动纪律。否则,集体生产便无法进行。马克思曾说过:"一个单独的提琴手是自己指挥自己,一个乐队就需要一个乐队指挥。"在共同劳动中,劳动纪律就是"乐队指挥",每一位劳动者必须遵守劳动纪律的要求。

案例 3-3

滑向犯罪深渊的出纳

22 岁的张洋,毕业后在某外贸公司财务科当出纳员。一次,他核对账目总差 8 元钱,于是他随手拿起一张已经报销过的发票冲抵,这样不仅平了账面,而且还多出了几元零花钱。于是张洋产生了歹念:这钱来得太容易了,何不用此办法多弄些钱,来贴补自己的生活开支呢?于是他采用将旧发票重复报销、直接开支票提取现金等手段,在短短一年里贪污了近 3 万元。可好景不长,单位对他经手的账目进行清查,这时张洋才明白自己走的是一条犯罪的道路。

思考:你是如何理解劳动纪律的?你知道哪些遵守劳动纪律的典范?

(二)劳动纪律和职业道德的关系

职业道德是从业者在职业活动中应该遵循的符合自身职业特点的行为规范(见本书模块七详述)。劳动纪律与职业道德既有联系,又有区别,二者相辅相成,关系密切,在社会主义建设中都是不可或缺的。劳动纪律和职业道德对于加强社会主义现代化建设,提高生产效率,建设社会主义精神文明,都将起到十分重要的作用。劳动纪律和职业道德的区别主要在于以下几点。

1. 性质不同

劳动纪律属于法律关系范畴,是一种义务;职业道德属于思想意识范畴,是一种自律信条。

2. 直接目的不同

劳动纪律的直接目的是保证劳动者劳动义务的实现,保证劳动者能按时、按质、按量完成自己的本职工作;而职业道德的直接目的是为了企业实现最佳的经济效益以及实现其他劳动者的合法权益。

3. 实现的手段不同

为了保证劳动纪律的实现,法律、法规制定了奖惩制度,以激励和惩戒相结合的方式,促使人们遵守劳动纪律;而职业道德的实现,则主要依靠人们的自觉遵守,依靠社会舆论、社会习俗以及人们的内心信念。

(三)劳动纪律的主要内容

劳动纪律是用人单位为形成和维持生产经营秩序,保证劳动合同得以履行,要求全体员工在集体劳动、工作、生活过程中,以及与劳动、工作紧密相关的其他过程中必须共同遵守的规则。从其内涵可知,劳动纪律的目的是保证生产、工作的正常运行;劳动纪律的本

主题 3.1 劳动精神和劳动纪律

质是全体员工共同遵守的规则;劳动纪律的作用是实施于集体生产、工作、生活的过程之中。

劳动纪律大致包括以下几点内容。

（1）严格履行劳动合同及违约应承担的责任（履约纪律）。

（2）按规定的时间、地点到达工作岗位，按要求请休事假、病假、年休假、探亲假等（考勤纪律）。

（3）根据生产、工作岗位职责及规则，按质、按量完成工作任务（生产、工作纪律）。

（4）严格遵守技术操作规程和安全卫生规程（安全卫生纪律）。

（5）节约原材料、爱护用人单位的财产和物品（日常工作生活纪律）。

（6）保守用人单位的商业秘密和技术秘密（保密纪律）。

（7）遵纪奖励与违纪惩罚规则（奖惩制度）。

（8）与劳动、工作紧密相关的规章制度及其他规则（其他纪律）。

 总结案例

全国劳动模范：赵梦桃

"高标准、严要求、行动快、工作实、抢困难、送方便"，这就是 30 多年来激励一代又一代纺织工人的"梦桃精神"。

1951 年，16 岁的赵梦桃（见图 3-3）进入陕西西北国棉一厂。1952 年 5 月，在学习"郝建秀工作法"活动中，赵梦桃以最优异的成绩第一个戴上了"郝建秀红围腰"。在挡车时，别人巡回一次需要 3~5 分钟，可她只用 2 分 50 秒。她进厂不到 2 年，就创造了千锭小时断头只有 55 根、皮辊花率 1.89% 的好成绩。她第一个响应厂党委"扩台扩锭"的号召，看车能力从 200 锭扩大到 600 锭，生产效率提高了 3 倍。

赵梦桃提出了一个响亮的口号："不让一个伙伴掉队！"在她的影响下，"人人当先进，个个争劳模"蔚然成风。从 1952 年到 1959 年的 7 年中，她创造了月月完成国家计划的先进纪录，还帮助 12 名同志成为企业的先进工作者。1959 年，她和她的"赵梦桃小组"双双出席了全国群英会，成为纺织战线一面旗帜。1963 年，赵梦桃又创造了一套先进的清洁检查操作法，这一操作法在陕西省全面推广。同年，这位全国劳动模范因患肺癌病逝，年仅 28 岁。

图 3-3　1956 年和 1959 年全国劳动模范 赵梦桃

"赵梦桃小组"这面旗帜至今仍放射着耀眼的光辉。1980 年，这个小组被国家经委授予"全国优秀质量管理小组"称号。

点评： 16 岁进厂工作的年龄，与我们大多数同学年龄相仿，28 岁的人生是极其短暂的。然而，一个短暂的生命，却成就了激励了一代又一代人的"梦桃精神"。

思考： 在我们当今社会还有哪些像赵梦桃这样的英模？是什么样的精神成就了他们平凡而又伟大的人生？

 课堂活动

劳动最光荣、劳动最崇高、劳动最伟大、劳动最美丽

一、活动目标

通过本次活动，品味劳动者的喜悦与自豪，并懂得"劳动最光荣，劳动最崇高，劳动最伟大，劳动最美丽"的道理。

二、活动时间

建议 20 分钟。

三、活动流程

1. 所有学生运用各种途径整理个人认为"劳动最光荣，劳动最崇高，劳动最伟大，劳动最美丽"的案例。

2. 教师按照 8~10 人划分小组，每个小组要求从组员整理的案例中讨论挑选出 2 个小组认为最好的案例。

3. 每个小组选出一名代表陈述本组整理的最好的案例，其他小组可以对其进行提问，小组内其他成员也可以回答提出的问题。

4. 教师引导学生灵活运用学习到的知识，对学生们的讨论情况进行分析、归纳、总结。

5. 教师根据各组在研讨过程中的表现，给予点评并赋分。

主题 3.2　工匠精神和技能成才

◎哲人隽语

世界再嘈杂，匠人的内心，绝对是安静、安定的。欲求工匠精神，首先要拥有匠心，这是华为不可动摇的执念。所谓成功，就是在平凡中做出不平凡的坚持。

——任正非

 学习目标

1. 了解工匠精神的概念和新时代工匠精神内涵。
2. 可运用对工匠精神的认识践行工匠精神，立志技能成才。
3. 形成追求高超技艺和精湛技能的积极进取态度。

案例思考

焊接火箭"心脏"的金牌"大国工匠"——高凤林

高凤林（见图 3-4），河北人。1980 年他从技校毕业后在中国航天科技集团公司从事火箭发动机焊接工作至今，为我国 130 多枚火箭焊接过"心脏"——氢氧发动机喷管，占到我国火箭发射总数近四成。

工作之初，为了提高技艺，高凤林一面虚心向老师傅求教焊接技巧，一面苦练基本功，吃饭时拿筷子练习送丝的动作，喝水时

图 3-4　高凤林：航天火箭的"心外科医生"

端着盛满水的缸子练稳定性，休息时举着铁块练耐力，甚至冒着高温观察铁液的流动规律。这种不怕吃苦、无惧劳累、善于观察、勇于钻研的精神，使高凤林的技艺突飞猛进、日臻成熟。

工作之余，高凤林对知识的渴求也愈加强烈，面对繁重的生产任务和大量的社会工作，他克服种种困难进修了大学学历，不断改进工艺措施，不断创造新工艺方法，创造性地将知识与技术运用到科研生产实践中，使焊接设备自动化控制和应用技术达到了国际先进水平，破解了无数新型号发动机及重要产品的焊接修复难题，成为火箭发动机焊接专业领域的"技能大师"和"大国工匠"。

高凤林始终坚持以国为重、扎根一线、勇于登攀、甘于奉献，一次次攻克了发动机喷管焊接技术世界级难关，毫无保留地将自己积累的丰富经验和技能传授给同事和他的徒弟们，为北斗导航、嫦娥探月、载人航天等国家重点工程的顺利实施以及长征五号新一代运载火箭研制做出了突出贡献。他说："火箭发射成功后的自豪和满足引领我一路前行，成就了我对人生价值的追求，也见证了中国走向航天强国的辉煌历程。"工作30多年来，高凤林先后获得全国劳动模范、全国道德模范、航天技术能手、全国青年岗位能手、全国十大能工巧匠等荣誉，当选2018年度"大国工匠年度人物"，2019年荣获全国"最美职工""最美奋斗者"等称号。突破极限精度，将"龙的轨迹"划入太空；破解20载难题，让中国繁星映亮苍穹。焊花闪烁，岁月寒暑，为火箭铸"心"，为民族筑梦，是对他最好的总结。

点评： 高凤林是新时代众多技术工人的代表和缩影，这些普通的劳动者不是进名牌大学、拿耀眼文凭，而是默默坚守、孜孜以求、坚守初心、执着专注、精益求精、不断创新，在平凡岗位上追求职业技能的完美和极致，最终成为"国宝级"金牌技师和技能工匠，他们用实际行动诠释了新时代的"工匠精神"，体现了不平凡的人生价值。

思考： 你认为工匠精神还包含什么？在智能时代的今天工匠精神被赋予了哪些新内容？

一、工匠精神的概念

工匠精神是一种职业精神，它是职业道德、职业能力、职业品质的体现，是从业者的一种职业价值取向和行为表现；它是一种在设计上追求独具匠心、质量上追求精益求精、技艺上追求尽善尽美、服务上追求用户至上的精神。

工匠精神是指不仅要具有高超的技艺和精湛的技能，而且还蕴含着严谨细致、专注执着、精益求精、淡泊名利、敬业守信、勇于创新的工作态度，以及对职业的认同感、责任感、使命感、自豪感等可贵品质。

二、新时代工匠精神内涵

新时代的中国工匠精神，既是对中国传统工匠精神的继承和发扬，又是对国外工匠精神的学习借鉴；既是为适应我国现代化强国建设需要而产生，又是劳动精神在新时代的一种新的实现形式；它与劳模精神、劳动精神构成一个完整的体系，成为激励广大劳动者实现中华民族伟大复兴中国梦的强大精神力量。

新时代工匠精神具有爱岗敬业的职业精神、精益求精的品质精神、坚定执着的专注精神和团结协作的创新精神等内涵。

（一）爱岗敬业的职业精神

爱岗敬业是从业者基于对职业的崇敬和热爱而产生的一种全身心投入的认真、尽职的职业精神状态。爱岗是敬业的基础，而敬业是爱岗的升华。"爱岗"就是干一行爱一行，热爱本职工作，不见异思迁，不被高薪及利益所诱，淡泊名利，坚守初心。"敬业"就是要钻一行，精一行，对待工作勤勤恳恳，兢兢业业，一丝不苟，认真负责。

（二）精益求精的品质精神

精益求精，是从业者对每件产品、每道工序都凝神聚力、追求极致的职业品质。所谓精益求精，是指无论产品大与小，都不满足于现有标准和成就，还要求进一步提升质量，投入时间和精力，反复改进产品，努力把产品的品质从 99% 提升到 99.999 9%，以期达到尽善尽美。

案例 3-4

新时代中国工匠精神代表人物——胡双钱

新时代中国工匠精神代表人物胡双钱，中国商飞上海飞机制造有限公司数控机加工车间钳工组组长。他技校毕业后进入商飞公司。在大型客机这个处于现代工业体系顶端的产业里，他的工作就是对飞机重要的零件进行最后的细微调整：打磨、钻孔、抛光，将精度做到精密机床也无法达到的设计标准。一架飞机有数百万个零件，当它们组合到一起时，飞机就有了生命。而只要其中的一个零件出了哪怕是一丝丝差错，就有可能付出生命的代价。为此，"我每天睡前都喜欢'放电影'，想想今天做了什么，有没有做好，能不能做到更好。"这是胡双钱对自己 30 多年工作心得的简单总结。但在这个最简单的背后，是他自己构建的一道道确保零件质量万无一失的"防火墙"：不管在他看来是多么简单的一个加工，都要在干活前看透图纸，熟透零件在安装到飞机上所起的作用；在接收待加工的零件时，必定对照图纸要求，检查上道工序是否符合技术标准和工艺规范；自己加工时，从画线开始，就采用自创的"对比复查""反向验证"法校验自己的工艺步骤是否规范、标准、精确。航空工业，要的就是精细活。大飞机零件加工的精度，要求达到毫米级别。胡双钱就是靠着他所总结的最"简单"的心得，在 30 多年的钳工生涯里竟然没有出过一个次品，经他的手制造出来的精密零件被安装在近千架飞机上，飞往世界各地。一个个生冷、坚硬的金属零件，就是这样被他赋予了生命和灵魂。

思考：你认为自己在学习和实践中应该通过哪些措施养成精益求精的精神？

（三）坚定执着的专注精神

专注就是内心笃定而着眼于细节的耐心、执着、坚持的精神，这是所有"大国工匠"

所必须具备的精神特质。

（四）团结协作的创新精神

当今时代，任何一项技术、任何一个工艺，都可能只是复杂技术链条上的一个环节，个体即使本领再大、智商再高也不可能完成所有的技术工序，这需要多部门、多环节团结协作共同完成。现代技术越来越复杂，其开发难度也越来越大，单凭一个人的力量难以完成，需要发挥团队合作的力量，充分利用各方优势，以集体的力量来攻坚克难，实现技术目的。因此，团结协作的合作态度是当前劳动者必备的精神素养。

三、当代工匠的职业价值

（一）手工技艺依然无法被取代

传统工匠主要依赖手工技艺进行器物的制作，其特点主要有两个方面：一是速度慢、周期长、标准不规范、生产效率低；二是体现制作者的个性特征，能够按照需求进行个性化制作，每件作品都独一无二。正是上述两个方面的特点，决定了手工技艺在当代科技水平已经非常高超的今天，依然无法被取代。所以，当代工匠中的手工艺人，既要得到传统工匠的"风骨"真传，又要获得当代科技文化的极高素养。他们是相关产业的人才支柱和相关产业发展的技术基石。

（二）现代企业中的"三驾马车"之一

通常，管理人员、科技人员、技能人员被视为现代企业的"三驾马车"。现代企业中的技能人员较之传统工匠发生了很大的改变，虽然他们不能自主地决定产品的生产方式和技术规范，但他们对规范和标准的领会程度以及操控机器设备的能力依然决定着产品质量的优劣。我们现在所熟知的高质量的"德国制造"，就是得益于大批高素质的当代工匠。

（三）当代科技创新的最终实现者

人类第一次工业革命发生前，工匠的技艺水平往往代表着时代的科技水平。从石器时代、青铜时代、铁器时代到蒸汽时代，催生这种革命的都是以工匠为主导的科技发现和技艺改良。虽然第一次工业革命后，科学家作为一个群体迅速崛起，将人类社会带向了电气时代、信息时代。这期间工匠虽不再作为科技创新的主力军，但依然是所有科技创新的最后实现者。个中原因非常简单，越是尖端前沿的科技构想，越是需要杰出的工匠将之打造为实物。如果没有大批杰出工匠的创造性劳动，人类的一切奇思妙想都将是空中楼阁。

案例 3-5

薛莹：新时代产业工人一定是智慧型的工人

2018年10月22日，中国工会第十七次全国代表大会在京隆重召开，在大会的各个会场上，身着工装、佩戴勋章的一线产业工人们备受瞩目。他们是来自大型运输机家乡——航空工业西飞的从事737—700型垂直尾翼可卸前缘装配工作的一线铆装钳工，薛莹就是其中之一。

作为职工的"娘家人"，薛莹在谈及新时代产业工人的特点时，她果断讲到是"智慧"。她说新时期的产业工人仍然需要埋头苦干，但新时期产业工人光凭出大力、流大汗，难以成为工匠，只有融入了智慧在里面，用心用脑，才能保证产品质量。一线产业工人自己设计的小工具在实际工作中发挥了重要的作用，是公认自己真正需要的、好用的工具。说到工人自己制作的小工具，薛莹如捧珍宝般取出了两样小工具，主动拿给记者体验工人自制的小工具；向记者介绍时也如数家珍，将这些工具拿在手里，薛莹的脸上透露出身为一线工人的自信、自豪。薛莹说一线工人的智慧可能不像产品的设计那么高大上，但一定是工人自己切实需要的、实用的。一线工人根据自己切实需求创造出来的工具，普及更多的工人身上，让大家共同使用创新成果，进而实现自身价值，也能鼓励工人铆足干劲。

新时期的一线产业工人，他们能够将自己工作中发现的实际问题，用心研究进行创新，并将创新成果变成生产力。正是有了新时期的智慧型一线产业工人，产品质量得到了更高的保障和不断地提升。

（根据网络消息整理）

思考： 结合自己的专业，你是如何理解智慧型工人的？

四、新时代弘扬工匠精神的现实意义

在新时代提倡工匠精神，不仅具有强烈的时代意义，同时也有其深刻的历史必然性。

（一）造就一支宏大的产业工人队伍，满足我国建设现代化强国目标的需要

党的十八大提出了实现"两个一百年"的奋斗目标，要实现这一目标，必须推动我国由制造大国向制造强国的转变，实现从中国制造到中国创造的跨越。而要完成这一目标，急需造就一支有理想守信念、懂技术会创新、敢担当讲奉献的宏大的产业工人队伍，而要切实推进产业工人队伍建设改革，必须大力弘扬工匠精神。

◎知识窗

新时期产业工人队伍建设方案出台

（二）适应国际竞争，推动中国制造走出去的需要

近年来，许多国家提出了各种具有前瞻性的发展战略，我们必须加快经济发展方式转型和产业结构升级，才能在激烈的国际竞争中站稳脚跟，才能推动我国企业走出去。因此，大力弘扬工匠精神，培育出大批大国工匠，全面提升职工素质，已成为当务之急。

（三）满足个性化、定制化生产的需要

当前，我国正经历着从工业化向信息化时代的转变。飞速发展的互联网、大数据、物联网、人工智能技术，正改变着人们的生产方式和生活方式。与千篇一律的工业化生产不同的是，如何满足消费者个性化和定制化需求，已经成为企业竞争的新蓝海。因此，随着信息化时代的到来，重提工匠精神，也就具有了某种历史必然性。

案例 3-6

由一名普通工人成为技术发明家

李超，现任鞍钢股份公司冷轧厂 4 号线设备作业区作业长，鞍山钢铁集团公司特级技

师，鞍钢技术专家，长期从事生产一线的设备改造、设备保障及研发工作。他充分发挥自己在机械方面的技术特长，紧跟鞍钢技改和调品步伐，通过发明创新解决各种设备和技术难题，为企业产品升级、技术进步做出了突出贡献，为身边的同事起到了榜样示范作用。

刚进厂时，李超文凭不高，仅是初中技校。在8年的漫长时间里，几乎所有业余时间都用在补习高中课程、上夜大，最终取得冶金机械专业大学本科文凭。参加工作以来，李超先后解决生产难题260多项，获得国家科技进步二等奖1项，国际、国家发明展览会金奖两项，辽宁省及鞍山市自然科学学术成果奖各1项，获国家发明专利7项，专有技术4项，65项成果获鞍钢集团和厂级以上奖励，创造经济效益1.5亿元，被鞍钢公司聘任为特级技师。在第八届中国发明创业奖评选中，被授予发明创业奖的"当代发明家"称号。曾荣获全国劳动模范、全国优秀共产党员、全国时代楷模、全国五一劳动奖章、辽宁省时代楷模、辽宁五一劳动奖章、鞍山市劳动模范、鞍钢集团劳动模范、鞍钢集团十大杰出青年及鞍钢集团青工技能大赛状元等20多项荣誉称号。

思考：结合自己的专业和未来可能从事的工作，你认为该如何提升自己的劳动素养？

五、技能竞赛引领技能成才

（一）技能大赛——技能成才的平台

我国改革开放后，开展全国性技能竞赛可追溯至2004年全国第一届数控大赛。从此，我国技能竞赛从无到有、从小到大，覆盖各行业、领域，形成了一项促进技能人才培养的制度，整体社会效应不断凸显，社会关注和参与度不断大幅提升。

目前，我国技能竞赛已经成为展示职业院校师生风采和改革创新成果的重要窗口，成为推进产教融合、校企合作和人才培养模式改革的重要手段，成为扩大社会影响和国际合作的重要平台，特别重要的是成为广大职业院校学生和立志技能报国青年的技能成才之路。

由于技能大赛的赛题设计多来自企业的生产实际，且以行业企业的技术标准和操作规范为依据，反映了行业的最新技术和企业的用人要求，因此，在赛场上常出现企业高薪围抢大赛获奖选手的现象。这说明技能大赛越来越贴近市场，贴近企业和贴近前沿技术，社会对技能大赛的认同感逐步提高，越来越多行业、企业把人才的需求目光投向了技能大赛，技能大赛成了促进校企深度融合的纽带和引领职业教育改革发展的"风向标"。

（二）走向世界，铸造辉煌

改革开放以来，我国经济发展取得了举世瞩目的伟大成就，已成为一个制造大国，但还没有成为制造强国，其中一个非常重要的制约因素就是技能人才特别是高技能人才的匮乏。为此，中央政府和各地方政府也采取了一系列举措，意在从根本上夯实中国制造的根基，培养大批具有现代科技意识的大国工匠，让中国技能伴随中国制造能够走向世界，成为一个技能强国。

2010年我国正式加入世界技能组织，2011年在第41届世界技能大赛上中国首次参赛即实现了零奖牌的突破，标志着中国技能正式登上世界舞台。从2013年到2019年，中国都取得了优异成绩，2019年更是位列金牌榜、奖牌榜、团体总分第一名。

作为世界第二大经济体和重要的发展中国家，中国的国际地位日益重要。中国积极参与世界技能大赛等活动有利于深化中国与世界各国和地区在职业技能领域的交流合作，促进提高中国职业教育培训水平；有利于大力弘扬精益求精的工匠精神，营造尊重劳动、崇尚技能的社会氛围；有利于展示中国经济社会发展成就，提升中国国家影响力。

世界技能大赛与中国参赛成绩

六、工匠成长之路

我们学习、弘扬工匠精神，走工匠成长之路，就应该在理论上认知工匠精神，情感上认同并树立工匠精神，意志中坚定培育工匠精神，行动中努力践行工匠精神。

（一）提高对工匠精神的认知

中职学生应提高对工匠精神、培育工匠精神意义的认识，培育良好的职业思维、职业态度和职业操守，树立正确的世界观、价值观、人生观。其具体包括以下两方面。

一是认真学习，提高认识。通过调查、观看、读书的方法，走近工匠，增强对工匠、工匠精神的感性认识；学习爱岗敬业等职业道德规范、安全生产操作规范，树立责任意识、纪律意识、安全意识。二是积极参加讨论。针对学习生活中存在的与工匠精神相悖的恶习，进行分析、讨论"新工匠是怎样的""我怎样成为新工匠"，认识培育工匠精神对个体成长、对国家发展、实现"中华梦"的深远意义，从而增强培育工匠精神的主动性与自觉性。

（二）升华新时代工匠的情感体验

培养好学乐业的情感，积极参加各种丰富体验的活动，通过活动获得成就感；学会发现、鉴赏、创造生活、学业、职业之美，分享、领略其中的愉快情绪，并逐步升华为敬业、乐业、勤业的情感；积极参加有关"向工匠学习"的主题教育活动，在情感上认同并树立工匠精神。

案例 3-7

技能成才之路

杨珍明，唐山工业职业技术学院机械工程系教师，从事数控实训教学、数控产品加工和设备管理工作。2004年，当时还是唐山工业职业技术学院学生的他，在首届全国数控技能大赛上以河北省第一名的成绩入围全国决赛。在当时只引进硕士研究生的情况下，杨珍明被破格留校成为实习工厂一名普通教师。工作以来，杨珍明先后获得"全国技术能手""全国五一劳动奖章""全国先进工作者""河北省优秀指导教师""河北省技术能手""河北省五一劳动奖章""河北省突出贡献技师"等多项荣誉称号，2017年起享受国务院特殊津贴。

杨珍明虚心学习、刻苦钻研，目前已经取得了加工中心操作工和数控机床装调维修工两个工种高级技师的职业资格，成为行业内公认的拔尖人才。作为青年教师，他多次代表学院参加各级各类技能大赛，并屡获殊荣。2014年起，杨珍明在学院组织设立"数控机床维修"技能大赛小组，他率领的参赛队每年都有出色成绩。2018年，他指导的参赛队获得全国一等奖，成为名副其实的"金牌教练"。

职业院校教师大都是兼具理论知识与实践技能的"双师型"人才，杨珍明还是一位身兼高级讲师与高级技师的"双高"教师。他用满腔热情和坚定执着的工匠精神态度，言传身教、教书育人、传艺带徒，每年都为唐山市高技能人才精英培训班培训学员，其中多人被选入唐山市高技能人才库。

思考：你认为如何才能将工匠精神"内化于心，外化于行"？

（三）磨炼坚强的意志

工匠精神的培育不是一蹴而就、一朝一夕和一帆风顺的，要使工匠精神成为一种稳固的品质，需要个体自觉接受磨炼，不断内化。因此，要不断发现自身与社会需求、与他人的差距与不足，增强危机与忧患意识，激发培育工匠精神的内在动力；要明确职业目标，规划学业和职业生涯，并对照目标坚持自我评价、自我反思、自我教育，形成"自省""自克"的良好习惯；要学会以正确的世界观、人生观和科学的方法论应对困难与挫折，勇于、敢于、善于直面各种挑战和考验；要善于利用学习生活的多个环节养成坚强的意志，"坚持做一件有意义的事""坚决改正一个坏习惯"，提高自制力，培养持之以恒、坚持不懈的品质。

（四）践行工匠精神

工匠精神渗透在我们学习生活的全过程中，要在教育教学中，特别是在实习、实训中努力践行工匠精神。在真实情境中培养追求卓越、认真刻苦、爱岗敬业的精神，形成稳定的职业价值观，习得"工匠精神"。

首先，在检查仪器、计算数据、使用工具、制作产品、提供服务等方面严格执行标准。摒弃满足于90%、"差不多就行了"的想法，在身临其境中、在耳濡目染中努力培养吃苦耐劳、注重细节、敢于创新、独立自主的工匠精神。

其次，积极参加各种技能竞赛，参与竞争、善于竞争，在竞争中获得成就感，增强岗位责任感、敬业精神。

最后，积极参加校企合作与企业顶岗实习，认真向企业导师学习，加深对企业文化的了解，感悟企业技术工匠的内在品质。培养团结协作、吃苦耐劳精神。在实训中与小组成员相互合作帮助，共同拼搏提高。

对于职校学生的工匠精神，可以从表3-1的几项指标中来考察，学生可以自行对照，不断提高。

表 3-1　学生工匠精神培养指标

分类	素质层级		指标提取
显性素质	知识技能		所学专业或学科的技能知识
	行为习惯		自觉遵守操作规范 / 踏实肯练，不浮不躁，不投机取巧 / 精益求精，不打折扣，不急功近利 / 坚持写好学习和实训日志，及时总结和反思 / 思维活跃，主动创新 / 在团队中主动沟通合作
隐形素质	价值观		对职业的敬畏与热爱 / 有责任担当意识和使命感 / 个人价值与社会价值的一致
	自我认知		自尊 / 自爱 / 自信 / 乐观
	特质	个性品质	遵守规则 / 守时守约 / 诚实守信 / 责任心强 / 严谨，一丝不苟 / 求真务实 / 有毅力、有恒心，坚忍执着 / 谦恭自省 / 开放包容 / 彰显个性 / 善于沟通合作，具有团队精神
		艺术修养	艺术感受力强、细腻 / 艺术表达欲望强烈 / 趣味高雅 / 有一定的人文底蕴 / 注重文化传承
		工艺追求	符合技术标准规范 / 精益求精，追求卓越 / 善于发现问题、解决问题 / 有原创意识，富于挑战与创新
	动机		对所学专业领域和技艺表现出兴趣和热情 / 享受作品、产品不断完善的过程 / 追求"尽善尽美"的境界 / 对未来相关领域职业成功和成就的渴求

 总结案例

刀尖舞者　雕刻人生

2015 年 11 月 12 日发行的新版第五套人民币 100 元纸币使用了国际印钞界先进的凹版雕刻技术，有重要的防伪作用。而防伪的最后一关就是人像雕刻。这张纸币上毛泽东肖像的雕刻师，就是我国钞票领域中雕刻专业的领军人——马荣（见图 3-5）。

图 3-5　新版百元钞票幕后的雕刻师马荣

钞票上人像的塑造是难度最大的，通过点和线去表现人物的精气神、空间感和质感。而人物雕刻是最后一道防线，必须做到极致才能达到防伪的效果。一位成熟的雕刻师需要培养十年。马荣是我国第一位人民币人像雕刻的女雕刻家。她说："钞票的凹版雕刻需用心来创作。"凹版雕刻有一个特点，即不允许出现任何偏差，中间如果任何一个点或一个线刻坏了，之前几个月的努力都将归零，推倒重来。

1978年，16岁的马荣考入北京541厂技工学校美术班学习。在学习人像雕刻之初，马荣的绘画已经达到较高的水平，在当时已经成为法国收藏家追寻的目标。为了心中喜爱的人像雕刻，马荣决定放弃已有的成绩，进入一个全新领域学习，走上漫长艰辛的创作之路。1997年，中华人民共和国成立后毛泽东头像首次独立成为人民币的正面主景。马荣参与了这次人像雕刻的竞争。3个月的创作时间里，每天工作十几个小时，常常早上打好的一杯开水，放到傍晚却一口没喝。工作中，马荣渐渐发现常年影响印钞质量的滋墨现象，可以通过雕刻版纹间隔线的方法，控制油墨流动性，提高钞票印刷质量。经过艰辛的创作，马荣的人像雕刻作品斩获冠军，并分别应用于第五套人民币50元、20元、10元和5元、1元人民币上。而她首创的版纹间隔线雕刻法也被广泛应用。

35年来，马荣凭着匠人的坚韧，执着地在刀尖上跳舞，舞出了不同于常人的雕刻人生。

点评：专心致志、一丝不苟地将一件事做到极致，除了要有坚韧不拔、持之以恒的精神外，还要始终保持一颗平常心。这就是工匠精神的体现，在这个喧嚣的时代，更显得弥足珍贵。

思考：你从马荣的事迹中学习到了什么？你对工匠精神还有其他认识吗？

课堂活动

钢轨探伤"女神探"关改玉

一、活动目标

理解工匠精神是如何培养的及工匠养成的意义。

二、活动时间

建议10分钟。

三、活动流程

1. 教师出示以下阅读材料，并提问：你从关改玉身上学到了什么？

高铁建设中，500米长的钢轨要用自动焊接机一根根焊接在一起。关改玉的工作就是用专用的超声探测仪，检查每一处钢轨焊接口是否合格。关改玉说，这个工作的第一步就是除锈，就是用专门的钢丝刷，将铁轨接缝处及周围的锈迹刷掉，再用毛刷将上面的细屑、灰土以及旁边的沙粒、碎石清理干净。第二步是涂抹机油，就是铁轨探伤用的耦合剂。第三步就是用探头检测钢轨的轨底、轨腰、轨头等部位，确认每个焊接口没有伤损，不会给行车安全留下隐患。

能够探到伤损，是探伤工的价值所在。但现在钢轨无缝焊接技术已经非常成熟，常常是一条线路几百公里走下来，没有一个伤损出现。关改玉说，现在碰到的伤损越来越少，但自己的压力反而越来越大，因为枯燥的工作很容易让人疲劳、分心，万一有一个伤损没有被探出，那留下的隐患可能是致命的。所以，尽管检测出伤损的概率很小，但必须要求自己对每个焊接口的检测，都按照规程严格执行。这样就可以杜绝侥幸心理的出现，保证每个焊接口的检测过程都符合技术要求，所出的最后结果都科学可靠。

2. 教师将学生按照4~6人划分小组，通过小组内部讨论形成小组观点。

3. 每个小组选出一组代表陈述本组观点，其他小组可以对其进行提问，小组内其他成员也可以回答提出的问题；通过问题交流，将每一个需要研讨的问题都弄清楚。

4. 教师进行分析、归纳、总结。

5. 教师根据各组在研讨过程中的表现，给予点评赋分。

主题 3.3 劳模精神和劳动素养

学习目标

1. 了解劳模精神、劳动素养的含义和新时代内涵。
2. 能够运用对劳模精神、劳动素养的认识提升自己的劳动素养。
3. 形成积极提升劳动素养的态度。

> ◎哲人隽语
>
> 我觉得人生求乐的方法，最好莫过于尊重劳动。一切乐境，都可由劳动得来，一切苦境，都可由劳动解脱。
>
> ——李大钊

案例思考

时传祥：一人脏换来万人净

时传祥（见图3-6），20世纪50—60年代北京市崇文区（现已撤销）粪便清运工人。他以"一人脏换来万人净"，赢得了人们的普遍尊敬，并因此荣获"全国劳动模范"等光荣称号。

出生在山东省齐河县赵官镇大胡庄的时传祥，15岁逃荒流落到北京城郊，受生活所迫当了掏粪工，从此在粪霸手下干了20年，受尽了欺凌。中华人民共和国成立后，党的阳光照耀着掏粪工人的生活，也照亮了时传祥的心，他决心用自己的双手，为首都的干净美丽做出贡献。就这样，中华人民共和国成立后的十七八年里，他以"宁肯一人脏，换来万家净"的精神，无冬无夏、挨家挨户地为首都群众掏粪扫污。在那些年里，他几乎放弃了节假日休息，有时间就到处走走看看，问问闻闻。哪里该掏粪，不用人来找，他总是主动去。不管坑外多烂，不管坑底多深，他都想方设法掏干扫净。他一勺一勺地挖，一罐一罐地提，一桶一桶地背，每天掏粪背粪5吨多，背粪的右肩磨出了老茧。

毛泽东、刘少奇、周恩来、朱德等中央领导曾亲切接见时传祥（见图3-7）。刘少奇还对时传祥的事迹给予了高度评价，他说："你当清洁工是人民的勤务员，我当主席也是人民的勤务员。"

主题 3.3　劳模精神和劳动素养

图 3-6　时传祥：宁愿一人脏 换来万人净　　　　图 3-7　刘少奇与掏粪工人握手

点评：全国劳动模范时传祥的事迹鼓舞了几代人，他的"宁肯一人脏，换来万家净"的精神诠释了劳模精神的本质。劳模精神已经成为推动社会发展的重要精神力量。

思考：时传祥"宁肯一人脏，换来万家净"的精神已广为传颂多年。你认为在新时代，我们是否还需要这样的精神？

一、劳模精神的含义

劳模精神源自劳动精神，是劳动精神的进一步升华。劳模精神就是劳动模范在社会实践中所表现出的价值观、道德观和精神风尚，内涵十分丰富，具体来说包括了劳模那种坚定理想信念、以民族振兴为己任的主人翁精神；那种勇于创新、争创一流、与时俱进的开拓进取精神；那种艰苦奋斗、艰难创业的拼搏精神；那种淡泊名利、默默耕耘的"老黄牛"精神和甘于奉献、乐于服务的忘我精神；那种紧密协作、相互关爱的团队精神。

劳模精神作为中华民族精神的重要组成部分，是工人阶级先进性的集中体现，是社会主义核心价值观的重大实践成果。

案例 3-8

劳模表彰

评选和表彰劳动模范，继而宣传和弘扬劳模精神，是中国共产党创立和运用的一种有效的社会动员方法。在经历 20 世纪 30 年代的萌芽、延安时期的规范化后，劳模表彰制度在中华人民共和国成立初期得以确立。

土地革命时期，中国共产党为了调动干部、群众的革命积极性，解决苏区面临的种种困难，提出了表彰英模的主张："褒扬的是参加'革命竞赛'、积极'优红拥军'的模范。"1933 年，中央苏区开展了以比数量、质量、成本等为内容的劳动竞赛，规定按时评比、表彰先进、评选模范。同年 5 月，中央政府在武阳区召开赠旗大会，毛泽东同志将题有"春耕模范"的奖旗授予武阳区和石水乡。

模块三　传承劳动精神

　　1939年，面对解放区经济和财政的巨大困难，毛泽东同志发出大生产的号召。同年，边区政府举办了第一次工业展览会和农业竞赛展览会，表扬奖励有功人员。1940年，边区政府召开生产总结大会，毛泽东、李富春等中央领导被评为特等劳动英雄，与各部门的劳模一起受到嘉奖。1941年，边区开展"五一"劳动大竞赛，推选出274名劳动英雄。1942年，吴满有和赵占魁成为劳动英雄中的明星，边区轰轰烈烈地开展了学习吴满有、赵占魁运动，并在1943年、1944年召开了劳动英雄和模范生产者表彰大会，树立了一批先进典型，劳模表彰运动达到高潮。

　　中华人民共和国建立后，面对巩固政权和恢复经济的艰巨任务，具有凝聚人心、调动人民群众劳动热情和生产积极性的劳模表彰活动，愈发受到了全党和全社会的重视。1950年、1956年，中共中央和政务院（国务院）主持召开两次全国劳动模范表彰大会。在1950年国庆大典期间，全国劳动模范代表会议在北京举行，各地共推选劳动模范代表464人，其中工业208人、农业198人、部队58人。他们均荣获了中央人民政府授予的"全国劳动模范"荣誉称号。这次大会明确规定，劳模表彰作为一种固定制度要长期坚持下去。六年后，表彰全国劳动模范的全国先进生产者代表会议再度在北京召开。这次大会是对经济恢复和过渡时期劳动模范的褒奖。中共中央、国务院授予全国先进集体853个，授予全国先进生产者4 703人，比1950年翻了10倍。掏粪工人时传祥、全国最先完成第一个五年计划的王崇伦、纺织能手郝建秀以及华罗庚、钱学森等100多位知名教授、科学家，110名优秀中小学和师范学校的教育工作者，同时受到表彰。毛泽东同志出席了这两次劳模表彰大会，接见、宴请劳模代表，并与他们合影留念，给劳模和以劳模为榜样的人们以极大的鼓舞和鞭策，成为造就那个劳模辈出时代的主要原因之一。孟泰、马恒昌、赵梦桃、王进喜、张秉贵……他们既是那个时期劳模群体的杰出代表，也是中国人永远的精神楷模。

　　思考： 你熟悉的劳模事迹有哪些？他们体现了哪些劳模精神？

二、新时代劳模精神的内涵与实践意义

　　"劳动模范身上体现的'爱岗敬业、争创一流，艰苦奋斗、勇于创新，淡泊名利、甘于奉献'的劳模精神，是伟大时代精神的生动体现。"正是劳动模范在平凡岗位上做出不平凡业绩，以及所坚持坚守坚定的基本信念、价值追求、人生境界及其展现出的整体精神风貌使之从广大劳动者群体中脱颖而出，成为中国人的精神楷模。

　　进入新时代，劳模精神有了更丰富的内涵，深入理解和把握新时代劳模精神的丰富内涵，对于解读劳模本质、探究劳模品格、宣传劳模价值和弘扬践行劳模精神，具有重要的理论价值和重大的实践意义。

（一）劳模精神是劳动者先进性的集中体现

　　劳动模范作为劳动者的优秀代表，是时代的引领者，在工作生活中发挥了先锋和排头兵作用，他们以辛勤劳动、诚实劳动和创造性劳动，持续推动着社会进步、国家发展和民族复兴。劳模精神作为劳动模范的思想内核、行动指南和精神灯塔，成为推动时代前进的强大精神动力，充分体现了劳动者在劳动中的主体地位，彰显了劳动者的伟大品格，推动了全体劳动者的成长进步。

（二）劳模精神是主人翁意识的集中凸显

主人翁意识是劳模精神的内在本质，是正确认识和理解劳模精神的关键词。正是因为自觉的、强烈的主人翁意识，劳模才以车间为家、以厂为家、以企为家、以国为家，才具有积极主动的岗位意识、职业意识、进取精神和创新精神，才在本职工作中充分发挥积极性、主动性和创造性，才能够艰苦奋斗、淡泊名利、甘于奉献，自觉把人生理想、家庭幸福融入国家富强、民族复兴的伟业之中，最终建构起个人与集体、个人梦与中国梦、小家与国家民族融合统一的发展共同体和命运共同体。

（三）劳模精神是社会主义核心价值观的生动诠释

劳模精神的重要元素和构成因子，像岗位意识、职业精神、进取精神、拼搏精神、创新精神、家国情怀和奉献精神等，是对社会主义核心价值观的生动诠释和现实呈现。可以说，劳模精神是社会主义核心价值观的具象化、人格化和现实化。一方面，劳模是遵循社会主义核心价值观的典范样本，是社会主义核心价值观的模范实践者、生动传播者和最有说服力的检验者；另一方面，劳模之所以能够生成劳模精神，能够成为全社会学习的典范，一个重要原因就在于其主动自觉地遵循并践行了社会主义核心价值观。

（四）劳模精神是时代精神的生动体现

劳模精神是引领时代新风的精神高地，生动体现了时代精神的精神实质、主要特征和重要内容。一方面，劳模精神具有鲜明的时代特征，是时代精神的生动体现。作为一种文化精神，劳模精神不是一成不变的，而是实践的、创新的、鲜活的、生动的存在，随着国家意识形态、经济社会形势和时代变迁而不断演变发展。另一方面，劳模精神推动了时代精神的发展，丰富了时代精神的内涵。在劳模的创造性实践和不断探索中，激发出蕴含着自主性、首创性、先进性元素的劳模精神，呈现着社会进步的发展方向。劳模精神不断为时代精神注入新能量，凸显并丰富时代精神的内涵。

（五）劳模精神是民族精神的重要组成部分

一方面，劳模精神是民族精神核心要素的集中体现。劳模精神既体现了以爱国主义为核心的团结统一、爱好和平、勤劳勇敢、崇德尚礼、公而忘私的民族情怀，又体现了知行合一、自立自强的人生追求。另一方面，劳模精神是民族精神创新发展的重要推动力量。劳模精神始终与时俱进，创新丰富了民族精神。一代又一代劳模，用自己的辛勤劳动、诚实劳动和创造性劳动，为民族精神注入新能量，不断丰富着民族精神的博大内涵。

（六）劳模精神是劳动精神的积极呈现

劳模精神继承并发展了中华民族传统优秀的劳动观念，树立并彰显了一种辛勤劳动、诚实劳动、创造性劳动的新理念，营造并弘扬了一种劳动光荣、技能宝贵、创造伟大的时代风尚，生成并传播了一种劳动者至上、劳动者平等、劳动者可敬、劳动最光荣、劳动最崇高、劳动最伟大、劳动最美丽的劳动观。也正因如此，劳动者才能通过自己的劳动，收获满足感、快乐感、尊严感，在创造丰富物质财富的同时，也拥有丰盈的精神世界。

（七）劳模精神当代品格的核心要素是工匠精神

从本质上讲，工匠精神是一种基于技能导向的职业精神。它源于劳动者对劳动对象品质的极致追求，它具有精益求精、专注执着、严谨慎独、创新创造、爱岗敬业以及情感浸透、自我融入的基本内涵，既表现了极致之美的品质追求，又体现了敬业之美的精神原色，更展现了创造之美的价值升华。工匠精神是劳模精神的重要构成要素，也是劳模精神当代品格的核心体现。工匠精神充分凸显了新时代劳模精神爱岗敬业、精益求精、追求卓越的精神品质和价值导向，可以说，工匠精神是对劳模精神的重要深化和丰富发展。

（八）劳模精神是培育时代新人的重要手段

一方面，劳模精神作为社会主义核心价值观的生动体现，更简单为人们所理解，更容易为人们所接受，更方便为人们所模仿，将对培育时代新人起到重要推动作用。另一方面，通过强化教育引导、舆论宣传、文化熏陶、实践养成、制度保障，培养和造就具有劳模精神的时代新人，就能够激发广大劳动者干事创业的积极性、主动性和创造性。因此，要紧密围绕培养时代新人这个重大命题，在全社会特别是各级学校教育中培育、弘扬和践行劳模精神，引导全社会特别是青少年树立正确的劳动价值观，全面提升劳动者的整体素质和精神品格。

（九）劳模精神是文化自信的重要支撑

一方面，劳模精神是中国特色社会主义文化的重要组成部分，始终贯穿于建设中国特色社会主义文化的全过程。劳模精神植根于中华民族劳动过程特别是中国特色社会主义伟大实践，充分继承并发展了中华优秀传统文化和社会主义先进文化。另一方面，弘扬和践行劳模精神，有助于坚定文化自信，推动社会主义文化繁荣兴盛。弘扬和践行劳模精神，有助于牢牢把握意识形态工作领导权，有助于培育和践行社会主义核心价值观，有助于加强思想道德建设，有助于促进中国特色社会主义文化繁荣发展。

（十）劳模精神是实现伟大复兴中国梦的重要力量

一方面，劳模精神是实现伟大复兴中国梦的宝贵精神财富。在全社会弘扬和践行劳模精神，营造尊重劳动、尊重知识、尊重人才、尊重创造的社会氛围，涵养以辛勤劳动为荣，以好逸恶劳为耻的社会风气，培育积极健康、开放包容的社会心态，才能够让"劳动光荣、创造伟大"成为时代强音，让"辛勤劳动、诚实劳动、创造性劳动"成为普遍认同的价值遵循。另一方面，劳模精神是实现伟大复兴中国梦的强大精神力量。要实现伟大复兴中国梦，实现从制造大国向制造强国的华丽转身，建设知识型、技能型、创新型劳动者大军，必须要大力弘扬和践行劳模精神。如此，才能够真正为中国经济社会发展汇聚强大正能量，才能真正为实现中华民族伟大复兴中国梦增砖添瓦。

三、劳动素养的概念

素养，是人在特定情境中综合运用知识、技能和态度解决问题的高级能力与人性能力。2016年发布的《中国学生发展核心素养》指出："劳动意识重点是：尊重劳动，具有积极的劳动态度和良好的劳动习惯；具有动手操作能力，掌握一定的劳动技能；在主动参加的家务劳动、生产劳动、公益活动和社会实践中，具有改进和创新劳动方式、提高劳动效率的意识；具有通过诚实合法劳动创造成功生活的意识和行为等。"

因此，劳动素养是指劳动者在劳动过程中与之相匹配的劳动心态和劳动技能的综合概括，是处于社会实践活动中的实践主体在掌握一定知识储备和劳动技能基础上开展实践活动,特别是劳动实践中所展现的优良品质的集合,包括劳动意识、劳动精神、劳动能力以及知识储备和创新精神等状况。它是衡量劳动者能否完成某对应性工作的最根本、最直接的工作能力指标。劳动者的劳动不是简单的机械制造或再造,而是有生命、有理想的劳动者个体按劳动计划而展开的创造性工作。劳动素养中的劳动心态包括:对待工作的态度,帮助客户的心态,对客户心智的解读,对客户需求的认知等。劳动技能是在解决工作问题及矛盾的过程中,与之受劳动者支配和运用到的劳动工具及方法,由此而产生并达到预定劳动结果的专业技能。

四、职校学生应具备的劳动素养

（一）劳动素养的构成

劳动素养与劳动有关,可经过生活或教育活动形成,其内涵与指向包括劳动态度（劳动意识、劳动尊重、劳动责任感）、劳动能力（劳动知识、劳动技能、劳动创造）、劳动习惯（自觉劳动、安全劳动、诚实劳动）和劳动精神（劳动奉献、劳动美好、劳动幸福）等。

1. 劳动态度

指向以劳树德,重点是人的劳动意识、劳动尊重、劳动责任感,让人想劳动。劳动教育的目的是塑造人的精神世界,让人在劳动中树立并践行社会主义核心价值观,培养人"自己的事情自己做"的意识与责任心,培养人崇尚劳动、尊重劳动、敬畏劳动、勤俭节约、踏实肯干的劳动态度。

2. 劳动能力

指向以劳增智、以劳健体、以劳创新,重点让人掌握相关劳动领域的知识、技能,让人会劳动。即通过真实劳动过程,让人亲身经历、体验、感受真实的劳动活动,掌握日常生活劳动、服务性劳动和生产劳动技能,在实践中激发创新精神,培养团结协作能力、创新创造能力,以及与人、与社会和谐相处的能力。

3. 劳动习惯

重点培养人自愿劳动、自觉劳动、安全规范劳动的劳动习惯,促进人认识及体验脑力劳动和体力劳动、简单劳动和复杂劳动、线上劳动和线下劳动等多种形式的劳动关系,感受其过程,让人想劳动、会劳动。

4. 劳动精神

指向以劳育美,以劳树德,以劳动创造幸福生活,让人爱劳动。即通过劳动教育,促进人脑力劳动（学科学习）和体力劳动（应用实践）的贯通,提高人发现劳动美、欣赏劳动美、创造劳动美的能力,引导人形成坚韧不拔的劳动精神和劳动品质。

（二）职校学生的劳动素养

具体而言,职校学生的劳动素养是指在掌握扎实专业知识和操作技能的同时,具有积极主动的劳动意识、良好的热爱劳动的心态和尊重他人劳动成果的态度以及追求卓越的精神;不仅能够扎实开展学习、生活、工作中的脑力与体力劳动活动,而且能够根据条件变化创造性地开展劳动活动。

五、职校学生提升劳动素养的措施

（一）加强劳动思想教育

加强劳动思想教育，让"劳动最光荣，劳动最崇高，劳动最伟大、劳动最美丽"的观念内化于心、外化于行。加强劳动理论的学习，深刻理解和领会马克思主义关于劳动创造人、劳动促进人的全面发展等观点，通过加强思想政治学习、专业学习，提高参加劳动实践、接受劳动锻炼的自觉性和主动性。

（二）加强劳动品德修养

劳动品德体现了劳动的伦理要求，是指人们在劳动过程中所表现出来的对他人和社会的稳定的心理特征或倾向。职校学生要深刻理解新时代的劳动者"不仅需要有力量，还要有智慧、有技术，能发明、会创新"的道理，要以科学家、大国工匠和劳动模范为榜样，胸怀理想、脚踏实地、勤奋学习、锐意进取、敢为先锋、勇于创造。

（三）加强劳动技能学习

劳动知识技能是个体从事一定劳动所必须具备的知识、技术、技巧，以及综合运用这些知识、技术、技巧的能力，是职校学生劳动素养全面提升的必备基础。职校学生应通过专业课学习、实习实训、创新创业教育、专业实习、毕业实习等课程加强劳动技能学习，用系统的科学知识为提升劳动素养奠定坚实基础。

（四）加强劳动实践锻炼

劳动习惯是个体在长期劳动实践训练中形成的稳定的行为模式。加强劳动实践锻炼，养成良好的劳动习惯，要让真抓实干、埋头苦干成为基本的生活方式。职校学生要在实践中体会劳动素养提升与自身健康成长和全面发展的内在联系，积极参加家庭劳动、学校组织的劳动教育和劳动锻炼，并积极寻找社会实践、公益劳动、勤工助学、校外实习、假期打工等劳动机会，在劳动过程中训练劳动技能，形成热爱劳动的良好品德，锻炼吃苦耐劳的意志品质，全面提高劳动素养。

总结案例

徐虎：在平凡岗位上温暖千万家

全国劳动模范徐虎（见图3-8），在水电修理工的平凡岗位上，长期积极主动地为居民排忧解难，用"辛苦我一人，方便千万家"的精神，谱写了一曲新时代的雷锋之歌。

作为上海普陀区中山北路房管所的水电修理工，徐虎发现居民下班以后正是用水用电高峰、也是故障高发时间、而水电修理工也已下班休息这一问题，于1985年在他管辖的地区率先挂出3个醒目的"水电急修特约报修箱"，每天晚上19时准时开箱，并立即投入修理。

图3-8 "辛苦我一人，方便千万家"的徐虎

从此，晚上 19 时，成了徐虎生活中最重要的一个时间概念。10 多年来，不管刮风下雨、冰冻严寒，还是烈日炎炎或节假日，徐虎总会准时背上工具包，骑上他的那辆旧自行车，直奔这 3 个报修箱，然后按着报修单上的地址，走了一家又一家。

10 多年中，他从未失信过他的用户。十年辛苦不寻常，徐虎累计开箱服务 3 700 多天，共花费 7 400 多个小时，为居民解决夜间水电急修项目 2 100 多个，他被群众誉为"晚上 19 点钟的太阳"。

徐虎爱岗敬业，十年如一日义务为居民服务，在平凡的工作中做出不平凡的成绩。他 5 次被评为全国劳动模范，两次被评为上海市劳动模范，曾获得全国优秀工人代表、全国优秀共产党员等称号。还被评为"100 位新中国成立以来感动中国人物"和"时代领跑者——新中国成立以来最具有影响的劳动模范"等。

点评： 从点滴做起，十几年如一日，全心全意为居民服务，被人们亲切地称为"90 年代的活雷锋"。徐虎以平凡的工作，折射出耀眼的时代光芒，他以一颗金子般的心，赢得了人民群众的称赞和社会的认可，激励着人们崇尚先进、敬业爱岗。

思考： 你从徐虎身上看到怎样的劳模精神？

课堂活动

劳模人物访谈

一、活动目标

通过访谈，了解他们的事迹和劳模精神，帮助自己提升劳动素养。

二、活动时间

建议 90 分钟。

三、活动准备

知识准备：联系三位不同行业的（全国/省/市/县）劳模，就他们的劳动事迹、工作岗位和工作感悟进行访谈。

教具准备：白纸、笔、录音设备。

四、活动流程

1. 教师将学生按照 8~10 人划分小组，并进行小组分工。

2. 确定 3 个不同行业的访谈对象，可以从小组成员的周围人能联系到的群体中确定，并准备好相应的访谈提纲。

3. 小组成员分工合作对劳模进行访谈。

4. 组内运用头脑风暴法进行访谈，感悟并总结该如何进一步提升个人劳动素养。

5. 每个小组选派一名代表进行分享以便其他组同学能了解更多的劳模事迹，感悟劳模精神。

6. 教师进行分析、归纳、总结并根据每组代表在分享过程中的表现，点评赋分。

第二部分

培养劳动能力

- ◆学校劳动实践
- ◆家庭劳动实践
- ◆职场劳动实践

模块四

学校劳动实践

导读导学

宋庆龄曾说过:"知识是从劳动中得来的,任何成就都是刻苦劳动的结晶。"劳动是每个人人生的一门必修课,它的独特之处在于每个人自身对它的感受认知。只有在一步步劳动中,人们才能找到生命存在的最基本意义。俗话说:"技多不压人。"在科技飞速发展的当代社会,新知识、新技术、新工艺、新方法层出不穷,职校学生只有过硬的劳动技能才能成就自己"干一行爱一行"的担当,将爱国爱校精神发扬光大。

美好的校园靠劳动来创造。劳动与校园活动是密不可分的,不存在也不应该存在不含有劳动因素的教育,劳育与德育、智育、体育、美育互相交织、有机联系,形成促进人的全面发展的现代人才培养体系。教育家苏霍姆林斯基认为,劳动是一种极为复杂的现象,可以揭示人的思想、情感、智力、美感、心理状态、创造精神,揭示教育和自我教育的意义。他强调,离开劳动,不可能有真正的教育。所以,职校学生的成长成才不仅需要依靠知识和智慧,还需要具有深厚的劳动情怀和正确的劳动价值观。

本模块包括校园清洁和环保行动、义务劳动和勤工助学、专业服务和创新劳动三部分,主要围绕学校这个场景,构建职校学生可参与的劳动实践。通过校园劳动实践,增强职校学生的劳动技能,培养他们热爱劳动、珍惜劳动成果的优良品质和良好的卫生习惯,提高他们的集体荣誉感和高度的责任感,帮助他们积极有效地适应未来社会的挑战,增强他们学会生存、学会生活、学会学习的实际本领。

主题 4.1　校园清洁和环保行动

学习目标

1. 了解校园环境美化的内容和环境美化的内容。
2. 能够灵活运用学校室内、休闲空间和走廊的清洁要求与操作流程进行清洁，可独立实现垃圾分类。
3. 积极参加校园清洁和环保行动，养成崇尚劳动观念和环保意识。

> ◎哲人隽语
>
> 继农业革命、工业革命、计算机革命之后，影响人类生存发展的又一次浪潮，将是在世纪之交时要出现的垃圾革命。
>
> ——托夫勒

微课

案例思考

花开十里　只待归来

春天已过，夏日的风扑面而来，安静宁谧的校园里，已有无数个生命在这个季节舞动，阵阵芳香扑鼻。2020 年，一场突如其来的新型冠状肺炎疫情推迟了学生们春季开学的时间，随着全国疫情防控态势持续向好，学校陆续开展了复学工作。待学生们复课之时，看到的多数都是百花争艳、绿树成荫的美景。

为了给学生们创造一个良好的学习、生活环境，某中职学校的教师们都齐上阵，对教室、宿舍、校园等进行彻底的卫生大扫除。笤帚、扫帚、高压水枪、吸尘器、喷壶、报纸、钢丝球、刮片、抹布、洗车刷、消毒剂、洗衣粉、洗洁精等，能想到的卫生工具，全部配齐。教师们都使出"十八般武艺"，将各卫生死角彻底清理干净，以崭新的面貌迎接学生们的归来。

点评： 学校是全体师生共同生活的家园，创造一个清洁卫生的校园环境是大家共同的责任。为了更好地学习科学文化知识和掌握实训技能，我们首先要保证一个干净卫生的学习环境、一个舒心惬意的学习氛围。

思考： 我们该如何为校园清洁贡献自己的一份力量呢？对于我们几乎天天都在使用的黑板，你认为该如何做才能使其干净如新？

一、校园清洁

一个美丽的校园，除了拥有迷人的风景，还要有干净整洁的环境、良好的秩序，这需要每个学生的努力。在一个优美、整洁、干净、卫生的生活环境中学习，可以让学生养成良好的卫生习惯，培养劳动观念，增强他们的公德意识，提高文明水准。而这些都需要学生共同努力，才能使校园达到"清洁、整齐、文明、有序"的标准。

学校校园清洁的范围一般包括教室、楼道、走廊、图书馆、宿舍、会议室等，这些地方的清洁需要师生共同的付出，保持校园清洁需从细节做起。

（一）公共场所和环境卫生规范

校园的公共场所卫生一般由学校的专职卫生保洁员负责，除此之外，还需要每个学生的努力。校园公共场所的卫生我们可以按照以下规范去做。

（1）楼道、楼梯，做到地面清洁，无痰迹、无垃圾、无污水。

（2）洗手间、厕所，做到地面清洁，无积污水、墙面干净、上下水畅通、无跑冒滴漏，水池内外干净无污物，大小便池干净无便迹、无异味，水房厕所门干净。

（3）公共门窗玻璃、窗台窗框，做到干净、完好、无积尘。

（4）楼内墙壁顶棚，做到无积尘、无蛛网。

（5）认真做好季节性消毒、灭蚊、灭蝇、灭鼠、灭蟑螂工作。

（6）爱护公物，节约水电，所用卫生工具等要妥善保管、谨慎使用，尽可能修旧利废。

（7）垃圾要倒入垃圾桶（箱）内，不能随处乱倒，杜绝焚烧垃圾、树叶等污染环境现象发生。

（8）爱护环卫设施，养成良好的卫生习惯，不在各种建筑物、各种设施及树木上刻画、张贴。

（二）个人卫生和宿舍内务卫生规范

讲好个人卫生有利于形成良好的个人生活习惯。宿舍是学生每天生活的场所，良好的宿舍卫生有利于学生的身心健康，在保持好个人卫生的同时，也要和舍友一起维护好宿舍卫生。

（1）养成良好的个人卫生习惯，要勤洗澡、勤洗衣，个人床铺整洁、卫生。

（2）不随地吐痰，不乱扔废纸、白色垃圾、果皮等；不向窗外倒水和乱扔杂物。

（3）宿舍的地面、墙壁、门窗整洁干净，保证无灰尘、痰迹、蛛网等。

（4）室内空气新鲜、无异味，无蚊蝇，无蟑螂。

（5）床、桌、凳、书架等家具摆放整齐、干净。

（6）灯具、墙壁、顶棚、暖气设备无尘土，无蛛网。

（三）文明就餐

学生的一日三餐离不开食堂，食堂是大家生活的重要组成部分，营造清洁舒适的就餐环境，不仅关系着每个学生的生活，而且直接体现了他们的整体形象。文明用餐是个人素质的体现，学生要从自身做起、从点滴做起、从身边做起，共同营造一个良好的就餐环境。文明就餐要做到以下几点。

（1）爱惜粮食，杜绝浪费。节约粮食是尊重他人劳动的表现，也是我们高尚人格的体现。

（2）保持良好的就餐秩序，排队就餐，讲文明、讲礼貌、守公德，言语文明、举止得体。

（3）自觉回收餐具。吃完饭后就把餐具和杂物带到餐具回收处，既减轻了餐厅人员的工作任务，又方便了其他同学。

（4）不要随地吐痰、乱扔餐巾纸和食物残渣，注意自己的仪表、穿着和行为。

（5）爱护餐厅的设施，不蹬踏桌凳，不乱涂，不乱刻，不损坏电器照明等设备，维护公共卫生安全。

（6）尊重餐厅工作人员，不侮辱甚至谩骂工作人员，发现问题，不吵不闹，逐级反应，妥善解决。

二、环境美化

学生们在保持校园干净整洁的同时,还需要通过各种途径对自己生活学习的环境进行美化。环境美化既包括物质的美化,如校园建筑的设计、绿植的栽培等,也包括精神的美化,即通过文化的建设来美化校园环境。这里主要介绍宿舍文化和班级文化。

(一)宿舍文化

学生宿舍文化是指在宿舍这一特定的环境里,宿舍全体成员依据宿舍的客观条件,在从事各种可能的活动中所形成的物质环境和文化氛围。它包括宿舍的室内设施、整体布局、卫生状况、规章制度、宿舍成员的人际关系、道德水准、学识智能、审美情趣、价值取向、行为方式等。

1. 保持宿舍卫生干净整洁

干净整洁的宿舍需要每个学生都把宿舍当成自己的家,在宿舍不乱扔垃圾,认真做好值日,保持个人卫生,不给他人带来麻烦。

2. 共同打造宿舍文化

宿舍成员共同设计宿舍名字、宿舍舍徽,根据各自宿舍的特点,布置宿舍,对宿舍进行美化,让宿舍成为温馨的家园。

(二)班级文化

班级文化是作为社会群体的班级所有或部分成员共有的信念、价值观、态度的复合体。班级成员的言行倾向、班级人际环境、班级风气等为其主体标识,班级的墙报、黑板报、活动角及教室内外环境布置等则为其物化反映。

班级文化可分为"硬文化"和"软文化"。所谓硬文化,是一种"显性文化",可以摸得着、看得见的环境文化,也就是物质文化;而软文化,则是一种"隐性文化",包括制度文化、观念文化和行为文化。

1. "硬文化"的建设

苏霍姆林斯基曾经说过,要使教室的每一面墙壁都具有教育的作用。有效的运用空间资源,创设具有教育性、开放性、生动性且安全性的"硬文化"环境,对于陶冶学生的情操、激活学生的思维、融合学生与教师间的情感有着巨大的积极作用。对班级"硬文化"环境建设的法则是:力求朴素、大方,突出班级特点。

(1)注重教室的卫生。干净的教室不是打扫出来的,而是保持出来的。当学生看到地上有纸屑时就主动捡起来,课桌椅摆放整齐,小黑板、扫帚、水桶理整齐等,每个学生都要树立主人翁的责任感——"教室就是我的家"。

(2)重视教室的布置。两侧的墙壁可以贴一些字画、人物等(由学生自己选出);教室的四角,可以把它安排成自然角、科技角、书法角等;后面的黑板报应经常更换,由学生自己排版、策划;教室前面黑板的上方可以挑选一句整个班级的座右铭。教室的布置不能乱,应使各个部分都和谐统一起来。

2. "软文化"建设

建设好班级"硬文化"环境,只是给这个班级做了一件好看的外衣,班级真正的精神体现还要看班级"软文化"环境的建设。班级"软文化"环境是班级文化环境的核心,是最能体现班级个性的,班级整体形象的优劣最终将取决于班级"软文化"环境是否健康。

在班级软文化的建设中,首先可以考虑设计班歌、班徽、班旗等项目,作为班级的特色标志,增强学生对班级产生认同感和自豪感。其次是班风的建设,这是班级"软文化"环境建设的重头戏,也是整个文化环境建设的核心部分。良好的班风是无声的命令,是不成规章的准则,它能使大家自觉地约束自己的思想言行,抵制和排除不符合班级利益的各种行为。

三、生态校园

(一)垃圾分类

垃圾分类一般是指按一定规定或标准将垃圾分类储存、分类投放和分类搬运,从而转变成公共资源的一系列活动的总称。分类的目的是提高垃圾的资源价值和经济价值,力争物尽其用。进行垃圾分类收集可以减少垃圾处理量和处理设备,降低处理成本,减少土地资源的消耗,具有社会、经济、生态等几方面的效益。

从国内外各城市对生活垃圾分类的方法来看,大致都是根据垃圾的成分构成、产生量,结合本地垃圾的资源利用和处理方式来进行分类的。垃圾分类目录见图4-1,垃圾分类标志见图4-2。

图4-1 垃圾分类目录

图4-2 垃圾分类标志

（1）可回收物。主要包括废纸、塑料、玻璃、金属和布料五大类。

①废纸：主要包括报纸、期刊、图书、各种包装纸等。但是，要注意纸巾和厕所用纸由于水溶性太强不可回收。

②塑料：各种塑料袋、塑料泡沫、塑料包装、一次性塑料餐盒餐具、硬塑料、塑料牙刷、塑料杯子、矿泉水瓶等。

③玻璃：主要包括各种玻璃瓶、碎玻璃片、镜子、暖瓶等。

④金属物：主要包括易拉罐、罐头盒等。

⑤布料：主要包括废弃衣服、桌布、洗脸巾、书包、鞋等。

这些垃圾通过综合处理回收利用，可以减少污染、节省资源。

（2）厨余垃圾。厨余垃圾（上海称湿垃圾）是有机垃圾的一种，包括剩菜、剩饭、菜叶、果皮、蛋壳、茶渣、玉米核、坚果壳、果核、骨、贝壳等，泛指家庭生活饮食中所需用的来源生料及成品（熟食）或残留物。经生物技术就地处理堆肥，每吨可生产 0.6~0.7 吨有机肥料。

（3）有害垃圾。有害垃圾含有对人体健康有害的重金属、有毒的物质或者对环境造成现实危害或者潜在危害的废弃物。有害垃圾包括电池、荧光灯管、灯泡、水银温度计、油漆桶、部分家电、过期药品及其容器、过期化妆品等。这些垃圾一般使用单独回收或填埋处理。

（4）其他垃圾。其他垃圾（上海称干垃圾）包括除上述几类垃圾之外的砖瓦陶瓷、渣土、卫生间废纸、纸巾等难以回收的废弃物及尘土、食品袋（盒）。采取卫生填埋可有效减少对地下水、地表水、土壤及空气的污染。

①大棒骨：因为"难腐蚀"被列入"其他垃圾"。

②卫生纸：厕纸、卫生纸遇水即溶，不算可回收的"纸张"，类似的还有烟盒等。

③餐厨垃圾装袋：常用的塑料袋，即使是可以降解的也远比餐厨垃圾更难腐蚀。此外，塑料袋本身是可回收垃圾。正确做法应该是将餐厨垃圾倒入垃圾桶，塑料袋另扔进"可回收垃圾"桶。

④果壳：在垃圾分类中，"果壳瓜皮"的标识就是花生壳，的确属于厨余垃圾。家里用剩的废弃食用油，也归类在"厨余垃圾"。

⑤尘土：在垃圾分类中，尘土属于"其他垃圾"，但残枝落叶属于"厨余垃圾"，包括家里开败的鲜花等。

（二）节能减排

节能减排就是节约能源、降低能源消耗、减少污染物排放。一些简单易行的改变，就可以减少能源的消耗。

（1）采用节能方式洗衣。虽然洗衣机给生活带来很大的帮助，但只有两三件衣物时为了避免水和电的浪费建议用手洗。

（2）减少粮食浪费。"谁知盘中餐，粒粒皆辛苦"，我们要减少粮食浪费。如果全国平均每人每年减少粮食浪费 0.5 千克，每年可节能约 24.1 万吨标准煤，减排二氧化碳 61.2 万吨。

（3）合理使用空调。夏季空调温度在国家提倡的基础上调高1℃。因空调是耗电量较大的电器，设定的温度越低，消耗能源越多。如果每台空调在国家提倡的26℃基础上调高1℃，每年可节电22度，相应减排二氧化碳21千克。

（4）采用节能的家庭照明方式。以高品质节能灯代替白炽灯，不仅减少耗电，还能提高照明效果。以11瓦节能灯代替60瓦白炽灯，每天照明4小时计算，1支节能灯1年可节电约71.5度，相应减排二氧化碳68.6千克。养成在家随手关灯的好习惯，每户每年可节电约4.9度，相应减排二氧化碳4.7千克。

（5）减少塑料袋的使用。塑料的原料主要来自不可再生的煤、石油、天然气等矿物能源。我国每年塑料废弃量超过100万吨，"用了就扔"的塑料袋不仅造成了资源的巨大浪费，而且使垃圾量剧增。如果全国减少10%的塑料袋使用量，那么每年可以节能约1.2万吨标准煤，减排二氧化碳3.1万吨。

（6）合理用水。一个没关紧的水龙头，在一个月内就能漏掉约2吨水，一年就漏掉24吨水，同时产生等量的污水排放。

总结案例

"加减乘除""百十千万"……解码上海垃圾分类一年间

2019年7月1日，《上海市生活垃圾管理条例》正式实施。实施一年间，上海作为首个"吃螃蟹"的城市，在垃圾分类这件"小事"上庄严立法，全民参与、全程发力。上海市绿化市容局局长邓建平谈起上海垃圾分类一年间的新特点和新挑战，他说了两个词："加减乘除"和"百十千万"。"加减乘除"，"新时尚"改变一座城。垃圾分类能否成功，考验的是市民素质，从"他律"实现"自律"的转变。有法律法规支撑，有市民全员参与，有志愿者全程引导，上海生活垃圾分类的社会氛围越发浓厚。

"加"体现在：资源化利用实现增量，因为分类细致、纯度高、质量有保障，分出的垃圾得到了更高效的资源化利用，回收利用率达到35%。

"减"落实在：干垃圾处置量减量和垃圾填埋处置比例降低。

"乘"立足在：垃圾分类社会效益倍增，市民垃圾基本养成分类习惯，居住区垃圾分类达标率从2018年的15%倍增到90%。

"除"着力在：环境污染点大幅减少，撤桶并点、定时投放后，住宅小区环境改善；废物箱减少后，道路公共场所环境卫生保持良好，处置设施污染物排放明显下降。

"十百千万"，2 000多万上海市民一条心，破解"垃圾围城"，塑造绿色生活，只要用心，人人都可以做得到。市民从不习惯到习惯，上海推进垃圾分类带来的新变化让人欣慰。"垃圾分类，从我做起"，把它从贴在墙上的标语变为全社会的新时尚，需要城市治理精细化，拿出绣花功夫；需要政策执行张弛有道、刚柔并济；也需要市民积极响应、主动配合，才能让我们的城市越来越美好。

即便在大雨倾盆的早上，撑伞赶来倒垃圾的居民络绎不绝。从一个人的努力扩展到2 000多万人的合力，从一户人家的行动到千家万户的践行，"十百千万"的格局悄然演进。

点评： 上海的这场垃圾分类绿色转型不仅引领了"新时尚"，提升了城市品质，更释放出环保产业升级的"新动能"。从"新时尚"到"好习惯"，百姓是参与者更是受益者。生活中废弃物品的数量和种类越来越多，准确分类投放确实不易。但为了保护地球母亲，造福子孙后代，我们每个人都必须学会并践行生活垃圾分类投放。

思考： 你觉得自己该如何帮助身边的人进行垃圾分类？

校园垃圾分类我先行

一、活动目标

践行垃圾分类新风尚，为校园垃圾箱制作醒目垃圾分类小标识，主动将校园垃圾分类投放，引导校园内师生投放垃圾时主动将垃圾进行分类；培养垃圾分类好习惯，提高团队合作意识。

二、活动时间

建议 4~6 个小时。

三、活动流程

1. 教师先给学生集中展示垃圾分类方法，让学生熟悉日常生活垃圾的分类方法，动员学生参与校园垃圾分类实践行动。

2. 教师将学生按照 6~8 人进行分组，每组选出 1 名组长，教师引导学生制定垃圾分类的达成目标及确定垃圾分类行动的区域。

3. 以组为单位制订校园垃圾分类行动计划，制作垃圾分类小标识。

4. 学生分组行动，分配到校园内各个垃圾投放点，组长带领组员将制作的垃圾分类标识张贴到各垃圾投放点的垃圾桶，主动将校园内垃圾进行分类投放，并引导校园内的师生在投放垃圾分类时主动进行分类。

5. 各组汇报展示活动成果，总结分享劳动收获。

6. 每组选派一名代表与教师一起对劳动成果进行评比，教师根据评审结果进行点评。

模块四　学校劳动实践

主题 4.2　义务劳动和勤工助学

 学习目标

1. 理解义务劳动和勤工助学的概念、意义。
2. 能够联系义务劳动和勤工助学的要求，参加力所能及的劳动。
3. 愿意与他人交流关于对义务劳动和勤工助学的认知，积极提升自己服务他人的意愿和能力。

◎哲人隽语

人的生命是有限的，可是，为人民服务是无限的。我要把有限的生命，投入无限的为人民服务之中。
——雷锋

微课

 案例思考

最美快递员汪勇　平凡人中的英雄

汪勇是湖北顺丰在武汉市的一名普通快递小哥。新型冠状病毒肺炎疫情暴发后，汪勇牵头建起了医护服务群，从调配医疗物品、保障医护人员日常出行、协调 1.5 万份盒饭，再到给医护人员修眼镜、买拖鞋……一个多月来，汪勇成了医护人员的"大管家"。汪勇和他的志愿者团队将温暖聚拢，守护着冬日里逆行的医务英雄。"我做了力所能及的事，我不后悔。"汪勇说。

汪勇的事迹让许多人为之泪目，也让更多人感受到一名普通"80后"快递小哥的无私与无畏、担当与奉献。汪勇和他的志愿者团队就像一团火，在2019年寒冷的冬季给人们带来温暖和希望，鼓舞人们奋勇战胜疫情。

汪勇的优秀表现也激励和带动着更多顺丰员工积极投身抗疫工作。湖北顺丰相关负责人介绍说，战"疫"期间，湖北顺丰有超过 4 000 名快递小哥勇冲一线，为保障物资运送做出贡献。湖北顺丰对 25 名在疫情期间奋勇拼搏、彰显担当的优秀员工予以火线提拔，其中汪勇更是被跨等级提拔为硚口分公司经理。

点评： 汪勇在疫情期间选择义务劳动，主动投身没有硝烟的战场，把个人安危置之度外，共战疫情、共克时艰、守望相助的行为值得每个人学习。正如湖北顺丰的负责人所说："关键战役是优秀员工的试金石，表现出色的员工，如同大火淬炼出的真金，是企业的财富。"

义务劳动是一种"赠人玫瑰，手有余香"的行为。我们只有从身边的小事做起，从自己做起，能为他人着想，心存社会公德，真正起到先锋模范作用，未来才能经得起任何艰难困苦的考验，肩负起时代重任。

思考： 从汪勇身上你能学到什么样的精神？

一、义务劳动的概念和意义

（一）义务劳动概念

义务劳动，也称志愿劳动，是指不计定额、不要报酬、自觉自愿地为社会劳动。义务劳动，虽然只比劳动多了"义务"二字，但蕴含了更大的能量与意义。《劳动法》第六条是国家对劳动者提倡、鼓励行为的规定。其中首句就是："国家提倡劳动者参加社会义务劳动。"而"社会义务劳动"是指社会公益活动，具体一点，就是有关卫生环境、抢险救灾、帮贫扶弱等群众性福利事业的义务劳动。这种劳动是完全建立在劳动者的主动性、自觉性的基础上，体现的是劳动者崇高的社会责任感和高尚的品德。

（二）义务劳动的意义

1. 对社会而言，义务劳动的积极意义

对社会而言，义务劳动具有以下积极意义：

一是传递爱心，传播文明。义务劳动者在把关怀带给社会的同时，也传递了爱心，传播了文明，这种"爱心"和"文明"从一个人身上传到另一个人身上，最终会汇聚成一股强大的社会暖流。

二是有助于建立和谐社会。义务劳动，提供了社交和互相帮助的机会，加强了人与人之间的交往及关怀，减低彼此间的疏远感，促进社会和谐。

三是促进社会进步。社会的进步需要全社会的共同参与和努力，义务劳动正是鼓励越来越多的人参与到服务社会的行列中来，对促进社会进步有一定的积极作用。

2. 对义务劳动者个人而言，义务劳动的积极意义

对义务劳动者个人而言，志愿活动具有以下积极意义：

一是奉献社会。义务劳动者通过参与义务劳动，有机会为社会出力，尽一份公民责任和义务。

二是丰富生活体验。个体利用闲余时间，参与一些有意义的工作和活动，既可以扩大个体的生活圈子，又可以亲身体验社会的人和事，加深对社会的认识，这对我们自身的成长和提高是十分有益的。

三是提供学习的机会。个体在参与义务劳动过程中，除了可以帮助别人以外，还可以培养自己的组织及领导能力，学习新知识、增强自信心及学会与人相处等。

3. 对服务对象而言，义务劳动的积极意义

对服务对象而言，义务劳动具有以下积极意义：

一是接受个人化服务。义务劳动提供大量的人力资源的同时，更能发挥服务的人性化、个人化及全面化的功能，从而令服务对象受益。

二是帮助融入社会，增强归属感。通过义务劳动，能有效地帮助服务对象扩大社交圈子，增强他们对人、对社会的信心；同时，义务劳动者以亲切的关怀和鼓励，帮助服务对象减轻接受服务时的自卑感和疏远感，从而使其建立自尊心和自信心。

模块四　学校劳动实践

案例 4-1

疫区逆行者——"摆渡人"郑能量

"知道此行凶险，已抱必死之心，始明不惧之志。如果我命数至此死在了疫区，就把我的骨灰无菌处理后撒在长江里，让它漂回湖南……"

这段话是湖南"90后"小伙儿郑能量、大年初一逆行驾车前往已经封城的武汉时，在朋友圈立下的"生死状"！这是何等的大无畏与奉献精神。

郑能量是一名普通的90后，他没有在武汉求学过，没有在武汉工作过，甚至也没有一个亲人在武汉，那他为什么对武汉爱得那么深呢？

"我只是想来报恩！"这简简单单的7个字就是郑能量最铿锵有力的回答！报什么恩呢？原来，郑能量出生于长沙市一个低保家庭，母亲常年患病，他一度无法继续学业。他说："我就是来报恩的。以前我家里条件比较困难，在读大学的5年里，得到了政府和社区源源不断的关怀，还有学校的奖学金、助学金。现在，我愿意把这些温暖和真情传递给他人。"

于是，大年初一，郑能量从家乡出发来到武汉抗击疫情的最前线。他主动加入志愿者团队，干最苦、最累的活，每天穿梭于武汉的各大医院之间，运送医疗物资，义务接送医护人员和病人，甚至是帮忙搬运尸体。

正如他在微信的朋友圈这样写道："我郑能量志愿进入疫区做志愿者，志愿接受最脏、最累的一切任务，哪怕是扛尸，这都是我的选择，也都是自己的社会责任。"

思考： 在全国抗击新型冠状病毒肺炎疫情的过程中，无数的志愿者奋战在一线，为我们提供了各种生活上的便利，作为新时代的青年，我们应该为社会、为国家做些什么？

二、勤工助学的概念和意义

（一）勤工助学概念

勤工助学（或勤工俭学），是指学生在学校的组织下利用课余时间，通过劳动取得合法报酬，用于改善学习和生活条件的实践活动。勤工助学是学校学生资助工作的重要组成部分，也是提高学生综合素质和资助家庭经济困难学生的有效途径。

（二）勤工助学的意义

1. 勤工助学可以获得一定的报酬

这是勤工助学最直接的现实意义，也是对贫困学生最为有效的经济支持。虽然勤工助学的收入不是很高，但是一方面能够最大限度地保证自己的学业；另一方面也避免了在校外上当受骗的可能，对学生的工作性质、安全都有一定的保障，是许多贫困学生的首选。

2. 勤工助学是锻炼当代学生思想品格的重要途径

当下学生普遍害怕吃苦，缺乏服务精神和团队意识，责任意识不强，且对父母有依赖思想。因此，参加勤工助学工作能够让学生感受到生活的艰辛，体会到自立自强的真正内涵，帮助他们树立自信心，培养服务精神和责任意识。在团队中学会面对激烈的竞争，提高职校学生的心理承受能力，培养危机意识。与此同时，勤工助学能够培养学生的自我约束能力、劳动意识和职业道德。

3. 勤工助学有利于提高学生的综合能力

勤工助学有利于提高职校学生的综合能力，为他们将来走向社会打下基础。目前，"就业难"已经成为全社会关注的话题。现在多数学生缺乏动手能力，普遍认为在校期间只要把该学的功课学好就够了，至于工作实践是毕业之后的事情。但是从近几年的就业现状来看，用人单位普遍青睐有工作经验的毕业生。这不仅仅是因为在他们的简历中多了一行简单的工作经历，更重要的是他们在长期的工作中积累了丰富的经验。通过勤工助学，职校学生可提前接触社会，了解社会规则，调整自己的预期，改进自身不足，契合社会需求，团队意识、自律能力、心理素质明显提升，社会适应能力显著提高。另外，通过勤工助学，职校学生的学习能力和专业素质也得到了增强，他们可把学到的专业知识很好地运用到实践中去，边学习边实践，不仅可以让自己的专业知识更扎实与稳健，同时还可以从专业出发去扩展专业相应的特长，增加个人能力。

4. 勤工助学促进了学生就业

勤工助学能够不断提升学生的管理组织能力和待人处事能力，使他们的职业素质和职业能力全方位提升，帮助他们储备优质就业和自主创业所需要的身心素质和技能。

对当前的职校学生来讲，勤工助学是他们从学校向职场过渡的一个重要的中间环节，不仅能够帮助贫困学生完成学业，对学生的工作能力、思想品德等方面更有着积极的意义。职校学生在校期间应积极参与学校勤工助学的各类活动，为他们将来走出校园、进入职场打下坚实的基础。

三、勤工助学的相关政策要求及权益保护

（一）活动管理

学生在学有余力的前提下，向学校提出勤工助学的申请，接受必要的勤工助学岗前培训和安全教育，再由学校统一安排到校内或校外的岗位上进行勤工助学活动。学校不得安排学生参加有毒、有害和危险的生产作业以及超过身体承受能力、有碍健康的劳动。任何单位和个人未经学校同意，不得聘用在校学生打工。

（二）时间安排

学生参加勤工助学不应当影响学业，原则上每周不超过8小时，每月不超过40小时。

（三）劳动报酬

学生参加校内固定岗位的勤工助学，其劳动报酬由学校按月计算。每月40个工时的酬金原则上不低于当地政府或有关部门制定的最低工资标准或居民最低生活保障标准，可以适当上下浮动。学生参加校内临时岗位的勤工助学，其劳动报酬由学校按小时计算。每小时酬金原则上不低于8元。学生参加校外勤工助学的酬金标准不低于学校所在地政府或有关部门规定的最低工资标准，具体数额由用人单位、学校与学生协商确定，并写进聘用协议。

（四）权益保护

职校学生在开始勤工助学活动前应当与有关单位签订协议，保护自身的合法权益。在进行校内勤工助学前，应当与学校的学生勤工助学管理服务组织签订具有法律效力的协议书。在进行校外勤工助学前，应当与代表学校的学生勤工助学管理服务组织、用人单位签订具有法律效力的三方协议书。协议书应当明确学校、用人单位和学生三方的权利和义务，意外伤害事故的处理办法以及争议解决方法。

案例 4-2

勤工助学助力脱贫攻坚

2019 年 8 月 21 日，暑假快要结束了，这天却是富宁县××村委会的蒋文杰等 11 名大学生"村官"丰收的日子。因为他们在这一天结束了在村上为期一个多月的勤工助学活动，可谓是收获满满，体验多多，也得到了自己相应的助学金，解决了部分上学费用问题。与一般大学生村官不一样的是他们都是大学在读学生，在这个暑假他们都在××村委会当了 1 个多月的"村官"。这段时间大家一起积极参与村委会中心工作，组织小队进村入户进行卫生清洁、殡葬、感恩教育、脱贫攻坚等宣传勤工助学工作，同学们都得到了锻炼，村上各项工作也得到了很好的促进。

思考：你有勤工助学的打算吗？为什么？

四、勤工助学的岗位要求

（一）勤工助学实现了劳务型和智力型相结合

现在很多学校正在力促勤工助学劳务型和智力型相结合，实现内容的多层次化。这主要是结合学生的年级和专业特点，充分发挥学生的知识和技能，开拓智力型勤工岗位，勤工岗位逐渐向服务型方向发展，对于不同阶段、不同需求的学生进行协调安排。因为相对智力型的工作而言，基层的服务型工作不仅一样可以培养学生待人接物的能力，学会人际沟通，还有助于其更好地了解社会、适应社会，排除很多人存在的眼高手低的问题，且这类工作一般要求较低，有较大需求量，适用于职校学生。

（二）勤工助学岗位设置及要求

校内岗位包括学校各类机构的办公室助理、技术助理、图书馆工作人员、校内会议临时工作人员以及一些学生机构的岗位。校外岗位主要包括展会翻译、员工培训、商场导购等。家教岗位，提供家教兼职机会，包括学生家教、成人家教、班教等。

目前勤工助学模式由传统型向创业型转变，是学校资助工作的内在要求和必然趋势。创业型勤工助学模式是指学校提供资金、场地支持，专业教师提供指导，通过校企合作，创建以学生为主体，由学生自主经营管理的勤工助学实体。学生既能通过创造性的劳动获取一定的报酬，同时还能参加专业实习和创业实践活动，提升专业技能和综合实践能力。创业型勤工助学能让学生潜移默化地接受创新创业教育，形成"学生主导、教师指导、学生参与"的勤工助学与创业实践相结合的运行模式，推动资助形式的多样化发展，形成

"资助—自助—助人"的良性循环，实现高校勤工助学的育人功能。

（三）勤工助学岗位应聘技巧

对于勤工助学岗位应聘，职校学生应该做好充分准备，根据岗位说明书准备佐证材料。递交书面申请后及时询问确认面试时间。面试中涉及的常见问题如下：在校期间的学习情况，如专业排名、获得奖学金、学习紧张程度、空余时间、兼职经历等具体问题。学生要根据这些基本问题做好充分的准备，对招聘人员的问题尽量回答，对于自己应聘的岗位谈出认知。其次，在着装和文明礼貌方面还要精心准备，增加印象分。在语言表达方面，不要使用口头禅，在自我介绍时就让自己有特点。

总结案例

交大标兵：勤工助学，自己交学费，成绩第一被保研

专业成绩第一、连续两年获国家奖学金、获全国大学生数学建模国家一等奖、美国大学生数学建模二等奖。此外，他还是乐于助人的公益之星，是体测成绩"101分"的运动达人。他最骄傲的，是自高考结束通过勤工助学，独立承担了自己所有学费。他就是西安交通大学优秀学生标兵、能动学院学生吴思远。

（1）学优才赡。他说，主修学科是"智"的基础。他15个单科成绩95+，90+的科目有27个，以能动专业第一的成绩保研至西安交通大学制冷与低温工程系，继续自己的追梦之旅。

（2）英才卓砾。他说，学术竞赛是"智"的提升，科研训练是"智"的实践。在全国大学生数学建模竞赛中，作为队长，他负责从写作、建模到编程的绝大部分工作。寒暑假，他留校培训3个月，共完成7篇建模论文，包括2篇英文论文，最终斩获国家一等奖。同时，先后获得美国大学生数学建模竞赛二等奖，又在本科生项目设计、横向课题、大学生创新创业项目中大放异彩。

（3）厚德弘毅。他说，付出即是"德"，奉献即意义。价值不在"德"本身，在乎有利于人。吴思远热爱公益，参与各项公益服务活动，大学三年累计志愿工时超400小时。他参与彭康学导团建设工作两年，完成了高数、线代、概率论的资料编写，累计发放量超2 000份，他也是学导团高数答疑志愿者，两年来帮助很多同学提高学业成绩。他说："做公益这件事情，并不是每个人都会认可你，但是你还是要坚持做下去，因为你是去做一件你感觉很有意义的事情，在未来的某一天，你的付出就会得到别人的认可和尊重。"

（4）磨炼意志。他说，身"体"力行，磨炼意志。"劳"亦是苦，"劳"亦是甜，虽难达济天下，"劳"能独善其身。他坚持跑步3年，总路程超过1 000公里。大二时，体测超百加分1，千米跑超满分15秒。在各个跑步赛场，也总能看到他的身影。他参与勤工俭学3年，负责校园绿化管理工作，工作总时长超过400小时。他独立自强，每周带3个家教，自高考结束，他就独立承担自己所有学费。

模块四 学校劳动实践

> **点评：** 吴思远通过勤工助学不仅承担了自己高中后的所有学费，而且还取得了优异成绩。随着国家体制的改革和素质教育的全面铺开，勤工助学成为大学生实践活动的重要环节，它可帮助大学生顺利完成学业，及时而又满意地就业或更好地创新创业。每个学生都可以在学有余力的情况下积极参与勤工助学行动，学习与实践相结合，为自己未来走向社会奠定一定基础。
>
> **思考：** 你认为自己可以胜任学校的哪个勤工助学岗位？为什么？

我劳动 我光荣——义务劳动扮美社区

一、活动目标

通过义务劳动，给学生上一堂精神文明实践课，一方面锻炼学生吃苦耐劳的品质；另一方面让学生体会劳动的乐趣，增强学生维护环境卫生的自觉性。

二、活动时间

建议 6~8 小时。

三、活动准备

1. 教师及学生代表在学校附近考察一个社区，联系社区负责人介绍学校这次义务劳动，获得社区的同意与支持，并根据实地考察建议社区整理一份卫生清洁需求。

2. 学生代表根据社区需求商讨制定此次活动的策划案，以整理清扫社区公共设施、公共区域为主要任务。

3. 学生与教师一同商讨策划方案，敲定最终策划方案。

四、活动流程

1. 按照策划方案，根据不同任务类型及任务量进行人员分组，一般 4~6 人一组。

2. 任务执行过程中，根据社区居民建议灵活调整完善任务内容。

3. 任务完成后，邀请社区负责人及居民代表进行社区清扫结果的评价。

4. 活动结束后，每位学生写一篇活动心得体会。

5. 每组推荐一位学生汇报本次活动收获。

6. 教师对本次活动进行总结评价。

主题 4.3　专业服务和创新劳动

学习目标

1. 理解专业服务、科技活动和创新创业劳动与自己学习的联系。
2. 能够有效运用个人技能参与专业服务、创新创业劳动。
3. 积极提升个人专业服务能力和创新创业能力，愿意亲历专业服务、各种科技活动和创新创业活动。

> ◎哲人隽语
>
> 没有掌握技术的人才，技术就是死的东西。有了掌握技术的人才，技术就能够而且一定能够创造出来奇迹。
>
> ——斯大林

微课

案例思考

他们在杨家埠做年画

在农村，每到腊月二十三，家家户户都会在锅灶旁的墙上贴上一张"老爷爷"的画。画的上面写着"富贵满堂"，左右两列写着"上天言好事，下界保平安"。在袅袅炊烟中，"老爷爷"陪伴一家人一整年。那画上的"老爷爷"就是灶王爷，这个画就是杨家埠的木版年画。

杨家埠木版年画是一种主要流传于山东省潍坊市杨家埠的传统民间版画，有400多年的历史，以其制作方法简便、工艺精湛、色彩鲜艳、内容丰富著称于世，与天津的杨柳青年画、苏州的桃花坞年画并称中国三大木刻版画。2006年5月20日，杨家埠木版年画经国务院批准列入第一批国家级非物质文化遗产名录。

随着科学技术的进步，印刷技术得以长足发展，快速批量生产得以实现，但是杨家埠年画的制作依然需要匠人们的手工制作。

点评：杨家埠木版年画的制作者都是职业人，他们是平凡生活中的平凡人，运用自己在木版年画制作的专门知识来制作一幅幅年画，让人们一代代地传承中国文化。大历史，小工匠；择一事，终一生，在平凡的岗位上做着不平凡的工作。

思考：你了解哪些专业服务知名人士的事迹？他们对你有什么影响？

一、专业服务

专业服务是指某个组织或个人，应用某些方面的专业知识和专门知识，按照客户的需要和要求，为客户在某一领域内提供特殊服务，其知识含量和科技含量都很高，是已经获得和将要继续获得巨大发展的行业。

（一）分类

（1）专业服务可以分为生产者专业服务和消费者专业服务。具体包括：法律服务；会计、审计和簿记服务；税收服务；咨询服务；管理服务；与计算机相关联的服务；生产技术服务；工程设计服务；集中工程服务；风景建筑服务；城市规划服务；旅游机构服务；公共关系服务；广告设计和媒体代理服务；人才猎头服务；市场调查服务和其他。

（2）根据世界贸易组织的分类，专业服务归纳在职业服务的范畴内，包括以下内容：法律服务；会计、审计和簿记服务；税收服务；建筑服务；工程服务；集中工程服务；城市规划和风景建筑服务；医疗和牙医服务；兽医服务；助产士、护士、理疗家和护理员提供的服务；其他。

（二）特征

（1）专业服务由组织或个人应用某些专业知识和专门知识或者大量的实践经验来为客户或消费者提供某一领域的特殊服务。

（2）专业服务是知识和科技含量很高的服务，是少数专业人士提供的特殊服务。专业服务来自组织和组织之间、个体和个体之间的直接接触，专业服务所提供的服务是与消费同时进行的，供方和收方同时在供应和消费中得到新的利益。许多专业服务提供者与专业服务消费者需要在同时同地完成服务交易。

（3）专业服务具有技术化、知识化的特征，使高素质人士成为国际竞争的核心。专业服务在提供服务方和接受服务方之间都会形成一种委托代理关系。这种委托代理关系以契约或签订服务协议的方式固定下来。因此，专业服务是以契约为纽带提供的服务，对法律的依赖程度相当高。

二、科技活动

科技活动是指在所有科学技术领域内，即自然科学、农业科学、医药科学、工程与技术科学、人文与社会科学中，与科技知识的产生、发展、传播和应用密切相关的全部的、有组织的、系统的科技活动。所谓有组织的、系统的科技活动，指在一个机构的范围之内，并列入这一机构的工作计划，由这一机构的人员有计划地进行的科技活动。我们统计的科技活动，指调查范围内有组织、有系统开展的科技活动，包括研究与发展活动；研究与发展成果应用活动及科技服务活动。

（一）类型

科技活动包括三种类型：基础研究、应用研究和实验发展。

（1）基础研究：指不直接考虑用途，以揭示客观事物的本质、运动规律，获得新发现、新学说为目的或对已有的规律、发现、学说作系统性的补充而进行的理论研究或实验。其成果以科学论文、科学著作为主要形式。

（2）应用研究：指利用基础研究所发现的知识，确定特定的目标，为了明确基础研究成果的实用化的可能性，探索新方法（原理性）而进行的独创性研究，及时对已经实用化的技术探索新的应用方法（原理性）而进行的研究。应用研究实际上并不直接产生新的（或改进）产品或工艺，其成果为科学论文、科学著作、原理性模型和专利等。

（3）实验发展：指利用基础研究、应用研究及实际经验所获得的知识，为生产新的材料、产品和装置，建立新的工艺、系统和服务，对已生产和建立的上述各项进行实质性的改进而从事的系统性工作。其成果为一种具有新产品或新技术基本特点的原型，可达到设计定型的新产品或新工艺、实验报告等。

人工智能在日常生活中应用的典型案例

当你听到有关人工智能（AI）的新闻时，多数情况下的第一反应就是，根本与你无关，但事实真的如此吗？因为很多人都是将人工智能视为大型科技巨头们才会关注的东西，而且不会对自己现在的生活带来影响。可是实际上，人工智能迟早会出现于人们生活的方方面面。当下日常生活中应用人工智能的最佳案例，具体如下（见图4-3）。

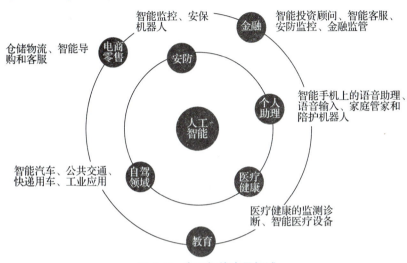

图4-3 人工智能应用领域

1. 使用面部识别码打开手机

当代人们所使用的手机多为智能手机，因此对于这样的智能设备所采取的解锁方式就是生物识别技术，如人脸识别。换言之，也就是每天大家都是在利用人工智能技术来启用该功能。

2. 社交媒体

人工智能不仅在幕后工作，使得你能在订阅源中看到个性化的内容（因为它基于过去的历史了解了哪些类型的帖子最能引起阅读者的共鸣），还可以找出朋友的建议，识别和过滤虚假新闻，利用机器学习的方式正在努力防止网络欺凌。

3. 发送电子邮件或消息

现如今，人们对于消息的传递方式有多种，相对比较正式一点就应该是邮件传送了，举例来讲，多数人的生活工作中，几乎每天都会需要发送一封电子邮件，而撰写的过程中，多会出现一些错别字，所以在这个时候就需要激活诸如语法检查和拼写检查之类的工具，以帮助检查邮件中的书写错误问题。而这些工具使用人工智能和自然语言处理。除此之外，对于垃圾邮件的过滤也是应用了人工智能技术，更重要的是，防病毒软件也是使用机器学习来保护用户的电子邮件账户。

4. 百度搜索

当人们遇到不懂的知识点时，最为常用的就是百度等类似的搜索引擎，来进行相关问

模块四 学校劳动实践

题答案的寻找。不过，在这里需要注意的是，若是没有人工智能的帮助，搜索引擎无法扫描整个互联网并提供用户想要的东西。同时，对于网页中那些实时出现的广告，同样也是由人工智能来进行启动的，只不过这些广告多数基于用户自己的搜索历史记录，从而能进行"个性化"推送，目的是让用户认为，算法能将其看重的项目放于眼前。

5. 智能导航

人工智能对于我们日常生活中的一大体现就是支持旅行辅助工具，而在这里不仅包括地图、百度地图和其他旅行应用程序等来通过人工智能技术进行交通状况的实时监控，同时还可以为用户提供实时的天气情况等，从而能更好地规划出行路线。尤其是对于现在的上班族而言，最为害怕的就是遇到"堵车"的情况，所以实时地了解交通道路信息就显得尤为关键。

6. 银行业务

在如今的银行系统中可以采用多种方式部署人工智能，而也正是通过它对我们交易中的安全性和检测欺诈行为有着很大的帮助。举例说明，若是用户通过手机进行扫描来存入支票，收到余额不足的警报时，就可以登录到其网上银行账户进行查询，这里就是AI会在幕后起作用。如果你在午餐时间去商店购物并购买新的裤子，人工智能将验证购买这次的交易行为，以确定这是一个"正常"的交易，以免有未经授权的人使用你的信用卡。

思考：你还知道人工智能应用的哪些具体案例？

（二）学校的科技活动

科技活动是科技教育的一种重要形式，是每一个学生都应该体验和经历的学习方式，是打通学科界限，给学生运用所学知识解决问题的最好实践机会，是学生的知识存贮方式得以发生变化的最好方式。它面向全体学生，让所有学生都参与到科技活动中，动手动口又动脑，能够更好地激发和培养学生的科技创新意识。学校的科技活动主要分为3个层面：①国家级的竞赛项目；②省、市、县一级的竞赛项目；③学校的科技活动。学校的科技活动应该是内容最丰富，形式最多样，最具有个性化的活动，可以为学生提供更多展示才能的机会，如"走进科技馆、走进企业、走进高新技术基地"等科技活动。

三、创新创业劳动

当今社会，创新创业已成为人类应对技术变革、商业模式迭代、社会环境发展的内生动力，是社会不断发展的本性使然，也是未来教育发展必然。因此，在中职院校开展创新创业教育，有助于促进创业带动就业，为当地的经济增长注入新的活力，顺应了未来社会对高素质技术技能型劳动者的需求，也为推动中等职业教育办学水平和质量的提升提供了抓手。同时，培养更多数量的具有创新精神和创业能力的人才，将为中职学生提供广泛的从业机会和终身发展基础，有助于增强和培养劳动者适应创新及变革的能力。这对于促进体面劳动和高质量就业，缓解社会就业矛盾，促进新动能发展和产业升级，保持经济中高速增长、增进中小微企业的活力提升，从而推动实体经济迈向中高端具有重要的现实意义。

（一）创新和创造

1. 创新

创新是指以现有的思维模式提出有别于常规或常人思路的见解为导向，利用现有的知识和物质，在特定的环境中，本着理想化需要或为满足社会需求，而改进或创造新的事物、方法、元素、路径、环境，并能获得一定有益效果的行为。

2. 创造

创造是指将两个或两个以上概念或事物按一定方式联系起来，主观地制造客观上能被人普遍接受的事物，以达到某种目的的行为。简而言之，创造就是把以前没有的事物给产生出或者造出来。因此，创造的一个最大特点是有意识地对世界进行探索性劳动。

（二）创新创业

创业的定义有广义和狭义之分。广义的创业是指开创新的基业、事业，是所有具备开拓性、创新性特征的能够增进社会价值或经济价值的各项创业实践活动的总称。其更加强调的是在创业实践活动中所体现的创业精神对于创业行为的重要性。

《辞海》对创业的定义为"创业，创立基业。"这里的"基业"是指"事业的基础、根基"。从"创业"这个概念的汉语使用法来看，人们一般在以下三种状况下使用"创业"这个概念：①强调开端及草创的艰辛和困难；②突出过程的开拓和创新的统一；③侧重于在前人的基础上有新的成就和贡献。这是广义上的创业。

狭义的创业则特指创立新的企业，强调的是谋划、创建和运营企业的过程。

创新创业是指基于技术创新、产品创新、品牌创新、服务创新、商业模式创新、管理创新、组织创新、市场创新、渠道创新等方面的某一点或几点创新而进行的创业活动。创新是创新创业的特质，创业是创新创业的目标。创新强调的是开拓性与原创性，而创业强调的是通过实际行动获取利益的行为。因此，在"创新创业"这一概念中，创新是创业的基础和前提，创业是创新的体现和延伸。

◎知识窗

常见的创业模式

（三）创业的要素

创业是一种创造性的劳动。研究表明，创业成功是一系列创业要素科学组合的结果，创业者可以通过改善这些创业要素的组合来提高其创业成功的可能性。创业者创业能力的高低取决于其能有效控制的创业要素的数量、质量、种类以及这些要素间的相互匹配程度。各种创业要素通过相互作用推动新企业的演化过程，任何创业要素性质的变化、不同要素间结构构型的变化，都会影响创业活动的绩效，并最终导致所创事业面临飞跃式成长或创业失败两种截然不同结果的出现。

创业教育的先驱、美国百森商学院教授杰弗里·蒂蒙斯在其著名的蒂蒙斯创业过程模型（见图4-4）中明确指出，商机、资源和团队是创业过程中最重要的3个要素；创业本质上是创业团队、机会和资源相互作用、互相匹配，以创造价值的一个高度动态的过程。创业机会是推动创业的核心要素，解决的是创什么业的问题；创业团队是推动创业的主体要素，解决的是谁来创业的问题；创业资源是推动创业的物质要素，解决的是用什么创业的问题。

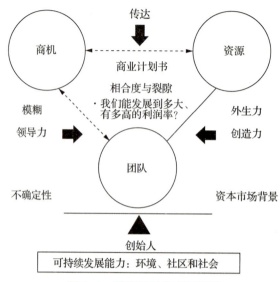

图 4-4 蒂蒙斯创业过程模型

创业过程依赖于这三大要素的匹配和均衡,它们的存在和成长决定了创业过程向什么方向发展。创业过程的起点是商机,而不是资金、战略、关系网络、工作团队和商业计划。商机的形式、大小和深度决定了资源与团队所需的形式、大小与深度。创始人和创业团队的作用是利用其创造力在模糊、不确定的环境中发现商机,并利用资本市场等外界资源,组织并领导企业实现商机的价值。在不确定性资本市场环境中,这个过程是资源与商机"适应→差距→再适应"的动态过程。3 个核心要素构成一个倒立的三角形,创业团队位于三角形的底部。在创业初期,商业机会较大而资源较为缺乏,三角形将向左边倾斜;随着企业的发展,企业拥有较多资源,但这时原有的商业机会可能变得相对有限,这就导致三角形向右倾斜,造成另一种不均衡。创业者及团队需要不断寻求更大的商机,进行资源的合理运用,使企业发展保持合适的平衡。

3 个要素不断调整,最终实现企业发展的动态平衡,这就是新创企业发展的实际过程,体现了三要素之间的动态性、连续性和互动性。

(四)职业院校的创新创业教育

目前,许多职业院校都开设了创新创业选修课,建立创新创业实训中心(或孵化基地),为学生提供创新创业的实践机会。

根据最新的职业教育层次人才培养的统一要求,中职创新创业教育的目标可以描述为"具有综合职业能力、继续学习能力、创新精神,掌握必要的就业、创业能力的高素质劳动者和技能型人才""通过职业道德、职业精神和职业生涯规划等方面的教育,使其树立正确的劳动观、职业观、就业观、创业观,掌握创业知识、初具创业能力,具备能够顺利就业、努力创业,并成就事业。"其培养规格是使我们具有创新意识、创新思维、创业意识、创业技能等,具备创业心理品质,能够进行岗位创新和技能创业。对于 15~18 周岁的中职学生来说,创新创业教育既是一种启蒙教育、素质教育,也是一种实用教育,通过教育使中职学生能够不断探索发现问题、分析问题、解决问题，激发他们的创造潜能。简而言之，中职创新创业教育，既要能发现并培养出少量创业成功的精英人士，也能帮助绝大多数的就业者实现自我发展。

 总结案例

虽坎坷但初获成功的卖菜记

"00后"小刘的创业之路是从上职业中专一年级的暑假卖衣服开始的，此后近一年的时间，他乐此不疲地利用周末去摆摊，在此期间他学会了基本的经营技巧。他非常爱琢磨，所以沟通能力、观察能力，以及分析问题、解决问题能力都得到了提高。有一次，他发现自己身边卖菜的虽说生意不错，但因为零星分散，又没有品牌，卖的菜质量、价格、信誉总不能让一些顾客满意。

小刘就琢磨能否在这边的居民区开一家卖菜店，他的想法遭到了很多人的反对，但他用坚定的决心说服了四位同学和他一起创业。他们凑了3万多元作为启动资金。2018年7月，该居民区第一家蔬菜自助店开业了。在创业初期，销售状况并不理想，理想与现实的落差，影响着大家的情绪。但是，真诚的倾诉和相互安慰、鼓励，让这个创业小团队的心贴得更紧了，最终他们咬着牙走过来了。在迎接挑战的过程中，他们研究制定了一系列管理模式和管理制度，包括采购制度、仓库管理制度、营销制度和招聘培训制度。这些正好是他们在学校所学的知识，这些知识也成为这家蔬菜自助店发展的基础。2020年，因为新型冠状病毒肺炎疫情，他们及时调整了策略，采取网上下单集中送货到小区门口的措施，销售额得到了大幅度提升，盈利也大大增加。小刘和他的小伙伴们计划着下半年开设他们的第二家店。

点评：创新创业成功的关键是需要有较高的能力做支撑的，它需要创业团队有较强的专业技术能力、经营管理能力、创新能力、交往协调能力、商业洞察力、应变能力、抗挫折力等。这些能力的培养需要中职学生在校期间参加各种创新创业劳动或实践。

思考：学校每年都会组织一些创新创业活动、科技活动或向社会提供一些专业服务活动，你计划参与哪些活动？期望能提升自己哪些方面的技能和能力？

 课堂活动

专业义务服务进校园

一、活动目标

教师引导学生正确认识所学专业可提供的专业服务方向，理解辛勤劳动、诚实劳动、创造性劳动的重要性，找到个人努力的目标。

二、活动时间

建议利用课余时间，可持续1~2个月。

三、活动流程

1. 教师要求学生根据专业特点，在网上搜集相关资料，列出可提供的服务项目，例如电气专业可以义务维修小电器、计算机专业免费修图等。

2. 班内组织大讨论，最后根据易操作性、服务人群特点和准备工作的难易程度确定具体的服务项目。

3. 教师将学生按照 6~8 人划分小组，每组选择合适的服务项目。

4. 组成义务服务小分队，利用课余时间在校园开展义务服务活动。

5. 活动结束后每小组总结经验，找出其中问题并列出问题清单。

6. 教师帮助各组学生答疑和解决问题，并根据各组的表现给予点评并赋分。

模块五

家庭劳动实践

导读导学

"生活靠劳动创造，人生也靠劳动创造。"著名教育家陶行知先生曾倡导，"生活即教育、社会即学校、教学做合一。"青少年阶段是人生的"拔节孕穗期"，最需要精心引导和栽培。对中职学生来说，在劳动实践中，不仅可以掌握一些劳动知识、收获一些生活技能，而且能够培养一种新的生活态度与生活方式；不仅能深刻体会劳动创造美好生活的真谛，而且能够涵养热爱劳动、勤俭节约、团结协作的优良品质；不仅可以磨炼顽强意志、吃苦耐劳精神，而且能够增强自身的创新能力和实践能力；不仅更加自信快乐地面对当下的学习与生活，而且更有能力、更有勇气开启今后的幸福人生。

劳动不仅是一种习惯，也蕴含了一种精神。一个人的劳动观念、劳动态度、劳动习惯、独立能力、掌握劳动的技能技巧，理解劳动中自己所扮演的角色与人际关系，在很大程度上是由从小时候开始的自我服务和参与家务劳动而逐渐形成与获得的。家庭劳动是培养自身自理能力和劳动习惯的实践场所，生活处处有劳动，劳动时时在身边，既要"自己的事情自己做"，要主动参与家务劳动，也要围绕提升家庭生活情趣做好庭院劳动。

家庭劳动是家庭生活中不可或缺的一部分，作为公民，我们对国家和社会负有责任；作为班级成员，我们要努力维护集体荣誉；作为家庭中的一分子，我们必须在做好自身劳动的基础上，积极参与家务劳动和庭院劳动。家庭劳动实践不仅可以掌握一些劳动知识、收获一些生活技能，而且能够培养一种新的生活态度与生活方式；就像职业劳动创造社会财富一样，家务劳动也创造生活价值，使家庭生活更为便捷、舒适、整洁、温馨、美好。和家人一起做家务，可以让我们更真切地理解家人的辛劳，增进与家人的感情，享受家庭的温馨。

为了帮助更多的学生热爱家庭劳动、融入家庭劳动，本模块主要介绍了自我生活劳动、日常生活劳动和日常家务劳动三部分，希望学生通过学习和实践掌握好各项劳动的方法，进一步提升个人自我服务能力和为家人服务能力，养成热爱劳动的习惯，形成独立自主意识，为个人步入社会打下良好的基础。

模块五　家庭劳动实践

主题 5.1　自我生活劳动

  学习目标

1. 了解自我生活劳动的内涵和意义。
2. 掌握家庭居室整理的方法与技能。
3. 学会居家收纳的方法与技能。

◎哲人隽语

　　希望诸君至少要做一个人，至多也只做一个人，一个整个的人。要有健康的身体，做八十岁的青年，别做十八岁的老翁。滴自己的汗，吃自己的饭，自己的事自己干，靠人，靠天，靠祖上，不算是英雄好汉。

——陶行知

  案例思考

小兰的生活困惑

　　从幼儿园到小学直到初中毕业，小兰从来没有离开过父母，过着衣来伸手、饭来张口的生活，可谓是在"无菌室"里长大。因家庭条件优越，父母只给小兰定下一个目标——学习，对孩子一直"惯着"，很少批评孩子，所有的衣服从袜子到外套从不用孩子洗，整理、扫地也从没让小兰动过手。

　　吃饭、打水、洗澡、洗衣服……一切都得自己搞定的中职生活，让小兰非常不适应。为此，小兰苦恼、困惑，经常大哭，有时候甚至不敢睡觉。

　　2019年新学期开始，小兰的父母把她送到学校报到后却接连几天频繁接到小兰电话，洗衣服、打饭、打水，这些都不会，还说"想家""想爸爸妈妈""想回家"。因为担心女儿，小兰的父母只得驱车一两个小时来学校看她，每次都带去换洗的衣物，还有小兰喜欢吃的饭菜，临走再把脏衣服带走。

　　这样持续了一个多月后，小兰的不适应渐渐变成了恐惧，生活的困惑时常让她不能入眠。同宿舍的室友一开始还能关心小兰，后来都被她的举动吓住了，更不敢接近。小兰因没法在寝室住下去，只能住到离学校最近的宾馆。她的父母以为国庆节假期过后小兰会有所缓解，但假期里，不管谁来劝，小兰都拒绝回到学校。全家人一商量，小兰如果这种状况持续到这个学期结束，恐怕就只能退学了。

　　点评：人生活在社会中需要一定的生活自理能力，这些能力的缺失会对个人未来的发展极为不利。因为父母的过度溺爱导致小兰在成长过程中缺乏基础的自我生活劳动能力，对父母依赖性大，无法独立料理自己的生活，所以无法适应学校的学习和生活，面临退学的尴尬局面。

　　思考：小兰目前的困惑是如何造成的？应如何摆脱这样的困境？

一、自我生活劳动

　　自我生活劳动是学生料理自己生活的各种劳动，是自己的事情自己做，涉及与自己切身相关的必备技能，打理个人仪容仪表、做好个人卫生、整理宿舍内务、餐具清洗、学习用品整理、衣物洗涤晾晒叠放缝补等。它是最简单的一种日常劳动，日后不管个体从事何种职业，自我生活劳动都将成为自己的义务和习惯。宋代朱熹就主张蒙学阶段训练儿童洒扫、清洁等生活习惯。现代教育则普遍重视培养个人生活自理能力。

爱劳动首先要从自我生活自理开始，任何一个人要培养热爱劳动的态度，需要从小做起、从自己做起、从小事做起，在自己的事情自己做的同时能为他人、为集体服务，逐渐培养自己的责任感和社会适应能力。

自我生活劳动技能是人人必须具备的技能，在我国，尽管各民族、各地区人们的生活习惯有所差异，但卫生习惯、生活自理、学习自理应当是共同的。这类劳动项目重在养成我们自己动手的良好习惯，从而认识劳动光荣，为从事其他各类劳动打下基础。自我服务劳动技能可促进自己进行充分的自我服务，更加独立、自主地规划自身的中职生活，解决学习生活中遇到的各种困难。

二、自我生活劳动意识建立的意义

劳动意识是当代中国学生发展核心素养的一个不可或缺的素养，它是一个学生全面发展、全人成长的必要条件和必然要求。一个人，先要从小学会料理自己的生活，长大后才能从事生产劳动。所以，中职学生的自我服务劳动是未来从事其他劳动的基础。而家庭中的自我生活方面的劳动则是培养中职学生劳动意识和技能的必要手段和基本途径，为其未来成长为合格公民而诚实合法劳动、创造成功生活奠基。

（一）有利于劳动意识和劳动习惯的培养

劳动意识即爱劳动，主动参与承担劳动的思想观念；劳动能力即会劳动，掌握劳动的基本技能技巧。爱劳动一直是中华民族的传统美德。中职阶段虽然不是义务教育，但是中职阶段对于很多学生来说是全日制在校学习的最后阶段，是一个中职学生成长的关键时期，在这一时期我们认为中职学生的自我服务劳动意识就是衣、食、住、行等"自理"的思想观念。

（二）有利于培养个人对劳动人民的思想感情

一个人只有付出了辛勤劳动，才能懂得珍惜劳动成果。一个人在穿自己洗的衣服时一般会格外小心在意；在用自己修补的图书时会小心翼翼；在用自己整理的学习用品时会很在意以免弄乱。

（三）有利于促进个人意志品质的形成

劳动习惯的形成过程也是意志形成的过程。例如，每天早晨起来自己叠被并打扫卧室，没有坚持的意志力是不可想象的。再如自己洗衣服、洗鞋子、倒垃圾等劳动，没有不怕脏、不怕累的品德是不行的。这些劳动不仅锻炼了中职学生的动手能力，而且也可以帮助他们养成良好的意志品质。

 案例 5-1

谁夺走了他们的自我生活劳动能力

又是一年开学报到季，关于大中专学生生活自理能力差的相关报道层出不穷：西安某中职学校新生小宁（化名）住校期间因突然流鼻血，在自己不会处理的情况下深夜致电向母亲求救。沈阳一名准大学生以优异的高考成绩被重庆大学录取,却因生活自理能力差、没信心独立生活而不得不在开学前夕放弃了读大学的机会,选择次年复读考取本省高校。一名来自山西的高职新生开学前因不会洗袜子而陷入焦虑,并因此在报到时带了上百双袜子,塞满了大大小小的行李箱……

思考:他们为什么自我生存劳动能力这么弱?是谁夺走了他们的劳动能力?

三、提升自我生活劳动能力的方法

提升自我生活劳动能力是提高我们自身生存能力、竞争能力和自我发展能力的基础。很难设想,一味地依赖别人,把自己的命运寄托在他人身上,时时事事靠别人指点才能过日子的人,会有什么大的作为。而且生活不能自理,样样要别人操心代劳,也是懒惰与无能的表现。虽然随着年龄的增长,我们的生活自理能力会有所提高,但自理能力不是自发产生的,它需要我们有意识地加以培养。

自我生活劳动能力需要循序渐进的形成,而不是一蹴而就,所以需要我们从一件件小事上来要求自己去完成、去做到、去实现。

(一)自我服务意识要提升

热爱劳动是中华传统美德之一。在新时代要加强对学生劳动意识的培养,强化协作意识和责任意识。一是通过成长历程的教育、法制教育和成人礼活动让自身有公民属性的责任担当。二是要从情感上尊重任何劳动者,比如保姆、快递员、保安、清洁工等。提升自我热爱劳动、尊重劳动、崇尚劳动、诚实劳动的意识。

(二)自理生活行动要勤快

主动学习正确的生活自理方法。一方面,在学校认真学习老师设计好的生活讲座或播放单项劳动视频;另一方面,在家里要主动跟家长学习一些关于自我服务劳动的方法,要求家长多给予指导。遇到自我服务劳动方面的问题,要学会"三步走":第一步,自己想办法解决,锻炼自己处理事务和应对突发情况的能力;第二步,与同学交流,锻炼人际交往能力;第三步,向师长求助。

(三)自我技能提升多训练

在教师和家长的帮助下制订科学的自我服务劳动培养计划,计划要根据自己年龄提出不同的自我劳动要求,逐渐提高自己能够独立完成的自我服务劳动事项。在自我生活劳动中,要多学多做,不能由父母或家人包办,摒弃这种"学习就已经够累的了,只要学习好就行了"的错误观点。要改变自己对劳动的错误态度,要求家长或教师放手让学生自己的事自己干,做一些力所能及的事。要想培养自己会自我服务劳动的技能就需要有一份劳动任务,如铺床、做饭、洗小件衣物等,让自己反复训练,循序渐进。多参与社会实践,以此锻炼自我劳动服务能力。

四、自我生活劳动能力提升指南

（一）打理个人仪容仪表

仪容，通常是指人的外观、外貌。仪表是综合人的外表，它包括人的形体、容貌、健康状况、姿态、举止、服饰、风度等方面。注重仪容仪表是自身的一项基本素质，反映了本人的精神面貌，代表了自己的整体素质。学生时代要按照学校要求，头发常清洁，无头屑，不张扬，梳整齐，自然色。男生前发不过眉，后发不抵领，侧发不盖耳；女生前发不遮眼、侧发不盖耳、后发不披肩。前台不带发网，长发要束起扎发髻；面容干净、清洁，精神饱满，手部干净，不留长指甲，女生不涂有颜色的指甲油；不佩戴饰物。

（二）做好个人卫生

个人卫生是自身生活的基础，必须养成良好的个人卫生习惯。一是在饮食卫生上应做到：生吃瓜果要洗净，不喝生水，不吃三无食品，不挑食、不偏食，饭后不马上剧烈运动。二是勤洗手，饭前便后要洗手，吃东西前、劳动后要洗手，触摸脏东西、触摸传染病人和从公共场合回来要洗手。三是在用眼上要做到：看书写字要注意姿势正确，光线适宜，眼与书本距离应保持30~35厘米，时间不可过久；走路乘车和躺着不看书；坚持做眼保健操。四是在保护牙齿上应做到：吃东西漱口，早晚刷牙，不吃过硬、过冷、过热的东西，睡前不吃东西，患牙病及时治疗。

（三）餐具清洗

自己的生活用品，特别是每天用的餐具要做好清洗消毒，一般程序是"一刮、二洗、三冲、四消毒、五保洁"。要做到使用一次，清洗消毒一次；同时做到个人用餐具的专一性，不共用餐具。在家庭中每顿饭洗碗要快，不要长时间浸泡。应该摈弃掉泡碗的坏习惯，每顿饭吃完就尽快洗碗。要将有油污和没有油污的碗分开来洗，避免二者造成交叉感染和增加把碗洗净的难度。洗碗的时候先用温水把洗洁精稀释后再洗。用热水冲洗碗筷清洗更彻底。洗完碗筷后要将其控水晾干，顺便橱柜台面也要擦洗干净。

（四）衣物洗涤

衣物水洗有准备、洗涤等步骤。

1. 准备步骤

衣物洗涤前的准备工作是洗衣首先要做好的一项重要工作，是洗好衣物的前提。洗衣前如不注意对衣物进行正确的分类，就会导致衣物洗得灰暗、不明亮，出现串色、搭色，手感僵硬等问题，甚至使完好的衣物报废。衣物洗涤前要根据各类服装不同的洗涤要求进行分类。

2. 洗涤阶段

主要是用洗涤剂溶液对衣物进行清洗，目的是把衣物上的污垢与织物分离，洗涤前一般应分类将衣服浸入清水湿润，然后浸入洗涤液内洗涤。

浸泡是在洗涤之前的一个短暂过程，浸泡分清水浸泡和洗涤剂溶液浸泡。洗涤剂溶液浸泡效果好，但容易使深色和易褪色的衣物掉色。丝绸、毛料以及不太脏、易褪色的衣物不能浸泡，要直接洗涤；深色衣物只能用清水浸泡，不能放入洗涤剂溶液中浸泡；使用时间较长、脏污与织物结合比较牢固的衣物，如床单、工作服等在洗涤之前可浸泡，但浸泡时间不要太长，15~20分钟即可；脏污特别严重的衣物可适当延长浸泡时间，使污垢软化、溶解，提高洗涤质量。

家庭中洗涤分为手工洗涤和机器水洗两种。正确选择洗涤方法和洗涤剂是提高洗涤质量的重要因素，否则会导致衣物面料、色彩受损。手工洗涤方法有以下几种：

（1）拎。用手将浸在洗涤液中的衣服拎起放下，使衣服与洗涤液发生摩擦，衣服上的污垢被溶解除去。拎的摩擦力非常小，洗涤娇嫩的、仅有浮尘和不太脏的衣物，在过水时大多采用拎的手法。

（2）擦。用双手轻轻地来回擦搓衣物，以加强洗涤液与衣物的摩擦，使衣物上的污垢易于除去，一般适用于不宜重搓的衣物。

（3）搓。用双手将带有洗涤液的衣物在洗衣擦板上搓擦，便于衣物上的污垢溶解，适用洗涤较脏的衣服。

（4）刷。利用板刷的刷丝全面接触衣物进行单向刷洗的方法。一般用于刷洗大面积沾有污垢的部分。衣物的局部去渍，也常用刷的方法，只是所用的刷子是小刷子。根据衣物的脏污程度，刷洗时摩擦力可自由掌握。

◎知识窗

清洗衣物上的笔印

（5）揩。揩是用毛巾或干净白布蘸洗涤液或去渍药水，在衣物的局部污渍处进行揩洗的方法。

 总结案例

生活自理与自立

河北省南部某中等职业学校把学生的自我管理、自我塑造作为德育工作的重要内容，针对新入学的学生自我生活能力现状，分阶段开展"学生生活自理、自立能力"活动。从入学军训的仪容仪表规范要求，到组织的起床整理内务、洗衣物、叠衣物大比拼，开展传统节日学生食堂一起包饺子等活动，在高年级班级开展成人礼仪式等，家校共管、思想引导、典型引领等极大地提升了学生的自理生活能力。学生小强的妈妈感慨地说，孩子的坏习惯改掉了，生活学习比之前有热情了，学习也有了较大的进步。学校的管理赢得了学生家长的赞誉，得到了社会的认可。

点评： 生活自理与自立能力是一个人全面发展、全人成长的必要条件和必然要求。一个人要想在社会中生存，自理能力是尤为重要的，它贯穿着人的一生，是生活的基础。

思考： 在同学之间的相互学习中，你的收获是什么？

自我生活劳动成果展示

一、活动目标

用短视频的方式展示自我生活劳动的结果，养成爱劳动的好习惯。

二、活动时间

建议 20 分钟。

三、活动流程

1. 每名学生把自己认为做得最好的自我生活劳动的过程录制 2 分钟以内的视频。
2. 教师将学生按照 4~6 人划分小组，小组成员观看组内成员的视频并选出最成功的劳动成果。
3. 每小组选出的最成功的劳动成果进行播放，并邀请这几名学生分享个人生活劳动的经验和体会。
4. 教师对分享者的经验和体会进行归纳、分析和总结。
5. 教师对展示的这几项自我生活劳动成果点评并赋分。

主题 5.2　日常生活劳动

学习目标

1. 能够归纳家庭照护、家庭护理应具备的基础知识并能运用简单的家庭照护技能。
2. 能够概述居室保洁和收纳整理一般知识，能灵活运用保洁技巧和整理窍门。
3. 愿意从日常生活劳动中体验劳动的快乐，形成照顾家人的责任感，提升个人服务他人的意识和能力。

> ◎哲人隽语
>
> 行其庭，草树凌乱然；入其室，器物狼藉然；若是者，虽未见其阎墙诨帛，我知其家必不治。
>
> ——梁启超

微课

案例思考

带着父母上大学，边读书边照顾母亲

家境贫寒、身体瘦弱的小潘被徐州工程学院机械设计专业录取后，他就带着不会说话、不能行走，更加没办法自理，全天 24 小时需要靠人照顾，连吃饭都要插胃管进食的母亲和体弱的父亲来到了徐州这座城市，边上学边照顾母亲。

小潘每天需要喂母亲 5 顿饭，每隔两小时就要帮她翻身、按摩，因此他每天的时间就要切割成一个个"两小时"。每天的早中晚，他要分三次给母亲买菜做饭，而到了夜里，他要陪母亲到凌晨 2 点才能睡觉。为避免时间太久把人累垮，父子俩就规划好了时间，轮流照顾他的母亲。在他的悉心照料下，虽然小潘的母亲长期卧床，可是身上却没有褥疮，家里也没有异味。

点评：为了更好地照顾母亲，小潘的大学生活非常忙碌，甚至还有一些苦涩，但他硬是用一副瘦弱的身板扛下了这种种苦难和煎熬，撑起了一个家的同时，也没有荒废学业。家人生病或年老体弱，我们作为家庭中的不可或缺的一分子也应该尽可能抽出时间参与照顾，这就需要我们掌握一定的知识，懂得如何照顾老人和病人。

思考：你会照顾老人吗？你现在能独立承担哪些日常生活劳动？

一、家庭照护

家庭照护指对患有严重疾病综合征、身体功能失调、慢性精神功能障碍等患者提供的照护。家庭照护是老年人照护的首要形式，它的服务内容包括基本的医疗护理服务、个人照料、情感和社会支持等。

（一）老年照料

孝与感恩是中华民族传统美德的基本元素，是中国人传统美德形成的基础，也是政治道德、社会公德、职业道德、家庭美德、个人品德建设的基本元素。老年人生活照料的主要内容有：个人清洁卫生服务、衣着服务、修饰服务、饮食服务、如厕服务、口腔清洁护理服务、皮肤清洁护理服务、压疮预防服务、便溺护理服务等。

（1）个人清洁卫生服务。它包括洗脸、洗手、洗头（包括床上洗头）、洗脚，协助整理个人物品，清洁平整床铺，更换床单等。

（2）衣着服务。它包括协助穿脱衣裤、帮助扣扣子、更换衣裤、整理衣物等。

（3）修饰服务。它包括梳头、化妆、剪指甲和协助理发、修面等。

（4）饮食服务。它包括协助用膳、饮水，或喂饭、喂水、管饲等。

（5）如厕服务。它包括定时提醒老人如厕、协助如厕，使用便盆、尿壶等。

（6）口腔清洁护理服务。它包括刷牙、漱口，协助清洁口腔、假牙的清洁保养等。

（7）皮肤清洁护理服务。它包括擦浴、沐浴等。

（8）压疮预防服务。它包括保持床单干燥、清洁、平整；定时翻身更换卧位，防局部受压过久，受压部位按摩增进血液循环；保持皮肤干燥、清洁，预防皮肤受伤等。

（9）便溺护理服务。它包括清洗、更换尿布等。

（二）家人住院陪护

家人生病需要住院，作为学生的我们可以提供一些力所能及的服务为家人分忧解难，如承担部分陪护工作。若想成为一名合格的陪护者，需要了解一些陪护常识和日常起居照料内容。

现在，医院一般都提供住宿的常用物品，如床单、被褥、热水瓶等，病人和陪伴家属只需准备个人用品即可。建议携带以下用品：衣物、水杯、洗漱用品（肥皂、牙刷、牙膏、脸盆、毛巾），日常餐具、纸巾、拖鞋。

病人需先到门诊或病房开住院证，然后交一定的费用。凭住院证，到所住科室的护理站办理住院病历，测量体温、脉搏、呼吸、血压等，听取护士介绍病区情况及住院注意事项，并领取住院所用物品，交纳物品押金。

陪护者要积极了解所住科室和医院的基本情况。要熟悉住院药房、交费处、查账处、洗澡间、消防通道等位置的布局；同时，要知道自己家人的管床医生、护士以及主管医生，并同他们建立联系。

医院属于公共场所，人员很杂，一定要妥善保管好贵重物品和金钱。

每家医院都有自己的一套"入院须知"，应浏览。

住院期间为明确诊断会做一些检查，多在住院当天或第二天完成。大型和贵重的检查，医生一般会征求病人或陪护者的意见。如不同意，可婉转地表示要"考虑一下"或"同家属商量一下"，给自己留有余地。

一般住院 3 天后，医院会给出一个诊断和治疗的初步意见，并对治疗效果做初步判断。病人或陪护者在此时可明确提出心中疑问：为什么要用这种药，有没有作用类似而价格低廉的，需要住多长时间院。病人伙食如何安排？住院时病情突然变化，该找谁？住院期间每一位病人都有固定的管床医生和责任护士为其提供诊治服务，当病情有变化时，可向他们反映。晚间，可向值班的医生、护士反映。

陪护者可协助医护人员观察体温、脉搏、面色、呼吸、血压和小便等。如病人感觉不适，发热和心跳快等，应向医生、护士报告。要知道术后反应热，即 3~5 天，体温常在 38℃ 左右，对此不必紧张。

出院前应关注主管医生写好出院小结——小结里一般详细记载了本次住院的重要检查结果和治疗手段，对病人的康复和进一步治疗至关重要。需要出院带药，也要向医生交代。

陪护病人时，我们需要照料其日常起居，一般包含如下内容。

（1）协助起床、洗脸、洗手、刷牙、漱口、梳头等。
（2）协助进餐、饮水、加餐等。
（3）清洗使用过的餐具。
（4）协助排泄大小便。
（5）晚上睡觉前为其洗脚或泡脚，并协助其入睡。
（6）协助医护人员观察病情。
（7）协助按时、按量服药。
（8）协助下床活动或散步。
（9）陪送其做各种检查。
（10）进行必要的心理疏导。
（11）整理病床、床头桌的卫生。
（12）清洁其个人用品和衣物。注意衣物的清洁消毒方法，对衣物和便器等用品进行清洁、消毒，并妥善保管。

（三）体温、脉搏、血压测量

体温、脉搏、呼吸、血压是标志生命活动存在与质量的重要征象，是评估身体的重要项目之一。我们可以掌握基础的生命体征测量方法。

1. 测量体温

协助被测家人解开衣物，有汗应擦干腋下，将体温计水银端放置于其腋窝深处贴紧皮肤、屈臂过胸夹紧，过 10 分钟以后取出体温计。

2. 测量脉搏

协助被测家人手臂放松，要求其手臂向上，然后陪护者将自己的食指、中指、无名指的指端放在其桡动脉的表面，计数 30 秒。正常成人 60~100 次/分，老年人可慢至 55~75 次/分。

3. 测量呼吸

可测量脉搏后仍然把手按在被测家人的手腕上，观察其腹部或胸部的起伏，一呼一吸为一次，计数为 30 秒。

二、居室保洁

◎知识窗
你能帮助家人正确测量血压吗？

居家环境干净整洁与成功幸福相连，生活凌乱肮脏同衰落失败相邻。居家保洁是处理、扬弃的过程，让环境美、能量正。居家保洁蕴含深沉的人生智慧，让自己放下高傲，学会谦卑，等同于清理大脑中的垃圾，智慧自然会增长，身体更健康，身心更顺畅。

居住环境保洁的基本步骤如下。

（1）清场。将影响清洁作业的家具、工具、材料、用品等集中分类放置到合适位置。垃圾清扫后转移到室外或倒进室内垃圾桶。

（2）清洁墙面。掸去墙面浮尘。

（3）清洁窗框。先湿抹，再铲除多余物，最后用干净清洁巾擦净。如果窗户玻璃较脏，可以顺势初步擦拭干净。

（4）清洁窗户玻璃。清洁窗户玻璃一般使用以下方法：擦窗器法；水刮法；搓纸法。

（5）清洁窗槽和窗台。首先用吸尘器吸出窗槽污垢，不易吸出的污物，用铲刀或平口工具配合润湿清洁布尝试清理，尽量使用旧的清洁布或废布。窗槽清理完毕，将窗台收拾擦净。

（6）清洁纱窗。可用水冲洗纱网，再擦净纱窗的窗框。晾干后安装。

（7）清洁厨房。依序为顶面、墙面、附属设施、橱柜内部、橱柜外部、台面、地面（如果厨房为清洁使用水源地，厨房地面可安排在后期进行）。

（8）清洁卫生间顶面、附属设施、墙面、台面、洁具。

（9）清洁卧室、客厅、餐厅、书房、阳台的开关、插座、供暖设施、柜体、家具类表面。

（10）清洁踢脚线。踢脚线上沿吸尘，然后擦净。

（11）清洁门体。依序是门头、门套、门框、门扇、门锁。

案例 5-2

美国和德国不同年龄段孩子的劳动清单

美国孩子平均每天在家里劳动的时间为 1.2 个小时，不同年龄段的劳动清单如下：

2~5 岁：扔垃圾；拿取东西；挂衣服；使用马桶；洗手；刷牙；浇花；整理玩具；喂宠物；睡前铺床；饭后把盘碗放到厨房水池里；把叠好的干净衣服放回衣柜；把脏衣服放到脏衣篮。

5~6 岁：不仅要熟练掌握前几阶段要求的家务，并能独立到信箱里取回信件；铺床；准备餐桌；饭后把脏的餐具放回厨房；把洗好烘干的衣服叠好放回衣柜（学校和家庭教给孩子如何正确叠不同的衣服）；自己准备第二天要穿的衣服；收拾房间（会把乱放的东西捡起来并放回原处）。

6~12岁：不仅要熟练掌握前几个阶段要求的家务，并能打扫房间；做简单的饭；帮忙洗车；使用吸尘器、擦地；清理洗手间、厕所；扫树叶，扫雪；会用洗衣机和烘干机；把垃圾箱搬到门口街上（有垃圾车来收）。

13岁以上：不仅要熟练掌握前几个阶段要求的家务，并能换灯泡；换吸尘器里的垃圾袋；擦玻璃（里外两面）；清理冰箱；清理炉台和烤箱；做饭；列出要买的东西的清单；洗衣服（全过程，包括洗衣、烘干衣物、叠衣以及放回衣柜）；修剪草坪。

德国法律条文中有一项规定：孩子在6岁之前可以玩耍，不必做家务；6~10岁，偶尔要帮助父母洗碗、扫地、买东西；10~14岁，要剪草坪、洗碗、扫地及给全家人擦鞋；14~16岁，要洗汽车、整理花园；16~18岁，如果父母上班，要每周在家里进行大扫除一次。对于不愿意做家务的孩子，父母有权向法院申诉，以求法院督促孩子履行义务。

思考： 这份劳动清单中你会的劳动有哪些？能做的劳动有哪些？

三、收纳整理

整理是事物的归纳、梳理，通过整理实现思维的条理化、物品摆放的统一化。整理房间、物品，有助于提高生活品质。整理看似简单，其实也是思维清晰的体现，是审美与生活态度的体现。

（一）掌握自我整理的原则

（1）东西越少，利用率越高。
（2）桌子是一面镜子，能反射出个体的行为。
（3）收纳工具要精简，过多也会有烦恼。
（4）养成每天放弃一件东西的习惯。
（5）换个角度，物品也有新价值。
（6）珍藏的东西现在未必还有用。
（7）自己关心的往往就是最需要的。
（8）有意擦去的一块污渍，净化的是自己的灵魂。
（9）顺手捡起的一片纸，纯洁的是自己的精神。

（二）客厅整理

客厅收纳关键就在于茶几的位置，很多时候人们把茶几当成了杂物台，钥匙、包、茶杯、零食、杂志通通都搁在上面，让本身就不宽敞的台面变得更加拥挤。客厅整理就是扔和收纳，不看的杂志报纸通通收拾掉，为空间减负。可买小的篮子放于二层搁板或是台面上，将杂物通通归为其内；墙面空间可利用，做上展示架或是搁板，用来收纳和储物，电视柜区域可利用抽屉空间。

（三）卧室整理

卧室要想做好收纳，必须依赖衣柜。衣柜在家里的收藏空间中容量最大，具有出众的收纳能力。东西归置要各归其位，可用架子、隔板、抽屉等小东西分割要点，经常使用的东西要放在最容易存取的地方，根据用途决定收纳的地方。以衣柜为例，上方放置不经常用的棉被，以及过季衣物鞋袜；中层存取最轻松的黄金区域，可以收纳日常常用的东西。收纳衣服可以使用抽屉和衣架；下方放置当季的东西；底层可放熨斗、吸尘器、玩具，方便拿取。

（四）厨房整理

通常人们会认为厨房收拾很难，因为此处涉及各种小家电及烹饪锅具，隐藏是关键，也是为空间减负的重点。在狭窄的厨房，经常拿菜和调味品也会让人手忙脚乱。想要好好的烹调，在"冰箱、调台、收纳架"之间保持移动2~3步的距离。东西放在只需要伸手或者跨一步就能拿到的地方。多做橱柜，下方放置泡菜、大酱坛及各种锅具，上方用于置放碗筷，以及干货、食物等。可安置壁挂悬挂清洁的工具。除此外，还可以买一个可移动的菜架用于杂物的放置。冰箱整理相对较难，可以多放置保鲜盒。

（五）卫生间整理

洗脸台、洗衣机周围，有很多洗涤剂、毛巾等小东西，收拾起来很麻烦，而且也不容易摆放整齐。要方便使用又要整洁，就要将这些东西规划整理，可以选择在墙上安置不锈钢置物架，因为是置于墙面，所以不会占据空间、影响方便。洗脸台作为浴室的中心能够承担很大的收纳功能，不过这在购买洁具的初期就要做好功课，一定要选择有储物功能的洗脸台，下方用于洗涤用品的放置，上方还可储存女士的化妆用品。至于毛巾的安置，就可放在墙壁上的收纳架。

总结案例

个人整理收纳之断舍离

断舍离逐渐成为一种生活理念：断掉，舍掉，离掉，物尽其用，认识自己，活在当下。那作为学生的我们该如何断舍离呢？

（1）从时间轴看物品。从当下看物品。现在这个东西适合自己么，在购买的时候也是一样，买了一堆打折没用的东西只是自找麻烦。

（2）舍物原则：扔，赠，毁，卖。把东西送给别人时，"请收下"。当你不想扔掉某样东西，但是用不着，可选择送给需要的人，"这东西在我这里没办法物尽其用，但我觉得你会爱惜使用它的，所以能不能请你收下它呢？""如果不需要，扔掉或送人。"对于一些怀念的，决定扔掉，说声"对不起"舍弃。

（3）相称原则。物品是自我的投射，相信自己配得上所选择的物品，不一定越贵越好，也不是便宜就买。不要自我贬低，做自我提升。

（4）七五一法则。看不见的收纳空间放满七成，看得见的收纳空间限量五成，装饰性的给人看的空间放一成。

（5）替换原则。当购置新物，如果有旧的东西跟新物同类，相应替换掉旧的东西，这样心态会呈现用的一直都是最好的状态。

点评：断舍离现已逐渐成为一种新时代的生活标志。我们可以把这个方法应用到自己的日常生活劳动中，尤其是家庭整理收纳上，学着按照科学方法进行筛选，提升自己与家庭生活质量。

思考： 你在整理个人衣物和居室收纳整理时如何做到断舍离？请举例。

课堂活动

家庭卫生保洁改进行动

一、活动目标

通过家庭卫生保洁活动提高个人参与家务劳动的积极性，增强热爱劳动意识和劳动能力。

二、活动时间

建议20分钟。

三、活动准备

教师要求每名学生邀请家长一起对家庭进行一次卫生大扫除，学生负责把本次家务劳动分工、作业步骤、使用的工具和物品都认真记录下来，如清洁剂的使用量、每个人负责的工作。

四、活动流程

1. 教师将学生按照8~10人进行分组，每组成员集体头脑风暴，对组员提供的记录观察表进行分析，寻找可能存在的问题。

2. 对于可能存在的问题，每组通过讨论或网上搜索的方式，寻找解决问题的方法并形成小组观点。

3. 每个小组选出一名代表陈述本组针对所有可能存在的问题的解决方案，其他小组可以对其进行提问，小组内其他成员也可以回答提出的问题；通过问题交流，将每一个需要研讨的问题都弄清楚。

4. 教师进行分析、归纳、总结。

5. 学生可根据最终的最佳改进方案再和家人一起进行一次家庭卫生保洁活动。

模块五　家庭劳动实践

主题 5.3　日常家务劳动

 学习目标

1. 能总结家庭营养膳食的原则并懂得如何运用它。
2. 尝试各种日常食材的处理，能实现家常菜肴的制作。
3. 了解家庭花卉的管护方法，培养自身热爱自然的情感。

◎**哲人隽语**

在重视劳动和尊重劳动者的基础上，我们有可能创造自己的新的道德。劳动和科学是世界上最伟大的两种力量。

——高尔基

 案例思考

烹饪小达人

某职业学校护理专业的学生小刘，每到假期和周末放假，她总是一个人回家，从来没有让父母接送。在家的每一天，一个人去菜市场买菜，一个人熟练做饭。也许你会说，穷人家的孩子早当家，可小女孩的父母可都是知名医院的医生，自己还是独生女。

从取、洗、切、炒，到做好饭，不慌不忙，井然有序。感动的妈妈在朋友圈里真情流露，晒起了贴心的小棉袄。

很多人看完后表示很羡慕这位妈妈能有个如此懂事能干的女儿。

点评： 家庭劳动教育是教育的重要组成部分，随着学龄的增长，学生能"自己的事情自己做"、主动承担家务劳动，做一些力所能及的劳动，能够提升劳动意识、分享家庭温馨，成就成功人生。

思考： 对比小刘，自身还有哪些不足？如何改进？

一、家庭餐制作

（一）家庭营养膳食原则

1. 食物多样，粗细搭配

人体是由物质组成的，人体要维持生命并保持健康就必须恰当平衡地不断补充消耗掉的物质。专家建议每天每人应吃 40 种以上的食物，这其中包括主食、蔬菜、水果以及各种菜肴佐料。另外，不吃谷类主食就会出现营养不良，影响健康。

粗细搭配不单单是建议经常吃粗杂粮，而且涉及主食的加工方式。例如：稻米、小麦不可碾磨得太精。建议每天最好能吃 50 克以上的粗粮。

2. 多吃蔬果，不忘薯类

蔬菜水分含量丰富，能量低，富含植物化学物质，是给人体提供微量营养素、膳食纤维和天然抗氧化物的重要来源。每顿饭至少要有 1~3 份蔬菜，而蔬菜尽量选择深色的。

在保证水果无污染的情况下，尽可能将果皮与果肉一起吃掉。这样可以增加膳食纤维的摄入，有助于肠道健康。

除了蔬菜和水果，薯类食品由于膳食纤维含量高、脂肪低，也应该成为餐桌上的常客。

3. 每天要吃奶类、大豆

奶类营养成分齐全，组成比例适宜，容易消化吸收。奶类除含丰富的优质蛋白质和维生素外，含钙量较高，且利用率也很高，是膳食钙质的极好来源。

相比其他杂豆，大豆的蛋白质可以达到40%，氨基酸组成是比较平衡合理的。大豆含丰富的优质蛋白质、必需脂肪酸、B族维生素、维生素E和膳食纤维等营养素，且含有大豆低聚糖以及大豆异黄酮、植物固醇等多种植物化学物质。建议每人每天摄入30~50克大豆或相当量的大豆制品。

4. 适量进食鱼、禽、蛋、瘦肉

鱼、禽、蛋、瘦肉等动物性食物是优质蛋白质、脂溶性维生素和矿物质的良好来源，如与谷类或豆类食物搭配食用，可以明显发挥蛋白质互补作用。建议每人每天可吃一个鸡蛋，鱼肉或鸡肉50~100克，提倡吃瘦的猪肉。

5. 饮食清淡少油、少盐

不合理的烹调油摄入量，以及高盐饮食会导致肥胖人群和高血压人群的增长。因此，做菜时应尽量清淡。建议烹调油每人每天不超过30克，食盐不超过6克。

6. 食不过量，天天运动

吃得过饱、缺乏运动是当前慢性病高发的主要危害因素，因此控制食量、增加运动必不可少。建议每顿吃七八分饱为宜，每天不能少于30分钟的有氧运动。

7. 三餐合理，零食适当

按适合个人的健康体重计算出每天所需要的总热量，然后再按早、中、晚三餐各1/3的比例摄入热量。也可按早餐1/5、中餐2/5、晚餐2/5安排一天三餐的进食量。

建议零食可在两餐之间食用，要选择富有营养的食品，如牛奶、酸奶、水果、蛋糕、肉松、牛肉干和干果等。

8. 足量饮水，少喝饮料

在温和气候条件下生活的轻体力活动成年人每日至少饮水1 200毫升（约6杯），在高温或强体力劳动条件下应适当增加。在水的选择上，建议首选白开水，碳酸类饮料尽量少喝，可选择一些果汁、奶制品，如酸奶。

9. 饮酒限量，忌空腹喝

成年男性一天饮用酒的酒精量不超过25克，相当于白酒1两，啤酒250毫升，葡萄酒100毫升；成年女性一天酒精量不超过15克。

10. 新鲜卫生，少吃剩饭

食物选择首先要新鲜、卫生。选购食物时，要选择外观好，没有泥污、杂质，没有变色、变味并符合卫生标准的食物。每次做饭菜，尽量按量做，避免吃剩菜剩饭，少吃熏制、腌制、酱制食品。

案例 5-3

现代人不是营养过剩，而是营养不均衡

随着时代的发展，我国已经从计划经济步入小康社会，曾经限量供应、只能在节日期

间吃到的食品变得非常普遍,随时随地都可以吃到。这原本是时代进步的标志,但问题是,丰富化和精细化的饮食条件带来的却是令人担忧的营养问题,导致我国人群肥胖和心脑血管等慢性疾病问题日益严重。

那么,现代人的营养问题究竟出在哪里呢?

事实上,现代人的饮食看上去虽然丰富,却多是甜品、零食、油炸食品等,而这些食物营养极其有限,多数情况下,只能提供脂肪、蛋白质和碳水化合物三大营养素,人体必需的微量元素和维生素则极度缺乏。脂肪、蛋白质、碳水化合物这三大营养素尽管能为身体提供必要的能量,但是摄入过多的话,就会变成肉长到身上。所以嘴不闲着,又好吃以上食品的人很容易因此而变胖,而过度肥胖又是万病之源。所以现代人遇到的问题,不是营养过剩,而是营养不均衡。

思考:你知道在家庭餐制作过程中如何做到营养均衡吗?

(二)家常菜中常见食材的处理方法

1. 家常菜的特点

家常菜是指家庭日常制作食用的菜肴,它是中国菜的源头,也是地方风味菜系的组成基础。家常菜是家庭利用现有的调味品就可以炒制出来的菜肴,具有操作简便、用料简单、成本低廉的特点。

2. 家常菜原料的分类

我国家常菜的原料分为以下四大类。

(1)动物性原料,如猪、羊、牛、鸡、鸭、鱼、虾等。

(2)植物性原料,如粮食、蔬菜、瓜果、食用菌等。

(3)矿物性原料,如盐、碱等。

(4)人工制作原料,如香精、色素、味精等。

如果从原料的搭配角度讲,其烹饪原料还可分为以下三类。

(1)主料:如肉、鱼、菜等。

(2)辅料:即与主料搭配的原料,如土豆烧牛肉的土豆,鱼香肉丝里的胡萝卜、青椒等。

(3)调料:即调味用的各种调料,如味精、盐、糖、料酒、鸡精、酱油、辣椒酱、胡椒粉、咖喱粉、十三香等。

3. 常见的食材处理方法

不同的食材有不同的处理方法,我们把一些日常食材的初步处理方法进行了整理,参见表5-1。

表5-1 日常食材初步处理方法

食材名称	初步处理方法
青椒	①将青椒洗净后掰开;②去除蒂和内部的籽
芹菜	①芹菜洗净,择下芹菜叶子;②撕去芹菜梗表面的粗丝
黄瓜	①黄瓜洗净,加少许盐用清水浸泡;②带刺黄瓜要用刷子刷洗

续表

食材名称	初步处理方法
冬瓜	①冬瓜用刷子刷洗干净；②用削皮刀削去硬皮；③去皮冬瓜一切两半；④挖去冬瓜瓤
苦瓜	①苦瓜用刷子刷洗净；②顺长剖开；③挖去苦瓜瓤
南瓜	①南瓜用菜瓜布刷干净；②对半剖开；③用汤匙将瓤挖出；④用菜刀将南瓜皮削去，削时注意菜刀要贴着皮，不要削太厚
甘蓝	①甘蓝洗净，根部朝上放在案板上，左手按住，用长水果刀顺根切入2厘米，刀尖朝菜心；②将水果刀顺着菜根旋转切一圈；③将刀尖向上一手撬，撬下菜根；④从根部可以将菜叶完整地剥下来；⑤菜叶放入加少许盐的清水中浸泡，再洗净即可
洋葱	①剥去洋葱外层干皮；②切去洋葱两头；③切圈，即洋葱横放在案板上，直刀出洋葱圈；④切丝，即洋葱对半切开，切丝
花椰菜	①花椰菜切前冲洗一下；②掰开成小块；③放入加了少许盐的清水中浸泡片刻即可
芸豆	①芸豆择去两侧筋；②清洗干净；③用手将芸豆掰成段
豆芽	①豆芽择去豆皮；②掐去根须；③洗净即可
西红柿	①西红柿冲洗一下；②放入烧开的水中烫一下；③取出西红柿，可将皮剥去
干木耳	①干木耳用水冲洗一下；②用淘米水泡发干木耳；③泡发好的木耳清洗干净；④切除未泡发的部分；⑤剪去硬蒂，撕成小朵即可
干香菇	①干香菇冲洗一下，用沸水泡至回软（泡发香菇的水营养丰富，过滤后可用于烹调）；②捞出泡发好的香菇，用剪刀剪去根部，漂洗去泥沙杂质
干蘑菇	①干蘑菇冲洗一下；②用温水泡发蘑菇；③蘑菇泡发好后洗净，擦干
笋	①用刀从笋尖至笋根划一刀；②从开口处把笋壳整个剥掉；③靠近笋尖的部分斜切成块；④靠近根部的部分横切成片
红枣	①红枣用清水洗净；②将红枣放在蒸笼上；③红枣对准肉孔，用筷子从顶部将红枣核用力推出
莲藕	①将莲藕从藕结处切开，切去两头；②用削皮刀削去莲藕的表皮；③将去皮莲藕用清水清洗干净，如果不马上使用，要用清水浸泡，以防止变黑
猪肉	①用清水洗净；②剔去猪肉上的筋膜；③斜刀切片
牛肉	①新鲜牛肉洗净；②横刀切片
羊肉	①用清水洗净；②剔去羊肉上的筋膜；③斜刀切片
鸡肉	①新鲜鸡肉洗净；②顺着鸡肉纹理切片
鸡翅	①鸡翅冲洗干净，擦干，放在火上稍微烤一下；②用手搓一搓，鸡翅上大部分的毛就去掉了
鸡腿	①用刀在鸡腿侧面剖一刀，露出鸡腿骨；②剥离鸡腿肉，用刀背在腿骨靠近末端处拍一下，敲断腿骨；③将腿骨周围的肉剥开，将腿骨取出；④将整个鸡腿肉平摊开，去掉筋膜，肉厚的地方划花刀，再用刀背将肉敲松即可

续表

食材名称	初步处理方法
鲤鱼	①鲤鱼放在案板上,用刀从鱼尾向鱼头方向刮鱼鳞,冲洗干净;②用刀切去鱼鳍;③用手挖去鱼鳃(也可以用剪刀);④用刀沿着鱼的口部至脐部剖开,剔去内脏;⑤用清水将鱼身内外的黏液和血污洗净即可
黄鱼	①按住鱼头,从鱼尾向鱼头方向刮鱼鳞;②从鱼头盖一侧切开一点皮,把鱼的头盖皮全部揭下(可去腥味);③用剪刀将鱼鳃剪去;④用刀沿着鱼的口部至脐部剖开,剔去内脏,把鱼身内外冲洗干净即可
带鱼	①轻刮带鱼身上的鱼鳞,不要刮破鱼皮,如果是新鲜带鱼,可不必去鳞;②用剪刀沿着鱼背剪去背鳍;③切去鱼的尖嘴和细尾,再用剪刀沿着鱼的口部至脐部剖开,剔去内脏和鱼鳃,最后用清水把鱼身冲洗干净即可
墨鱼	①从市场买回来的墨鱼,通常已经去掉外皮,内脏,可直接用水冲洗干净;②将墨鱼褶皱裙边撕开,剥除皮膜;③去除头足部位的脏污;④用手剥除头足部位中心最硬的部位;⑤切下头足部位,将眼睛、口等用剪刀剪掉即可
虾	①用剪刀剪去虾须;②剪去虾足;③将牙签从虾背第二节上的壳间穿过;④挑出黑色的虾线,洗净虾即可
虾仁	①将牙签从虾背第二节上的壳间穿过;②挑出黑色的虾线,洗净虾即可;③择去虾头;④剥去虾壳;⑤反复漂洗去净黏液即可
海米	①海米用温水洗净;②放入沸水中浸泡3~4小时至回软;③泡发好海米;④泡好的海米杂质洗净,浸泡海米的水过滤后可用于炒菜或做汤时提鲜
鲜蛤蜊	①蛤蜊用水冲洗一下,放入盆中;②盆中加入清水,放少许食盐、香油;③泡3~4小时后将蛤蜊的沙子吐得差不多了,再次洗净即可
螃蟹	①将螃蟹在清水中浸泡10分钟,用细毛刷将蟹身刷洗干净;②揭去蟹壳;③除去蟹肺等杂物;④掰下蟹脚和蟹钳(从没有钳子的一端到有钳子的一端掰);⑤用水冲洗干净即可

二、家庭养花

(一)家庭养花常见问题

1. 水肥过量或不足

花卉生长期间若水肥过量易引起枝叶徒长,营养物质多用于营养器官的根茎叶上去了,而花果实或种子缺乏养分则影响花芽形成,导致不开花或开花很少;孕蕾期施肥过浓,浇水忽多忽少易造成落花落蕾;花卉生育期若缺肥少水则植株生长不良也易造成开花少、花质差。

2. 光照温度不适宜

由于花卉原产地不同,所以生态习性各异,有的喜光热,有的喜半阴;有的喜温暖,有的喜凉爽,如果各自所需的生活条件得不到满足时也易引起落花落蕾。

3. 土壤含盐碱量高

大多数花卉喜微酸和中性土壤,怕盐碱,较耐盐碱的花卉如天竺葵、月季等,在土壤含盐量超过0.1%,pH超过7.5时也影响生育和开花。

○知识窗

饮食安全常识

4. 生长期不整形修剪

花木生长期不修枝整形既影响美观又消耗大量养分，影响花芽形成造成不开花或开花少。

5. 冬季里室温过高

若室温过高影响花木休眠或使之过早发芽抽叶消耗养分，第二年会生长衰弱不开花或花朵小或凋落。

6. 受到病虫害侵袭

花卉生育期易遭病虫危害影响养分积累，生长受阻造成落花落蕾。

针对以上原因，合理浇水施肥调节好盆花生长环境，合理进行修剪并防治好病虫害，便可以解决养花不开花和落花落蕾的问题。

（二）家庭养花浇水技巧

水是植物的重要组成成分，是其不可缺少的物质。浇水是家庭养花的主要管理工作。

1. 庭院浇水

干旱季节必须补水，保持土壤湿润，多雨季节必须注意排水，防止根系因积水缺氧而窒息死亡。浇水时常注意水与土温差不超过5℃。夏季宜清晨浇水，冬季应在中午前后浇水。

2. 盆花浇水

浇水基本原则是"干透浇透"。干干湿湿，是使土壤时干、时湿，既保证花木供水，又使盆土透气，保证根系正常发育。干的标准是盆土上层干燥，底土尚有潮气，植株生长正常或叶片中午出现短暂萎蔫。开花植物缺水首先表现花瓣的萎蔫。发现叶与花出现失水现象，必须立即补充水分，以恢复生机。浇透的标志是见到盆底有水渗出。

盆土上湿下干的半腰水是盆花管理大忌，因盆土表面的湿润现象，掩盖了缺水的实质。干死的植物，再浇水抢救，也很难复生。

3. 浇水量的控制

草本多浇，木本少浇；叶大质软的多浇，叶小有蜡的少浇；生长旺期多浇，进入休眠期少浇；苗大盆小多浇，苗小盆大少浇；阳台多浇，庭院少浇；夏天多浇，冬天少浇；晴干多浇，阴天少浇；孕蕾多浇，开花少浇。

4. 干旱脱水与积水烂根的抢救

木本植物因长期干旱脱水，茎叶出现萎蔫，但茎干尚具生命，则应先移置于荫处减少植物体水分蒸发，并进行喷水，保持地上部分环境的湿度。同时根部浇水，但不宜连续补水，以防根系缺氧。可以根据干干湿湿的原则，保持土壤透气促发新根，恢复生机。失水严重植株，根据地上部生长状态，进行适当修剪，有利重新萌芽发叶。久雨盆土积水，枝叶萎蔫失神，须立即将植株带土移出盆外，放荫凉、通风处，散发根部土壤水分，过3~5天，恢复生长，再行上盆。连续阴雨，室外盆栽植物可将盆横倒，避免积水。

天气久雨，突然放晴，日光强烈，曝晒植株，会因根系生长受损，枝叶水分蒸腾过强，而造成严重失水而死亡。因此要注意严格控水，搬移位置，遮阴康复。

5. 不同浇水方法

室内观叶植物，根据原产地生育特点的不同，对水分要求也有较大差异。龟背竹、春羽、马蹄莲等天南星科植物、蕨类植物、旱伞草等属于湿生类花卉，浇水应掌握"宁湿不干"，但也不要积水；虎尾兰、芦荟、景天等多肉植物，与仙人掌类植物为旱生类花卉，浇水要掌握"宁干勿湿"，以防止水分过多而烂根；其他如文竹、铁树、秋海棠等大多数植物，属于中生型花卉，土壤水分过干或过湿都有不良反应，浇水可掌握"间干间湿"的原则。兰花、竹芋类的花卉除适当浇水外，要求喷水，以提高环境的空气湿度。

盆栽花卉浇水，多数要避开当头淋浇。大岩桐、非洲紫罗兰等花叶被淋水后，会引起花、叶的腐烂；而凤梨类花卉，要求当头浇水，使叶筒贮存蓄水，以满足生长需要。

总结案例

帮助家人养成5个健康饮食习惯

如何健康饮食，如今是人们关注的焦点问题。随着日常食物的极大丰富，我们不仅要吃得好，而且更要吃得对！下面5个健康饮食习惯，值得每个人养成。

（1）晚餐早比晚好。因人体排钙高峰期是餐后4~5小时，晚餐吃得太晚，不仅影响睡眠、囤积热量，而且容易引起尿路结石。老年人晚餐的最佳时间最好在下午六点到七点，而且应不吃或少吃夜宵。

（2）冷水洗肉热水菜。用温水或热水洗肉，不但容易变质、腐败，做出来的肉口感也会受影响。最重要的是，会加速肉中蛋白质、氨基酸和B族维生素的流失。与之相反，洗各类果蔬时用温水更好，因温水比凉水更容易去除果蔬表面的农药残留。

（3）凉菜汁蘸着吃。很多人去饭店都喜欢点盘大拌菜或蔬果沙拉，觉得这样能补充维生素。其实，这些菜中的酱汁反而会给原本健康的菜带来不少热量。最好把调好的酱汁放在一个小碗里，用切好的菜蘸着吃，这样，需要的酱汁只是原来的1/6。

（4）生吃洋葱。洋葱含有大量保护心脏的类黄酮，每天生吃半个可增加心脏病人约30%的"好胆固醇"。尤其在吃烤肉这样的食物时，里面的洋葱就像"救命草"。

（5）餐前喝两杯水。饭前喝两小杯水能减少饥饿感和食物摄入量，比节食减肥的效果更明显，餐前饮水的人一天能少摄入近300卡热量。

点评： 民以食为天，健康的饮食习惯对我们的身体有很多好处。随着年龄的增长，我们在"自己的事情自己做"的基础上，主动承担日常家务劳动，如家庭餐制作等。这需要我们懂得家庭营养膳食原则，并掌握一定的家庭餐制作技能，有助于我们帮助自己和家人养成良好的饮食习惯。

思考： 你还了解哪些健康饮食习惯？为了帮助家人或朋友养成这些好习惯，你计划付出哪些体力或脑力劳动？

课堂活动

精心制作菜肴敬父母

一、活动目标

帮助学生重视日常家务劳动,提高个人动手能力和家庭责任感,增强感恩心。

二、活动时间

建议 45 分钟。

三、活动准备

教师要求:

1. 每名学生精心为父母准备一道热菜并把制作过程录制后编辑为 90~120 秒的短视频,短视频中要说明(文字/语音):

(1)选择这道热菜的原因。

(2)菜品的制作关键。

(3)父母品尝后与自己的谈话。

2. 每名学生写一篇 500 字左右的心得体会。

四、活动流程

1. 教师将学生按照 6~8 人划分小组,组内成员一起观看小组内每个人制作的视频,并对心得体会展开讨论,然后汇总形成本组的心得体会。

2. 每组推选一名代表上台演示自己的视频,并分享小组的心得体会,其他小组可以对其进行提问,小组内其他成员也可以回答提出的问题;通过问题交流,将每一个需要研讨的问题都弄清楚。

3. 教师对各组分享进行分析、归纳、总结,引导学生重视日常家务劳动,懂得感恩。

4. 教师根据各组在研讨过程中的表现予以赋分。

模块六

职场劳动实践

导读导学

　　千千万万种劳动共同创造了我们的美好生活，社会上的每个人都在不同的岗位上服务他人、贡献社会。中职学生作为即将"一只脚踏入社会"的特殊群体，正在完成从家庭化向社会化的转变。中职学生从学校毕业进入社会后，将迅速成为我国工业、农业、服务业的各个领域的中坚力量，但职场劳动中充斥着各种安全问题，这些安全问题有的可以直接感受到，有的却是潜在的。不过安全无小事，这需要我们提高劳动安全意识，在作业场所能够正确辨识各种危害因素，做到自我管理、自我保护，防止被伤害，提高自身避灾自救能力。

　　中职学生的岗位实习是他们走向职业活动之前较为系统的实践锻炼，在某种意义上也可以被视作一种准职场劳动。中职学生可通过岗位实习在实践中了解社会、在实践中巩固知识；使自己学到很多在课堂上根本学不到的知识，既开阔了视野，又增长了见识，为以后进一步走向社会打下坚实的基础，也是中职学生走向工作岗位的一步，可以更加从容地迎接未来正式的职场劳动。跨出校门，迈向社会，走进职场，开启人生新篇章，但校园与职场是截然不同的环境和文化，如何适应这一转变，顺利度过职业适应期，将是摆在每个中职学生面前的现实问题。为了提高自己的职业适应性，需要学生在校期间提前做好相关准备，做好学生角色到职业角色的转换，以便进入职场后能得心应手地展开工作。

　　本模块包括劳动保护和职场安全、岗位实习和现场管理、角色转换和职场适应三部分，围绕中职学生将从事的职场劳动做必要准备。在劳动保护和职场安全中重点阐述了劳动禁忌和职场安全常识；在岗位实习须知和现场管理中强调了岗位实习中的行为规范和安全事项，现场管理的基本要求与作用；在角色转换和职场适应中重点强调了职场新人该如何尽快转变角色并适应职场、融入工作团队。

主题 6.1 劳动保护和职场安全

◎哲人隽语

工作一分钟，安全六十秒。

 学习目标

1. 了解劳动禁忌、安全标志和危险源标志，能识别不同的安全标志。
2. 能有效运用火灾逃生技能和消防技能。
3. 增强职场防护意识，积极构建自身应对安全的能力以便为他人提供帮助。

 案例思考

> **职场"过劳死"现象**
>
> 世界卫生组织经过调查显示，截至 2014 年年底，全球健康人口总数仅占人群总数的 5%，被确诊患有各种疾病的人占人群总数的 20%，处于健康与疾病之间的亚健康状态的人约占人群总数的 70%。
>
> 2016 年 6 月，34 岁的天涯副主编金波因长期熬夜，工作太拼，猝死在北京地铁里。
>
> 2017 年 2 月，34 岁的著名音乐编曲覃桢因过度用脑及劳累导致心肌梗死猝死。
>
> 2018 年 1 月，38 岁的重庆知名游戏圈从业者冒朝华因长期加班熬夜，突发脑出血医治无效逝世。
>
> ……
>
> 近年来，常有"白领通宵熬夜加班猝死"的新闻见诸报端，猝死原因有很多说法。神经内科专家提醒，过度"透支"脑功能会导致脑死亡，严重危害身体健康，不排除为猝死的诱因之一。
>
> **点评：** 如今"过劳死"的威胁对象已从体力劳动者转向脑力劳动者，且呈年轻化趋势，"过劳"似乎已成中国职场的常态，而过度加班又是导致过劳死的首要原因。加班常态化、工作压力大，如今正在威胁着许多年轻人的生命，而这已不是哪个行业独有的现象，广告、媒体、医疗以及金融等行业都没有幸免。随着社会就业竞争的加剧，过劳问题也将日益严重，要真正维护自身权益，需要我们对职场劳动保护多一些了解。
>
> **思考：** 我们该如何做好自身的劳动保护？

劳动保护是国家和组织为保护劳动者在劳动生产过程中的安全和健康所采取的立法、组织和技术措施的总称。劳动保护旨在消除危及人身安全健康的不良条件和行为，防止事故，保护劳动者在劳动过程中的安全与健康。

一、合理规避劳动禁忌

劳动禁忌，或称职业禁忌，是指劳动者从事特定职业或者接触特定职业病危害因素时，比一般职业人群更易于遭受职业病危害和罹患职业病，或者可能导致原有自身疾病病情加重，或者在作业过程中诱发可能导致对他人生命健康构成危险的疾病的个人特殊生理或者病理状态。

（一）脑力劳动禁忌

1. 生理健康失常

长期过度脑力劳动，使大脑缺血、缺氧，神经衰弱，从而导致注意力不集中、记忆力下降，思维欠敏捷，反应迟钝，睡眠规律不正常。睡眠规律不正常，症状为白天瞌睡，大脑昏昏沉沉；夜晚卧床后，大脑却兴奋起来，难以入眠；醒后大脑疲劳不缓解，精神不振。

2. 心理健康失常

由于上述生理功能的失衡，造成了心理活动失衡，出现忧虑、紧张、抑郁、烦躁、消极、敏感、多疑、易怒、自卑、自责等不良情绪。其症状表现为表面上强打精神，但内心充满困惑和痛苦、无奈和彷徨，继而对工作和学习丧失兴趣，产生厌倦感，甚至产生轻生的念头。

（二）体力劳动禁忌

1. 长期重复一定姿势

长期从事站姿作业或坐姿作业、站立或行走的职业、强迫体位作业等较容易导致腰肌劳损、下肢静脉曲张、神经血管疼痛、视力下降等身体损伤。

2. 不良劳动环境条件

如高温、寒冷、潮湿、光线不足、通道狭窄等不良劳动环境条件，增加了劳动负荷，提高了劳动强度，容易产生疲劳和损伤。

3. 企业劳动安排不合理

劳动时间过长、劳动强度过大、休息时间不够、轮班制度不合理等，也容易形成过度疲劳，造成身体损伤。

4. 身体素质不强

劳动者身体状况不适应所安排的劳动强度时也会导致其身体损伤。

（三）可采取的措施

1. 适当运动锻炼增强身体素质

脑力劳动者因工作性质会经常使大脑过度消耗，而且需要久坐。长时间静坐，胸部难以得到扩展和活动。而体力劳动者因经常长时间重复一个劳动动作，容易使用力部位劳损，而其他部位得不到锻炼。所以，无论是脑力劳动者还是体力劳动者皆可通过适当的运动锻炼来使身体各部位得到锻炼，提高身体素质，增强免疫力。

2. 生活规律且合理膳食，科学用脑，不熬夜

饮食有规律且营养健康，不饥一顿、饱一顿，进食后 1~2 小时后再思考问题，设法提高用脑效率；尽量避免熬夜，不想睡就睡、想起就起，不破坏人体的"生物钟"，使身体各器官得到恢复和及时补充。

3. 采取合理的工作姿势

改善作业平台和劳动工具，加强自身作业训练，使自己能够采取正确的工作姿势和方式，尽量避免不良的作业姿势，避免和减少负重作业，使身体各部位处于自然状态，减轻身体承受的压力。

主题 6.1 　劳动保护和职场安全

4. 改善劳动环境，科学优化劳动组织和劳动制度

劳动者可要求单位科学合理设计劳动环境并能控制劳动环境中各种有害因素，创造良好的劳动环境，如适宜的温度、湿度、光照、空间等。另外，根据参与劳动的个体情况合理安排相匹配的工作，并安排适当的工间休息和轮班制度。

◎知识窗
体力劳动的等级划分

（四）女职工劳动禁忌

为保护女职工的合法权益和身体健康，减少和解决女职工在劳动中因生理特点造成的特殊困难，创造积极、健康、和谐的社会经济环境。我国对女职工实行特殊劳动保护制度，尤其是在经期、孕期、哺乳期都有禁忌从事的劳动范围。一般而言，用人单位会按照"经期调干不调湿；孕期调轻不调重；调白不调夜；哺乳期调近不调远。"的原则来合理安排女职工特殊时期的工作。

案例 6-1

她可以调换岗位吗

小郝是某公司的一名一线职工，其工作中要与各种机器打交道，且需要进行频繁的弯腰、下蹲作业。最近她有了身孕，怕频繁的弯腰、下蹲会对胎儿不利，因此向公司请求暂换一个岗位。公司以暂时没有合适的岗位，且小郝的工作暂时无人代替为由，拒绝了小郝的请求。

思考：请问公司的这种做法对吗？小郝的请求合理吗？

二、安全标志和危险源识别

安全标志，是职场中最常见、最明显的安全提示信息，是规范作业、安全作业的基本要求。要想保证职场的安全，需要应用各种方法、技术和手段辨识职场中的各种安全隐患（危险源）。评价职场的危险性，并采取控制措施使其危险性最小，使事故的发生减少到最低程度，从而使职场达到最佳的安全状态。如图 6-1 所示。

禁止标志

警告标志

指示标志

提示标志

图 6-1 　各种安全标志

（一）安全标志的分类

1. 禁止标志

禁止标志的含义是不准或制止人们的某些行动。我国规定的禁止标志共有 40 个，如：禁放易燃物、禁止吸烟、禁止通行、禁止烟火、禁止用水灭火、禁带火种、启机修理时禁止转动、运转时禁止加油、禁止跨越、禁止乘车、禁止攀登等。

2. 警告标志

警告标志的含义是警告人们可能发生的危险。我国规定的警告标志共有 39 个，如：注意安全、当心触电、当心爆炸、当心火灾、当心腐蚀、当心中毒、当心机械伤人、当心伤手、当心吊物、当心扎脚、当心落物、当心坠落、当心车辆、当心弧光、当心冒顶、当心瓦斯、当心塌方、当心坑洞、当心电离辐射、当心裂变物质、当心激光、当心微波、当心滑跌等。

3. 指令标志

指令标志的含义是必须遵守。指令标志共有 16 个，如：必须戴安全帽、必须穿防护鞋、必须系安全带、必须戴防护眼镜、必须戴防毒面具、必须戴护耳器、必须戴防护手套、必须穿防护服等。

4. 提示标志

提示标志的含义是示意目标的方向。提示标志共有 8 个，如紧急出口、避险处、应急避难场所、可动火区、击碎板面、急救点、应急电话、紧急医疗站。

5. 补充标志

补充标志是对前述四种标志的补充说明，以防误解。补充标志分为横写和竖写两种。横写的为长方形，写在标志的下方，可以和标志连在一起，也可以分开；竖写的写在标志杆上部。

（二）职场中常见的安全标志

1. 安全色

安全色是传递禁止、警告、指令、提示等安全信息含义的颜色，包括红、黄、蓝、绿 4 种颜色。安全色用途广泛，主要用于安全标牌、交通标志牌、防护栏杆及设备机器的部位等。

2. 安全线

它是为维持秩序、保证安全而画的或拉起的禁止越过的线。

3. 安全标志

安全标志是用以表达特定安全信息的标志，由图形符号、安全色、几何形状（边框）或文字构成。

4. 文字辅助标志

安全标志下方的文字辅助标志的基本形式为矩形边框，包括横写和竖写两种形式。

（三）危险源

危险源是指一个系统中具有潜在能量和物质释放危险的、可造成人员伤害、在一定的触发因素作用下可转化为事故的部位、区域、场所、空间、岗位、设备及其位置。危险源识别是指将生产过程中常见危险源，通过正确的方法，准确、及时地识别，进而对其进行管理和控制，避免事故的发生。

1. 构成要素

危险源应由 3 个要素构成：潜在危险性、存在条件和触发因素。

危险源的潜在危险性是指一旦触发事故，可能带来的危害程度或损失大小，或者说危险源可能释放的能量强度或危险物质量的大小。

危险源的存在条件是指危险源所处的物理、化学状态和约束条件状态。例如，物质的压力、温度、化学稳定性，盛装压力容器的坚固性，周围环境障碍物等情况。

触发因素虽然不属于危险源的固有属性，但它是危险源转化为事故的外因，而且每一类型的危险源都有相应的敏感触发因素。如易燃、易爆物质，热能是其敏感的触发因素，又如压力容器，压力升高是其敏感触发因素。因此，一定的危险源总是与相应的触发因素相关联。在触发因素的作用下，危险源转化为危险状态，继而转化为事故。

2. 工业生产作业过程的危险源的分类

（1）化学品类：毒害性、易燃易爆性、腐蚀性等危险物品。

（2）辐射类：放射源、射线装置，以及电磁辐射装置等。

（3）生物类：动物、植物、微生物（传染病病原体类等）等危害个体或群体生存的生物因子。

（4）特种设备类：电梯、起重机械、锅炉、压力容器（含气瓶）、压力管道、客运索道、大型游乐设施、场（厂）内专用机动车。

（5）电气类：高电压或高电流、高速运动、高温作业、高空作业等非常态、静态、稳态装置或作业。

（6）土木工程类：建筑工程、水利工程、矿山工程等。

（7）交通运输类：汽车、火车、飞机、轮船等。

通常，企业应在明显位置设置危险源的警示牌（见图 6-2）。

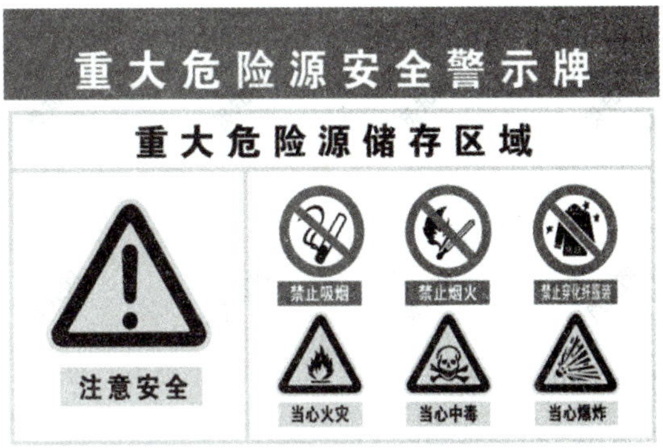

图 6-2 各种危险源警示标志

3. 危险源识别

（1）直观经验法。该方法适用于有可供参考先例，有以往经验可以借鉴的危害辨识过程，不能应用在没有可供参考先例的新系统中。

（2）对照经验法。对照有关标准、法规、检查表或依靠分析人员的观察分析能力，借助于经验和判断能力直观地评价对象危险性和危害性的方法。

（3）类比方法。利用相同或相似系统或作业条件的经验和职业安全卫生的统计资料来类推、分析评价对象的危险、危害因素。

（4）系统安全分析方法。即应用系统安全工程评价方法的部分方法进行危害辨识。系统安全分析方法常用于复杂系统，没有事故经验的新开发系统。通常的方法有：事件树（ETA）、事故树（FTA）。

三、火灾逃生和消防技能

由于学校是一个学生人数多，居住密度高，存在一定的火灾危险性的地方，所以学生一定要增强消防安全意识。

（一）火灾事故发生原因的分析

1. 消防安全意识淡薄

有些人存在侥幸心理，认为火灾离自己很远，不会在自己身边发生，因此在学校举行消防安全知识教育和培训时，没有认真参与学习、领会，有的甚至认为这是多此一举的事情。

2. 存在违反学校安全管理制度的行为

学校内违章使用电器现象时有发生，我们中有一些学生为图省事，经常违规使用电炉、热得快等大功率电热器，导致线路超载引起火灾；再加上计算机等用电器具的逐步普及，增加了线路负荷，极易导致火灾发生。校内胡乱丢弃烟头的现象在男生中时有发生，烟头一旦与可燃物接触就容易引起燃烧甚至酿成火灾。

3. 消防知识匮乏

有的学生不了解电气基本知识，例如照明灯距离蚊帐太近和充电器长时间充电都不可以，会存在火灾隐患。

（二）火灾逃生常识

1. 了解和熟悉环境

进入公共场所时，要观察安全出口灭火器的位置，并注意查看安全疏散指示标志，了解紧急救生路线。一旦发生火灾，可及时疏散和灭火。

2. 迅速撤离

一旦听到火灾警报或意识到自己被火围困，要立即想办法撤离。

3. 保护呼吸系统

逃生时可用毛巾或餐巾布、口罩、衣服等将口捂严，否则会有中毒和被热空气灼伤呼吸系统软组织窒息致死的危险。

4. 通道疏散

如疏散楼梯、消防电梯、室外疏散楼梯等，也可以考虑利用窗户、阳台、屋顶、避雷线、落水管等脱险。

5. 绳索滑行

用结实的绳子将窗帘、被褥等撕成条、拧成绳，用水沾湿后将其拴在牢固的暖气管道、窗框、床架上，被困人员逐个顺绳索滑到下一楼层或地面。

6. 低层跳离，适用于二层楼

跳前先向地面扔一些棉被、枕头、床垫、大衣等柔软物品，以便"软着陆"。然后用手扒住窗户，身体下垂，自然下滑，以缩短跳落高度。

7. 借助器材

常用的有缓降器、救生袋、网、气垫、软梯、滑台、导向绳、救生舷梯等。

8. 暂时避难

在无路逃生的情况下，可利用卫生间等暂时避难。避难时，要用水喷把房间内一切可燃

物淋湿，以延长时间。在暂时避难期间，要主动与外界联系，以便尽早获救。

9. 利用标志引导脱险

在公共场所的墙上、顶棚上、门上、转弯处都设置"太平门""紧急出口""安全通道""火警电话"和逃生方向箭头等标志，被困人员应按标志指示方向顺序逃离。

10. 利人利己

遇到不顾他人死活的行为和前拥后挤的现象，要坚决制止。只有有序地迅速疏散，才能最大限度地减少人员伤亡。

（三）消防技能

1. 发生火灾时的应对

发生火情时，一定要保持镇静，量力而行。火灾初起阶段，一般是很小的一个小点，燃烧面积不大，产生的热量不多。这时我们只要用干土、湿毛巾等去覆盖，就能使火熄灭。如果火势十分凶猛，切勿试图扑救，应该立刻逃离火场，拨打 119 火警电话，通过消防队救火。

2. 报警须知

牢记火警电话 119，报警时要讲清着火地址，越具体越好，说明是什么东西着火，火势情况怎么样，讲清报警人的姓名、电话号码和住址。报警后要安排人到街道口等候消防车，指引消防车去火场的道路。

3. 灭火剂的使用

将灭火剂直接喷洒在可燃物上，使可燃物的温度降到燃点以下，从而使燃烧停止。用水扑救火灾，其主要的作用就是冷却灭火。还可用水冷却建筑构件、生产装置或容器等，以防止其受热变形或爆炸。

4. 隔离灭火

将燃烧物与附近可燃物隔离或者疏散开，从而使燃烧停止。采取隔离法灭火的具体措施有很多种，如将火源附近的易燃易爆物转移到安全地点。

5. 干粉灭火器的使用

干粉灭火器最常用的开启方法为压把法（见图6-3）。将灭火器提到距火源适当位置后，先上下颠倒几次，使筒内的干粉松动，然后让喷嘴对准燃烧最猛烈处，拔去保险销，压下压把，灭火剂便会喷出灭火。开启干粉灭火棒时，左手握住其中部，将喷嘴对准火焰根部，右手拔掉保险卡，旋转开启旋钮，打开贮气瓶，滞时 1~4 秒，干粉便会喷出灭火。

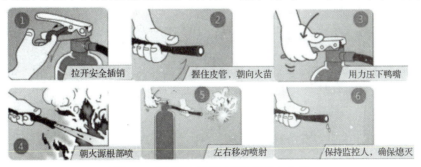

图 6-3 干粉灭火器最常用的开启方法

模块六 　职场劳动实践

> **总结案例**

推行危险预知活动，提高安全意识

危险预知训练是职业安全健康管理体系的一个重要部分。它是针对生产特点和作业全过程，以危险因素为对象，以作业班组为团队开展的一项安全教育和训练活动。它是一种群众性的自主管理活动，对班组长来说，危险预知活动就是指对安全生产事故隐患的预测，对事故的预防，对每天开工前的安全生产情况做到一清二楚，目的是有效控制作业过程中的危险，预测和预防可能出现的事故。

危险预知活动是以班组或作业小组为单元，以预防（预防为各项工作之首，强调技术措施的重要）、先行（发现问题、隐患立即解决、消除，并建立持续改善的机制）及参与（发动员工积极参与现场安全管理，增强自觉意识和能力）为原则。

危险预知活动开展的要点是围绕主题，通过班组活动以解决问题，其四步循环如图6-4所示。

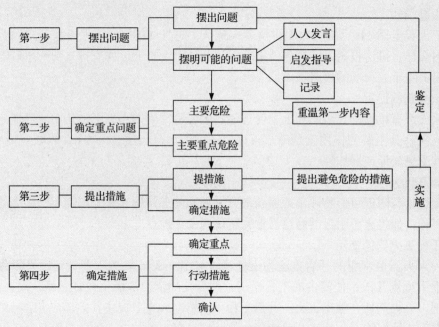

图6-4 　危险预知活动流程

点评： 生产现场是工作现场，也是产生工伤事故的地方，班组是预防安全事故发生的第一线，班组安全活动是预防安全事故的最好手段，而危险预知活动是班组安全活动的最有效方法之一。它主要用来控制人为失误，提高职工安全意识和安全生产技能，落实安全技术操作规程，进行岗位安全生产教育。

思考： 结合自己的专业和可能从事的职业或岗位，你觉得自己需要有哪些安全意识？

 **课堂活动**

安全标志大讲堂

一、活动目标

帮助学生认识各种安全标志,以提高安全意识。

二、活动时间

建议 30 分钟。

三、活动流程

1. 教师将学生按照禁止标志、警告标志、指示标志、提示标志、补充标志分组,建议每组 4~6 人。

2. 各组搜集本组负责的安全标志,并讨论分享时的表达方式,每个安全标志要解释其用途。

3. 各组轮流分享本组负责的安全标志,越全越好,其他小组可以对该组进行提问,小组内成员都可以回答提出的问题;通过问题交流,将每一个需要研讨的问题都弄清楚。

4. 教师进行分析、归纳、总结。

5. 教师根据各组在活动过程中的表现,给予点评并赋分。

主题 6.2 岗位实习和现场管理

 学习目标

1. 能解释岗位实习须知包含的内容和理解现场管理概念。

2. 可联系案例中岗位实习学生的行为规范帮助自己快速融入准职场,能把书中的现场管理方法运用到职场工作中。

3. 了解"5S"素养概念并重视现场问题。

◎哲人隽语

一个人,只有在实践中运用能力,才能知道自己的能力。

——小塞涅卡

微课

 案例思考

岗位实习中的意外

小郑在某中职学校的机电一体化专业学习两年后,按照学校安排进入了岗位实习阶段。小郑被分配到了一家大型的工程机械制造企业从事装配钳工岗位的工作。他每天需要用航车运大型齿轮,从一个工位到另一个工位。某一天,小郑像往常一样运输大型齿轮,正好有同事经过航车,齿轮突然有点歪,他担心齿轮会掉下来,所以就想用手去扶正齿轮,结果两个齿轮朝着他手扶的方向滑动,当时就夹住了小郑的右手中指和食指。由于是大型齿轮,他的两个手指骨头都被夹断了。

点评:安全是人生最大的智慧,这个最大的人生智慧并非与生俱来,它需要我们不停地学习和演练最新的安全知识,并能在"知"的基础上"会"保障自己与他

模块六　职场劳动实践

> 人的安全。岗位实习作为一种准职场劳动，需要学生能相对独立参与实际的工作。在工作中安全无小事，小郑因为疏忽大意，付出了巨大代价。学生只有自我安全保护意识和技能提高了，才能顺利完成实习教学任务，缩短由学生转换成社会人的过渡期。
>
> **思考：** 结合自己所学专业，你认为自己参加岗位实习时需要注意哪些问题？

岗位实习是学院进行专业教学、实施素质教育的重要途径，是教学计划的重要组成部分，是学校专业教学过程的延伸，是贯彻理论联系实际教学原则的具体体现，是提高学生职业能力、培养高素质技术技能人才的重要环节。岗位实习旨在开拓学生的视野，使学生提前了解社会，增强岗位意识和岗位责任感，提高学生对专业的认识，培养学生适应岗位的能力和创新能力，特别是提高学生的实践动手能力，达到完成专业培养计划和培养目标的目的，为学生"零距离"就业打下坚实的基础。

一、岗位实习的行为规范

岗位实习是教学计划中的实践性教学环节之一，各职业院校为使学生能顺利完成实习任务，一般都会对学生的行为规范做出一些规定，具体可参考案例6-2。

案例 6-2

×××学校岗位实习学生行为规范

1. 实习学生必须明确目的、要求和做法，坚持理论联系实际，学习生产工艺、管理方法，参加生产劳动，完成规定的各项实习任务；完成实习后，经实习单位和学校双方审核，评定学生实习成绩。

2. 参加实习的学生，必须按照统一计划，服从指挥，在生产岗位上必须严格听从领导、技术人员和工人师傅管理。

3. 实习学生必须严格遵守实习单位的作息时间、安全保卫、保密和生产管理等的各种规定；进入生产现场，按实习单位要求穿戴，正确使用个人防护用品及安全防护设施。

4. 实习学生必须在指定的生产岗位上工作，认真完成规定的工作任务。严格遵守操作规程，不得擅离职守、越位游荡；不得在实习场所内追逐打闹，随意乱动生产设备、开关按钮等，防止各类事故发生。若因不遵守实习纪律、操作规程及有关规章制度等过错行为，造成自己、他人或集体人身、财产损害，由学生本人承担责任。

5. 注意文明礼貌，不讲粗话脏话，注意整洁，讲究卫生，尊敬工人师傅、技术人员和各级领导，听从带班师傅及指导教师管理。凡严重违反纪律者，实习单位、指导教师可责令其停止实习。被停止实习的学生，按学籍管理规定处理。

6. 爱护公物、工具和各种器材设备，借用物品必须办理手续，按时归还。不得带走工具、零件、仪表等公用物品，如有此类行为，除严肃批评教育外，还要根据实际情况给予处分，并负责经济赔偿。

7. 实习学生应发扬艰苦奋斗、勤俭节约、团结友爱的精神，互相关心，互相帮助。注意搞好与其他实习学生和实习单位职工的关系，维护学校集体荣誉，虚心向工人师傅和技术人员学习、请教，发现异常情况及时报告，自觉维护正常的生产和工作秩序。

8. 实习期间，党员、团干部、班干部要主动协助教师做好各项工作，积极发挥学生干部、党团员的先锋模范作用。

9. 学生在实习期间，有事必须请假，经批准后方能离岗，否则按旷课处理。实习成绩为不及格者留到下一年级岗位实习。实习期间如有缺勤，按实习单位制度处理，学校按学籍管理规定处理。

10. 学生在实习期间，由实习单位统一安排住宿，严禁自行在外租房居住，自觉遵守就宿纪律，不晚归，不留宿他人，不在外留宿。

11. 严禁在宿舍私接电线，使用违规电器，如电炉、电热杯、电饭煲、电吹风、电热棒等。

12. 不擅自离开实习单位，有事外出必须履行请假手续，并留下详细联系方式。个人擅自离开实习单位，发生的一切安全事故，均由学生本人负责。一周内未返回实习单位者，按学籍管理规定处理。

13. 严禁赌博，不滋事生非，不打架斗殴。

14. 严禁吸烟、喝酒、泡网吧。

15. 严禁携带和私藏管制刀具。

16. 严禁染发、文身、戴饰物，男生不留长发。

17. 严禁学生到游泳池以外的任何水域游泳。

18. 学生外出集体活动，必须经过申请，经批准后，方可外出。不乘坐"无证"交通工具。

思考： 你如何理解并遵守岗位实习的行为规范？

◎知识窗

岗位实习期间应注意什么

二、现场管理与安全

（一）现场管理概念

现场管理是管理人员对生产现场人、机、料、法、环等生产要素进行有效管理，并对其所处状态进行不断改善的基础活动。"5S"是以整理（Seiri）、整顿（Seiton）、清扫（Seiso）、清洁（Seiketsu）这"4S"为手段，实现第5个"S"素养（Shitsuke）的目的，营造一目了然的现场环境，使企业中每个场所的环境、每位员工的行为都能符合"5S"管理的精神，最终提高现场管理水平、提升现场安全水平和产品质量。后来，又扩充了"安全（Safety）"和"速度/节约（Speed/Saving）"两个"S"（英文单词的首字母），演变为"7S管理"。7个"S"的含义见表6-1。

表 6-1　7个"S"的含义

7S	宣传标语	具体内容
整理（Seiri）	要与不要，一留一弃	区分需要的和不需要的物品，果断清除不需要的物品
整顿（Seiton）	明确标识，方便使用	将需要的物品按量放置在指定的位置，以便任何人在任何时候都能立即取来使用
清扫（Seiso）	清扫垃圾，美化环境	除掉车间地板、墙、设备、物品、零部件等上面的灰尘、异物，以创造干净、整洁的环境
清洁（Seiketsu）	洁净环境，贯彻到底	维持整理、整顿、清扫状态，从根源上改善使现场发生混乱的现象
素养（Shitsuke）	持之以恒，养成习惯	遵守企业制定的规章纪律、作业方法，文明礼仪，具有团队合作意识等，使之成为素养，员工能发出自发的、习惯性的改善行为
安全（Safety）	清除隐患，排除险情，预防事故	保障员工的人身安全，保证生产的连续安全正常的进行，同时减少因安全事故而带来的经济损失
节约（Saving）	对时间、空间、能源等方面合理利用	发挥它们的最大效能，从而创造一个高效率的、物尽其用的工作场所

"5S"活动之间是紧密联系的，整理是整顿的基础，整顿是对整理成果的巩固，清扫是显现整理、整顿的效果，而通过清洁和素养，则可以使生产现场形成良好的改善氛围。各"S"活动的运作关系如图6-5所示。

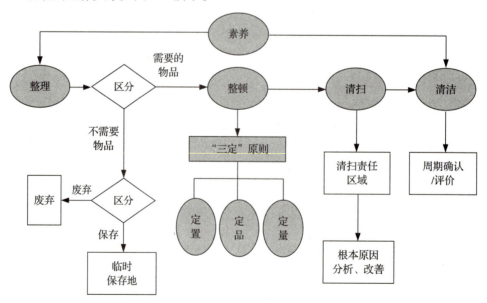

图6-5　5个"S"活动运作关系示意图

（二）"5S"中各"S"的基本要求和作用

1. 整理

整理现场不必要的物品。整理不仅是"5S"活动的基本活动之一，也是防止事故、火灾，保证现场安全的基础。将一些非必需品放置在现场，不仅会占用作业现场的空间和通道，而且会妨碍现场的作业，同时还影响到应急事件的处理，是潜在的安全隐患。因此，必须坚决清理非必需品，将其清除或放置在其他地方。

2. 整顿

整顿即按定置、定品、定量的"三定"原则进行现场整顿。整顿不仅是"5S"活动的基本活动之一，也是防止事故、火灾，保证现场安全的基础。考虑通道的畅通及合理，应尽可能将物品隐蔽式放置及集中放置，减少物品的放置区域，采用各种隔离方式隔离放置区域，合理利用空间，使用目视管理，标识清楚明了，安全消防设施放置要易取。

3. 清扫

选定清扫的负责区域并把负责的区域清扫干净。现场作业人员在执行清扫工作的同时也是在做检查工作，包括看得到的、看不到的地方。对清扫中发现的问题，要及时进行整修。

清扫不仅是"5S"活动的基本活动之一，也是防止事故、火灾，保证现场安全的基础。恶劣的环境对设备或系统造成安全隐患，如电缆沟内积水、积泥，长期可能导致短路。清扫干净可使作业人员心情良好，头脑清醒，保证安全。

4. 清洁

对前面"3S"（整理、整顿、清扫）工作的规范化、制度化，使现场一直保持清洁的状态。清洁标准可使清洁工作内容和目标更加明确化，因此"5S"推行人员应根据各部门工作内容、工作环境制定明确的清洁标准，以指导各部门清洁工作。

清洁不仅是"5S"活动的基本活动之一，也是防止事故、火灾，保证现场安全的基础。清洁是巩固整理、整顿、清扫的必要手段，应规范清洁管理，落实安全责任。

5. 素养

素养是通过宣传、教育和各种活动，使员工遵守"5S"规范，养成良好习惯，以进一步使企业形成良好文化，导入目视化管理法，使现场的每个人都能容易理解，鼓励全员参与到"5S"管理活动中，使员工逐渐形成"5S"工作习惯的素养。

素养不仅是"5S"活动的基本活动之一，也是防止事故、火灾，保证现场安全的基础。为了提高自身的素养并养成良好的习惯，避免习惯性违章，员工应多参加培训并及时改正企业在平时检查监督中发现的问题。

案例 6-3

安全目视化管理

安全目视化管理，包括员工安全操作标准目视化、设备运行状态目视化、特种作业设备目视化、安全警示标识、工艺及方法安全性目视化等。

1. 员工安全操作标准目视化

为了提高员工的安全操作技能，需要对所有的作业编制安全操作规程，以规范员工行为，尤其对实习生和特种作业人员。

2. 运行状态目视化

从设备点检表着手，随时记录设备的运行状态，防止设备带故障作业，特别是行车等特种设备，一旦发生故障将会带来严重的后果。通过设备运行状态目视化、设备点检能及时地发现隐患，消除危险因素。

3. 特种作业设备色标管理

例如，起重作业作为特种作业，其安全性必须得到保证，这就要求吊具在使用过程中必须完好无损。因此，应进行吊具色标卡管理，对吊具定期进行更改、点检，及时有效地排查吊具安全隐患。

4. 安全警示标识

针对人员、机器、材料、方法、环境 5 个方面的危险因素设置安全警示标识，例如：高空楼梯处张贴"禁止攀爬"警示标识；钻床上张贴"不得戴手套"警示标识；电控柜上张贴"高压危险"警示标识；物料摆放设有安全警示线；装配下线处设有"人员作业、不得启动"警示标识；密闭空间设有"受限空间，不得进入"警示标识。

5. 工艺、方法安全性目视化

从作业标准、指导书入手，在下发作业标准之前，必须进行安全审核，以确保作业方法的安全性。

思考： 结合自己的专业和实习岗位，思考如何灵活运用安全目视化管理？

6. 安全

安全就是让员工按章操作，提高其安全意识，特别是通过现场改善，消除安全隐患，创造一个令人安心的生产环境，使员工能够有序地开展作业，不会产生不适感和威胁感。现场安全管理，即对人的不安全行为与物的不安全状态的管理，是为了消除人身伤害、财产损失，针对生产、产品使用、设备维护等过程中的安全隐患，充分利用相关资源，通过安全决策、计划、组织、控制等活动来降低或消除。现场安全管理包括：安全生产管理、安全劳动保护管理、作业人员安全管理、设备安全管理、作业环境安全管理等。

总结案例

王先彬：我主动申请延长顶岗实习

"我们同意王先彬同学寒假实训时间延长的申请。现在是国家危难之时，正是用人之日，他现在实训的岗位也是服务人民。'天下兴亡，匹夫有责'，这时更应该挺身而出，为国家奉献自己的一份力量，作为家长我们必须支持他们的工作！"

这是湖南安全技术职业学院安全工程学院轨道 1805 班学生王先彬的父母给学校写的一纸同意书，王先彬便这样留在了深圳地铁进行顶岗实习。

2020 年 1 月初，王先彬随学院 50 多人来到深圳地铁进行顶岗实习。因新型冠状病毒肺炎疫情发展，王先彬所在的实习班级收到了学校要求提前撤离岗位的通知。

接到撤离通知后，王先彬没有犹豫，向学校提出了延长实习的请求，由于没有先例,也出于安全着想,该学院经过两天的研究后同意了他的申请,但要求须征得其父母的同意。

王先彬马上给父母打电话,出乎他意料的是,他的母亲并没有像自己设想的那样挽留自己,反而是极力赞同。就这样,王先彬成了继续留在深圳地铁顶岗的唯一学生。

负责地铁入口行李安检是王先彬的主要工作内容。疫情暴发之后,王先彬每天的工作多了对自己的体温测量以数据记录并上报,下班回到宿舍后也会有舍管进行再次的消毒测温。每天下班之后,因为怕家人担心,王先彬都会和父母打上几分钟电话报个平安。

疫情之下,工作增添了额外的困难,但最让王先彬委屈和不解的是乘客的不配合与不理解。王先彬记得有一次在看安检机时,发现一名乘客包里有瓶酒,是小瓶的100毫升白酒。王先彬便拿出来检查。按规定,白酒不是按毫升来算,而是按度数,超过50度的需要登记。

但乘客并不理解,说酒只有100毫升,不愿意登记。"这位先生很不理解,指责我们,说我们上班是不是闲的。有时,也会觉得委屈"。

但后来经历多了,王先彬的心态也在逐渐调整,"干这个就是从细节做起,为大家服务。"王先彬的父母也时常会在电话中给他鼓励,"家里面也帮助不了什么,就是精神上支持他要好好工作,不管这是什么样的单位,不管做什么样的工作,首先要守好自己的本分。"父亲王昌淼说。

点评: 对于正在顶岗实习的学生,在个人自愿、学生、学校、企业签订三方协议情况下,企业确保防控健康安全的前提下,职业院校可允许学生暂不返校,延长顶岗实习。此举既解了企业复工复产的用工燃眉之急,又让学生完成实习任务,还履行了职业院校的社会责任,一举三得。当然,如何做到疫情防控保健康、顶岗实习保实效、顶岗就业两促进,仍是不小的挑战。为此要做到:学生自律、企业尽责、学校尽心。

思考: 如果碰到类似情况,你会申请延长顶岗实习吗?为什么?

课堂活动

班组现场安全管理该如何做

一、活动目标

根据"5S"素养,结合专业实习经验,掌握现场安全管理的关键点,为未来进入职场的作业现场安全管理奠定良好基础。

二、活动时间

建议30分钟。

三、活动流程

1. 教师按照6~8人把学生划为一组,要求每名学生必须提出至少3个有建设性的建议。

2. 所有人带着"班组现场安全管理该如何做"的问题查找相关资料,并把自己的建议逐一记录下来。

模块六 职场劳动实践

3. 小组成员集体头脑风暴,通过小组内部讨论形成小组观点,列出本组认为的关键点及其原因。

4. 每组选出一名代表分享本组观点,其他小组可以对其进行提问,小组内其他成员也可以回答提出的问题;通过问题交流,将每一个需要研讨的问题都弄清楚。

5. 教师进行分析、归纳、总结。

6. 教师根据各组在研讨过程中的表现,给予点评并赋分。

主题 6.3 角色转换和职场适应

◎哲人隽语

明白事理的人使自己适应世界;不明事理的人想使世界适应自己。
——萧伯纳

 学习目标

1. 理解角色转换的概念、描述学生角色与职业角色区别。
2. 愿意尝试尽快适应职场环境的方法和在工作中运用融入工作团队的方法。
3. 积极提升自身职业适应性,为未来就业奠定基础。

 案例思考

离职是好的选择吗

小云,应届毕业生,在校时的专业课成绩非常好,专科毕业,平面设计专业;外表清秀,交谈后给人感觉性格比较内向。她毕业前曾在一家国企实习,毕业后应聘到一家中小规模的公司从事平面设计工作。因性格比较敏感内向,所以她不太愿意主动与人沟通,也不太善于沟通。工作几个月后,她越来越觉得难以适应工作环境,觉得自己已经很努力工作了,但老板要求太高,而且她觉得有些过于严苛,考虑到自己也很难融入工作团队,所以萌生了离职的想法。

点评:作为一名职场新人,小云没有顺利从学生角色转换为职业角色,缺乏职场适应能力。主要表现为:职场抗压性弱,工作中挫败感很强。认为自己已经尽力完成工作了,却得不到上司的肯定,有时甚至会被严厉批评。挫败感阻碍了小云自身进步,另外进入陌生工作环境后也没有建立良好的人际关系,一时难以与同事交流,她感觉被孤立了。

思考:你认为小云该如何转换角色,适应职场?

一、角色转换

角色转换就是在社会关系中个体地位的动态描述。人的社会任务和职业生涯不断变化,角色也随之变化,从一个角色进入另一个角色,这个过程称为角色转换。人的一生有许多次角色的转换,例如:婴儿——幼儿园小朋友——学生——职业人;子女——父母。从学生角色到职业人角色的转换是我们每个人必须经历的过程,也是我们人生中最重要的一次转折。

主题 6.3　角色转换和职场适应

（一）学生角色与职业角色对比

1. 学生角色

接收任务、储备知识、培养能力，经济无法完全独立，一直生活在家长和学校的庇护下，社会经验缺乏，人际交往较为简单。

2. 职业角色

工作目的性明确，家庭经济压力大，环境变化大，工作负荷量大，更强的社会责任感，承担各类风险，生活独立，与同事心灵沟通较少，生活较为单一，人际关系复杂。

◎知识窗

学生角色与职业角色的区别

（二）职场和学校的主要区别

对于即将走上工作岗位的职业学校学生来说，了解学校和职场的区别很重要，它直接关系到他们能否顺利地迈出职场生涯的第一步。

1. 功能和目的不同

学校是教书育人的地方，学校的一切工作都是围绕培养人这个目标来进行的，而职场是应用知识和应用技能的场所。企业的根本目标是获得利润，满足自身的生存和发展。企业希望员工能发挥最大的潜能为企业创造价值，至于培养员工仅仅是一个次要目标或者副产品。所有的企业都希望招到适应能力强、上手快的员工。对于刚刚毕业的职场新人，企业经常等不及他们成长，希望他们能"来之能战，战之能胜"。

因此，职业学校学生在求职时，要充分考虑自己的兴趣、爱好、能力等与职位和企业的匹配度。入职前，要提前练习，做好准备。否则仓促上马，容易败下阵来，败坏心情，影响上级和同事对自己的看法，不利于自己的职场进步。

2. "作战方式"不同

学校里学生基本上是"单兵作战"，独自完成各类作业和任务。少量需要团队合作的事情，个人在其中往往也可以被代替。个人的失误一般不会对团队产生致命的影响。

在职场上，大多数工作任务都需要通过团队协作来完成。任何一个环节的缺少、效率低下或错误都会给整体任务的完成带来不利的影响，并进一步损害企业的效益。即使一些可以被代替的工作，个体少做，同事就要多做；个体做错，同事就要替个体补台。

因此，在职场里个体就不能像在学校读书一样仅靠单打独斗。个体既要有螺丝钉般地坚守，又要有链条般的配合。

3. 奖惩原则不同

学校和职场都看重绩效，但学校主要看学习成绩，职场主要看工作业绩。

在学校犯错，一般不会威胁学校的生存，影响可控；而职场的一个失误，轻则给企业造成一定的损失，重则可能整垮一家百年老店，并断送自己的职场前程。

所以，在职场上每个人都肩负着自我成长和企业发展的双重责任，员工的所作所为一定要合法合规。工作创新，须在遵守程序，领导允许的前提下才能尝试。

4. 管理方式不同

学校的管理相对来说是民主的，以教育为主，学生有相当大的自由度；企业更多的是要求遵从和服从。企业按规章办事，违规即罚，纪律严明。

模块六　职场劳动实践

职场新人，很容易把职场当学校，追求个性表达和工作的自主性，这样很容易引起同事和上级的反感，为自己的职场发展造成障碍。

5. 成长模式不同

校园是一个规范化的成长体系，学生按部就班读书就行，有老师和学校保驾护航，因此不用特别考虑前进的方向和长远的目标。

职场类似荒野求生，处处荆棘，根本没有一条常规的逃生路线。个体要随机应变，不断调整自己的行为方式和目标，做出有利的选择。

刚入职场的中职毕业生，很容易把职场简化为考场，希望有人能为他们指出一条从初级考到中级再到高级，从普通员工晋升到高级管理人员的成长路径，这样肯定会失望。企业招聘员工是为了企业的需要，不是为了个人的成长。个人的成长需要自己想办法，只有兢兢业业做好每一件事情，为企业实现价值，企业才会给个人提供成长的空间。

6. 经济来源不同

在学校里是花父母的钱，读自己的书。经济来源和支出项目相对简单，量入为出即可，无须专门做财务规划。

在职场中，每个人要靠自己的努力挣钱。职场收入除了供自己的日常花销外，还要考虑回馈家庭、回报社会，更要为自己未来的发展和建立家庭积累财力。

有些初入职场的中职毕业生，和上学期间一样，发多少钱，花多少，不够了还想着找家人赞助。大家换位思考一下，如果我们是父母，我们希望自己的孩子永远长不大吗？因此初入职场，每个人都要做好经济独立的准备，学会为自己收入和支出做规划。

7. 人际关系不同

学校里，人与人之间不存在明显的、长期性的利益冲突，人际互动相对简单，同学之间、师生之间的关系往往是平等的、民主的。

职场中因为晋升资源稀缺等方面约束，人与人之间经常处于一种竞争态势。由于管理和执行力的需要，企业员工之间是有等级差别的，下级服从上级是基本的纪律。所以，中职毕业生就业以后面临的一个重要挑战就是学会处理与上级、同事的关系，为自己的职场发展建造良好人际环境。

了解职场和学校的一些区别后，很多人可能会觉得紧张，仿佛职场是丛林社会，处处陷阱、风险莫测。其实不用过度担心，职场竞争虽然激烈，但还是有规则的。只要中职学生愿意学习、善于学习，有谦卑的态度，愿意付出，主动作为，就能迅速适应职场，开启人生新的缤纷旅程。

二、入职须知

入职前应全面了解新环境。

1. 主动了解入职企业的基本情况

中职学生在正式进入企业就职之前，应该通过各种途径搜集企业信息，全面了解就业单位情况，有助于减少自己心理上的不适应感，尽快进入工作角色，为今后正式就职融入团队打下良好的基础。

2. 塑造良好的职业形象

得体的职业形象会给初次见面的人以良好的第一印象。

3. 建立良好的人际关系

（1）尊重他人，和平相处。同事之间交往，应该彼此相互尊重，人和人之间的关系是平等的，不因职业高低、收入多少而改变。

（2）律己宽人，包容有爱。遇到事情能进行换位思考，不要斤斤计较，做到谦让大度，宽容守礼，这是建立良好人际关系的润滑剂，能赢得更多同事与朋友的信任和喜爱。

（3）诚实守信，进退有度。在日常生活、工作中要养成良好的习惯，做到诚实守信。同时，与人交往时还要注意进退有度，保持合适的距离，不给他人造成困扰和误会。

三、职场适应

（一）文化适应

职场文化其实是一种自发的、动态的、非引导性的，衍生于企业文化但又游离于企业文化的个人价值观与世界观的共性体现。它介于企业内部与外部之间，同时也介于精神层面与物质层面之间。

（1）刚从学校毕业的中职学生对人一定要热情、谦虚、朴实、积极。

（2）要有与人协调、沟通的能力。能正确地、适时地表达个人的愿望；也能准确及时了解别人的要求。要做到真诚、自信、善待他人。

（3）认清自己是谁，自己要面对什么。

（4）要虚心学习，主动工作，克服慵懒习气，展现主动热情的个性。从细微处入手，从点滴事情做起，比如打热水、清扫工作环境等。

（5）"小事不愿干、大事干不了。"是刚参加工作的新人最容易犯的毛病。如果不注意纠正，很可能会使自己变为志大才疏式的人物。要注意"大处着眼，小处着手"，一丝不苟地做好每件"小事"。小事中见大精神，可为以后做"大事"积累资源。

（6）独立做好分内工作。正式参加工作以后，很多事情要靠自己独立完成，很多困难要靠自己想办法解决，没有人可依赖，没有责任可以推卸。因此，个体要调整好心态，摆脱依赖心理，尽快熟悉自己的工作，并勇于负起责任来，独当一面，赢得领导的信任。

所以，刚从学校毕业走上工作岗位的学生要尽快把学过的知识与职场环境结合起来，在最短的时间里学会职场文化，适应新工作的需要。

（二）心理适应

个体要发挥自身健康的心理机能——整体协作意识、独立工作意识、创造意识，要克服以下五种"心理"：对学生角色的依恋心理、观望等待的依赖心理、消极退缩的自卑心理、苦闷压抑的孤独心理、见异思迁的浮躁心理。

一般新人刚进入职场总是从基层做起。作为职场新人的中职毕业生首先要学会心理适应，学会适应艰苦、紧张而又有节奏的基层生活。由于缺少基层生活经历，可能会不习惯一些制度、做法，这时千万不要用自己的习惯去改变环境，而要学会入乡随俗，适应新的环境。个体要在这个阶段培养出自己的整体协作意识、独立工作意识和创造意识。

（三）生理适应

个体既然步入了职场，就已经从一个学生转换成了一个职业人。原来的许多生活习惯就需要改变。在工作期间，如果迟到、旷工，耽误的是整个团队的业绩，随时有被开除的可能。如果工作失误，会造成重大的经济损失，没有挽回的机会。所以为了自己的职业前途，我们需要及时调整生活规律，加强自我管理，遵守职场的规则，快速适应职场生活。

（四）岗位适应

个体在踏上工作岗位后，要学会根据现实的环境调整自己的期望值和目标，为自己做一个良好的职业规划，明确职业目标是什么，在职场中自己该扮演什么角色，该怎样去强化自己的职业，并且持续投入钻研，自然就能得到较好的发展。

（五）知识技能适应

个体要主动投入再学习中，学习能让自己尽快适应工作的知识技能。为适应社会发展和实现个体发展的需要，个体需要培养主动的、不断探索的、自我更新的、学以致用的和优化知识的良好习惯。同事、上级、客户、竞争对手都是老师，谁会学习，谁就会成功，就能使得自己职业岗位的技能更加完善。

（六）人际关系适应

踏入职场，人际关系也变得相应复杂，但个体要学会无论对领导还是同事，无论喜欢还是讨厌，都要彬彬有礼；同时努力工作，适当表现自己，最大限度地得到老板和同事的认可，赢得职场人缘。总之，在职场生活中，个体要有意识地提升职场情商改善自己在职场中的生存环境。

案例 6-4

不停换工作的小张

小张是一个刚毕业的大学生，她也像其他同学一样，在找工作的路上奔波。历经几次失败以后，迫于生计压力，也不管是否喜欢或者适合，一家私营企业同意录用她，小张知道找工作的不易，也就没再挑拣，一口答应了全部条件。干了几个月后，小张和同学联系，同学有的待遇好，有的在大企业，小张以前是很愿意跟同学谈论自己的，可现在，小张感到自惭形秽。"跳槽"的想法由此而生。一次，公司老板找到她谈工作，可能态度有点强硬，小张心里很不是滋味。从那之后，小张在工作中有意无意地懈怠，老板几次找她谈话，她虽然答应着但回头还是那样。于是老板开始不再重用她，没事的时候就不再分配给她工作，待遇自然也下降。小张感到受了排挤，一气之下辞了工作，又踏上了重新找工作的历程。小张感到失落，还有愤怒，带着这种情绪去找工作，不是人家不愿意要，就是小张自己不愿意去。先是到一个超市做销售工作，一段时间之后觉得超市工作时间长，就跳槽到某公司做市场营销工作，后来又觉得这个工作成天在外面奔波太辛苦，于是跳槽到某公司做办公室职员。在办公室里边又发现同事关系不太好处理，她又想换工作，但自己也不知道下一步该换什么工作。

思考：许多职业院校的毕业生走上工作岗位以后会产生对新环境的诸多不适应，产生频繁跳槽的现象，你认为应该怎样做才能尽快适应新环境呢？

四、应对职场不良情绪和行为

工作并非总是一帆风顺，有些时候个体会承受难以承受的压力，从而出现各种各样的情绪和行为问题，一些极端的情绪和行为问题会极大损害个体的健康，应该妥善处理。

（一）应对愤怒情绪

愤怒是一种极端不友好、不愉快或恼怒的体验，无法控制好愤怒情绪会损害职业生涯和个人生活，甚至导致攻击行为，因此个体应该觉察和管理好自己的愤怒情绪。

首先，理性看待愤怒情绪，从积极的方面看，愤怒可以是一种令人奋发的力量，只要降低它的负性影响，愤怒可能会使自己成就非凡的业绩。其次，要养成在愤怒还没有升级之前就释放的习惯，不要让愤怒情绪达到自己不能控制的程度。再次，当自己要发怒时，放慢一些，先强迫自己从1数到10再去发怒，就有可能避免由于自己的愤怒情绪伤害到他人。最后，主动寻求反馈，以了解自己的愤怒造成的后果或产生的效果。

（二）克服和预防自暴自弃行为

在一些极端的情况下，人们可能出现自暴自弃的行为。克服和预防自暴自弃行为有以下六种广泛应用的策略。

1. 检查"人生剧本"并做出必要的改变

如果发现个体的"人生剧本"中有太多自暴自弃的场景设定时，就应该有意识地改写剧本，并在必要时寻求心理咨询专家的专业支持。

2. 不再把个人问题归罪于他人或命运

个体应该积极地思考和行动，以提高个人的控制力，为自己的问题负责，把命运的控制权交回给自己。

3. 寻求对你自己行为的反馈

仔细倾听来自上级、同事、下级、客户以及朋友的任何形式、直接的或间接的评价，尽量不要对这些反馈进行防御性的反应。

4. 学会从批评中获益

学会在批评中进行换位思考，尝试寻找批评中可能的价值，将会使个体从批评中受益。

5. 不要否认问题的存在

否认是一种回避痛苦现实的防御性策略，如果否认了问题的存在，自然就不会采用恰当的方式解决问题。

6. 想象自我强化行为

运用想象，为自己制定一套克服自暴自弃行为和想法的措施。想象自己正在进行自我强化，采取合理的行动，拥有正确的想法，当完美的结局即将呈现时，想象自己正在进行高峰体验。

模块六 职场劳动实践

 **总结案例**

马云谈角色转换

马云可谓是当今 IT 行业名副其实的领军人,他天生不是一个创业家,但是却一次次地给人以奇迹,创造出许多个第一,一次次地实现着角色转变,从学生到老师,到创业者、到老板。他的这种角色转变能力以及其他各方面的能力都是我们应该学习的!对于就业创业中角色的把握,他也有着非常独到的见解,如马云先生曾经说过:

我们与竞争对手最大的区别就是我们知道他们要做什么,而他们不知道我们想做什么。我们想做什么,没有必要让所有人知道。

如何让每一个人的才华真正地发挥出来?我们这就像拉车,如果有的人往这儿拉,有的人往那儿拉,互相之间自己先乱掉了。当你有一个傻瓜时,很傻的,你会很痛苦;你有 50 个傻瓜则是最幸福的,吃饭、睡觉、上厕所排着队去的;你有一个聪明人时很带劲,你有 50 个聪明人实际上是最痛苦的,谁都不服谁。我在公司里的作用就像水泥一样,把许多优秀的人才粘合起来,使他们力气往一个地方使。

判断一个人、一个公司是不是优秀,不要看他是不是哈佛毕业,是不是斯坦福毕业。不要判断里面有多少名牌大学毕业生,而要判断这帮人干活是不是发疯一样干,看他每天下班是不是笑眯眯回家。

30% 的人永远不可能相信你。不要让你的同事为你干活,而让我们的同事为我们的目标干活,共同努力,团结在一个共同的目标下面,就要比团结在你一个企业家底下容易得多。所以首先要说服大家认同共同的理想,而不是让大家来为你干活。

点评: 马云的创业传奇就是从他不可思议的角色转换开始的。

思考: 你从马云的谈话中收获了什么?你觉得如何顺利地实现由学生向职场人的角色转换呢?

 **课堂活动**

职业适应能力测试

一、活动目标

教师通过测试引导学生了解自身职业适应能力水平。

二、活动时间

建议 25 分钟。

三、活动流程

1. 教师出示以下阅读材料,并要求学生先做自我测试,并提出问题:针对下面的具体问题提升职业适应能力的方法有哪些?

本测试共有 20 道题,每道题后附有 3 个可供选择的答案。请仔细阅读后,选出一个最符合你实际情况的答案。

(1) 假如朋友突然带来一个你最不喜欢的人到你家里,你会(   )。
  A. 表示惊奇　　　　　　　　　　　　B. 把你的感觉完全隐藏着
  C. 暂时忍耐,以后再把实情告诉你的朋友

（2）对自己的某次失败，你（　　）。
  A. 只要别人有兴趣，随时都可以告诉他
  B. 只在谈话时顺便说出来
  C. 决不说，怕会被别人抓住弱点，对自己不利
（3）遇到困难时，你（　　）。
  A. 毫不犹豫地向有关人员征求意见　　B. 经常向熟人请教
  C. 很少麻烦别人
（4）你骑车去一个较远的地方参加社交活动，找不到目的地，你（　　）。
  A. 赶快查自带的地图　　B. 大声埋怨，不知何时才能到达目的地
  C. 耐心等待过路车或有人走过时，问个清楚
（5）当你选择衣服时，你（　　）。
  A. 总是固定在一种款式上　　B. 跟随新潮流，希望适合自己
  C. 在选定以前，先听取朋友或售货员的意见
（6）当你知道将会有不愉快的事时，你会（　　）。
  A. 自己进入紧张状态　　B. 相信事实并不会比预料的糟糕
  C. 感觉完全有办法应付
（7）在嘈杂混乱的环境里，你（　　）。
  A. 总觉得很烦，不能静下心来学习　　B. 仍能集中精力学习，但效率降低了
  C. 不受影响，继续学习
（8）和别人争吵起来时，你（　　）。
  A. 能有力地反驳对方
  B. 常常语无伦次，事后才想起如何反驳对方，可是已经晚了
  C. 能反驳，但无多大力量
（9）每次参加正式的考试或竞争，你（　　）。
  A. 常常比平时的成绩更好些　　B. 常常不如平时的成绩好
  C. 和平时成绩差不多
（10）必须在大庭广众面前讲话时，你（　　）。
  A. 常常怯场，不知所措或说话结结巴巴
  B. 感觉虽然难，但还是想方设法完成
  C. 总能侃侃而谈
（11）对团体或社会性的集会，你（　　）。
  A. 总是想找领导讨论　　B. 只有在知道讨论的题目时才参加
  C. 讨厌在集会上说话，所以不参加
（12）受到别人的批评，你（　　）。
  A. 想找机会反过来批评他　　B. 想查明受批评的原因
  C. 想直接听一下批评的理由
（13）当情况紧迫时，你（　　）。
  A. 仍能注意到该注意的细节　　B. 粗心大意，丢三落四
  C. 慌慌张张

（14）参加各种比赛时，比赛越激烈，群众越热情，你（　　）。
　　A. 成绩越好　　　　　　　　B. 成绩越上不去
　　C. 成绩不受影响
（15）碰到阻力或困难时，你（　　）。
　　A. 经常改变既定的主意　　　B. 不改变既定的主意
　　C. 越有干劲
（16）你符合下列哪种情况（　　）。
　　A. 不安于现状，总想改变点什么　　B. 凡事只求"规范"，不办破格的事
　　C. 礼貌要讲，但事也要办
（17）你赞成下面哪一种说法（　　）。
　　A. 只要是正确的，就坚持，不怕打击，不怕被孤立
　　B. 在矛盾方面让一让，就过去了
　　C. 尽量求和平，把批评和斗争降到最低的限度
（18）假如自己被登报时，你（　　）。
　　A. 有点自豪，但并不以为然　　B. 很高兴，想让朋友也看看
　　C. 完全不感兴趣
（19）为了给人留下好印象，你（　　）。
　　A. 想方设法，并花一定时间考虑计划　　B. 不特意去做，但有机会就利用
　　C. 根本不想在别人面前做这件事
（20）你同意下列哪一种观点（　　）。
　　A. 为了深入了解自己的国家，学习外国的东西是件好事
　　B. 外国的事与我们没有任何关系
　　C. 学习外国的东西比学本国的东西更有趣

计分方法：根据自己的选择，对照下面的计分表（见表6-2），计算出自己的分数。

表6-2　职业适应能力测试计分表

选项	1	2	3	4	5	6	7	8	9	10	11	12	13	14	15	16	17	18	19	20
A	2	2	3	2	1	1	3	3	1	2	1	3	3	1	3	3	1	3	2	2
B	1	3	2	1	3	2	1	2	3	3	2	2	3	2	1	2	1	1	3	3
C	3	1	1	3	2	3	2	1	2	1	3	1	2	3	2	2	2	2	1	1

如果得分为49~60分，说明你的适应能力很强；
如果得分为37~48分，说明你的适应能力较强；
如果得分为25~36分，说明你的适应能力一般；
如果得分在25分以下，说明你的适应能力较差。

2. 教师将学生按照6~8人划分小组，小组按照这20个问题进行讨论并形成小组观点。
3. 每个小组选出一名代表分享本组观点和方法，其他小组可以对其进行提问，小组内其他成员也可以回答提出的问题；通过问题交流，将每一个需要研讨的问题都弄清楚。
4. 教师进行分析、归纳、总结。
5. 教师根据各组在研讨过程中的表现，给予点评并赋分。

第三部分

提升职业素养

- ◆ 弘扬职业精神
- ◆ 提升职业素养

模块七

弘扬职业精神

导读导学

全面提升从业人员的职业素养必须要恪守职业道德，弘扬职业精神。随着社会分工的细化、专业化程度的增强、市场竞争的日趋激烈，社会对从业人员的职业精神提出更高的要求。本模块主要从恪守职业道德、诠释爱岗敬业、珍惜职业荣誉3个方面展开。

我们要大力倡导以爱岗敬业、诚实守信、办事公道、服务群众、奉献社会为主要内容的职业道德，鼓励每一个从业人员发扬主人翁的责任感和敬业精神，脚踏实地，尽职尽责，真正做到干一行、爱一行，干一行、钻一行，切实提高自身职业素养，珍惜职业荣誉，努力提高工作水平。

在全面建设小康社会、不断推进中国特色社会主义伟大事业、实现中华民族复兴的征程中，从事不同职业的人们都应当大力弘扬社会主义职业精神，尽职尽责，贡献自己的聪明才智。

主题 7.1 恪守职业道德

学习目标

1. 理解职业道德的概念和内涵。
2. 掌握提高职业道德的途径。
3. 具有提高职业道德的能力，自觉践行职业道德规范。

◎哲人隽语

若无德，则虽体魄智力发达，适足助其为恶。
——蔡元培

微课

导入案例

雅百特财务造假事件

2015年8月，江苏雅百特科技股份有限公司成功"借壳上市"。据其官网介绍，这家总部位于江苏盐城的公司自称"金属屋面围护系统行业首家A股上市公司"。就是这么一家"全球化综合性建筑金融科技服务企业"，被曝出惊天造假丑闻——伪造巴基斯坦政要信函以虚构公司经营项目。上市当年年报显示，2015年雅百特通过在巴基斯坦木尔坦市开展的城市快速公交专线项目，实现收入超过2亿元，占年度销售总额21.8%。经了解，巴基斯坦木尔坦项目业主方为木尔坦发展署，建设城市快速公交线，总投资超3.5亿美元。然而，经监管部门的深入调查，木尔坦发展署和雅百特并没有任何经济关系及资金往来，当时该公司出具的有关巴基斯坦政要的信函、工程建设合同均系伪造。也就是说，这笔跨国大单完全是子虚乌有。

后经调查，雅百特2015年73%的盈利都是假的。为了假冒本不存在的收入，雅百特只能编造谎言虚增收入。

据调查，雅百特为造假动用了7个国家和地区的50多个公司走账，超过了100多个银行账户进行资金划转，而且经常通过银行票据和第三方支付划转，渠道复杂。为应对证监会的调查，雅百特曾提供虚假的供应商韩某的联系方式来试图蒙混过关。

证监会决定对雅百特处以顶格罚款60万元，对直接主管人员处以30万元顶格罚款，终身市场禁入。上市公司虚构业务收入粉饰报表的事在A股市场层出不穷，但伪造外国政要信函惊动外交部的，雅百特当属第一家。

点评： 从该事例中，我们可以看到，该企业违背了职业道德，触犯了法律，最终承担了严重的法律责任。无论从事什么职业，都必须遵守这个职业所要求的职业道德，这是一个从业者最起码的要求。同样，如果个体做事违背了职业道德，就会受到这个基本法则的惩罚。对于任何人来说，要想在一个行业立足，并取得良好的发展，首先就必须遵守必要的职业道德，只有这样，你才能最终获得成功。我们要坚持做到爱岗敬业、诚实守信、办事公道、服务群众、奉献社会，践行社会主义核心价值观，实现自我的人生价值。

思考： 你认为职业道德对个人职业发展的影响有哪些？

模块七　弘扬职业精神

一、职业道德认知

道德是社会学意义上的一个基本概念，不同的社会制度，不同的社会阶层都有不同的道德标准。职业道德是从业者在职业活动中应该遵循的符合自身职业特点的行为规范，是人们通过学习与实践养成的优良职业品质，它涉及从业人员与服务对象、职业与职工、职业与职业之间的关系。不同的职业人员在特定的职业活动中形成了特殊的职业关系，包括职业主体与职业服务对象之间的关系、职业团体之间的关系、同一职业团体内部人与人之间的关系，以及职业劳动者、职业团体与国家之间的关系。

（一）职业道德的本质

1. 职业道德是生产发展和社会分工的产物

自人类社会出现了分工，就不断出现了针对各行各业的职业劳动，随着科学技术的不断进步，社会分工越来越细。分工不仅没有把人们从各自的职业劳动中独立出来，相反的，人与人之间的建立在职业劳动基础上的联系反而更加紧密，并形成了人们之间错综复杂的职业关系。这种与职业相关联的特殊的社会关系，需要有与之相适应的特殊的道德规范来调整，职业道德就是作为适应并调整职业生活和职业关系的行为规范而产生的。可见，生产的发展和社会分工的出现是职业道德形成、发展的历史条件。

2. 职业道德是人们在职业实践活动中形成的规范

实践活动是人们认识自然的重要手段，人们正是在各种各样的职业活动实践中，逐渐地认识到人与人之间、个人与社会之间的道德关系，从而形成了与职业实践活动相联系的特殊的道德心理、道德观念、道德标准。由此可见，职业道德是随着职业的出现以及人们的职业生活实践形成和发展起来的，有了职业就有了职业道德，出现一种职业随之就有了与这种职业相适应的职业道德。

3. 职业道德是职业活动的客观要求

职业活动是人们由于特定的社会分工而从事的具有专门业务和特定职责，并以此为主要生活来源的社会活动。职业活动集中地体现着社会关系的三要素：责、权、利。

每种职业都意味着承担一定的社会责任，即职责。职业者的职业责任的实现，既需要通过具有一定权威的政令或规章制度来维持，也需要通过内在的职业信念、职业道德情感来操作。当人们以什么态度来对待和履行自己的职业责任时，就使职业责任具有了道德意义，成为职业道德责任。

每种职业都意味着享有一定的社会权力，即职权。职权不论大小都来自社会，是社会整体和公共权力的一部分，如何承担和行使职业权力，必然依靠职业道德甚至社会道德来规范。

每种职业都体现和处理着一定的利益关系，职业是社会整体利益、职业服务对象的公众利益和从业者个人利益等多种利益的交汇点、结合部。如何处理好各种利益之间的关系，不仅是职业的责任和权力之所在，也是职业道德的体现。

总之，没有相应的道德规范，职业活动就不可能真正担负起它的社会职能。职业道德是职业活动自身的一种必要的生存与发展条件，是职业活动的必然要求。

4. 职业道德是社会经济关系决定的特殊社会意识形态

职业道德虽然因职业不同而有所不同，但它作为一种社会意识形态，则深深根植于社会经济关系之中，社会经济关系的性质决定了职业道德的内容，社会经济关系的变化影响着职业道德的变化。

社会主义社会中，从事不同的职业活动，只是社会分工不同，而没有高低贵贱的区别，每个职业工作者都是平等的劳动者，不同职业之间是相互服务的关系。每个职业活动都是社会主义事业的一个组成部分。各种职业的职业利益同整个社会的利益，从根本上说是一致的。因此，各行各业有可能形成共同的职业道德规范，这是以私有制为基础的社会的职业道德难以实现的。

（二）职业道德的特征

1. 职业性

职业道德的内容因职业不同而有所区别，反映着特定职业活动对从业人员行为的道德要求。每一种职业道德都只能规范本职业从业人员的职业行为，在特定的范围内发挥作用。

2. 实践性

职业道德的形成过程就是职业实践过程，只有在实践过程中，才能体现出职业道德的水准。职业道德的作用是通过职业实践来调整职业关系，对从业人员职业活动的具体行为进行规范，解决现实生活中的具体道德冲突。

3. 继承性

职业道德是在长期实践过程中形成的，也会被作为经验和传统继承下来。即使在不同的社会经济发展阶段，由于同样一种职业的服务对象、服务手段、职业利益、职业责任和义务相对稳定，职业行为的道德要求的核心内容也将保持稳定，职业道德便呈现出在不同社会经济发展阶段的一致性，从而形成了被不同社会发展阶段普遍认同的职业道德规范。

4. 多样性

不同的行业、不同的职业，有不同的职业道德标准。职业道德的职业性决定了职业道德的多样性。

二、职业道德的内涵

职业道德的基本范畴是职业道德体系的重要组成部分。它是反映行业与行业之间、行业与社会之间、行业内部从业人员之间、从业人员与社会之间的最普遍的道德关系的概念。职业道德范畴一般包括以下 7 个部分。

（一）职业义务

职业义务包括在职业活动中，公民和法人按法律规定应尽的责任、在道德上应尽的责任及不要报酬的奉献三部分。它是一定社会、一定阶级、一定职业对从业人员在职业活动中提出的道德要求，又是从业人员对他人、对社会应该承担的道德责任。

职业义务具有利他性和无偿性两个基本特点。利他性是指从业人员在尽职业义务时，实际上做出了有利于他人、有利于社会的行为，这种行为的客观效果是对他人有利，而不是对自己有利，甚至有时还要做出某种程度上的自我牺牲。职业义务的无偿性是指从业人员在履行职业义务时，不把履行职业义务与谋求个人权利和回报联系在一起，也就是说，它是一种"不要报酬"的奉献。

要更好地履行职业义务，首先要树立服务意识，这是由职业义务的无偿性决定的，同时要努力培养自己的职业义务感并不断自觉主动地履行职业义务。

（二）职业权力

职业权力是指从业人员在自己的职业范围内或职业活动中拥有的支配人、财、物的能力。其主要包括两种类型，一是在政治方面的强制力量，如国家的权力、人民代表大会的权力、企业法人的权力等；二是在职责范围内的支配力量。

职业权力具有权威性、利己性、隐蔽性的特点。权威性指在职业活动中对他人、对其他行业有很强的约束力量和支配力量。利己性指它可以给自己带来利益和好处，不像职业义务那样有从业人员做出某种牺牲，为他人、为社会谋利益。隐蔽性指职业人员在行使职业权力时，有不被人警觉的一面。

想要正确行使职业权力，首先要树立正确的职业权力观，职业权力来源于职业本身，应当用之于职业发展，应当服务于人民事业。其次，要正确行使手中的权力，不能以权谋私，做超出权力范围内的事情。最后，要敢于抵制滥用职权的不正之风，要同不良行为做斗争。

案例 7-1

借职务之便违反职业道德

2014年，史某进入模具公司，双方签订劳动合同，岗位为质量检验员。

2018年8月，因有员工举报史某收礼，模具公司派工作人员对史某进行调查谈话，史某承认车间操作员胡某、沈某曾给过其几瓶酒，但认为收取酒的行为未影响其正常履行工作职责。

2018年9月1日至5日，模具公司还向员工李强等几人进行了调查，分别形成调查笔录。上述员工反映史某会因与操作员关系的好坏而采取不同检验标准，确有操作员向史某送过酒，而且是史某开口索要的，在收到好处后史某检验会松一点，给史某送酒后，班组还被评为优秀班组。

2018年9月10日，公司管理部门作出《关于对史某同志问题的处理意见》，以史某同志利用工作之便收受车间职工礼品为由，建议辞退。模具公司当面向史某送达了解除劳动合同的处理决定。史某不服公司处理意见，申请仲裁要求公司支付解除劳动合同补偿金。法院经审理认为，史某收取酒的行为已严重违反规章制度，模具公司解除与史某的劳动合同事实清楚，规章制度依据充分，程序正当，系合法解除，无须支付史某赔偿金。

思考：结合本案例，谈一谈你是如何理解职业权力的。

（三）职业责任

职业责任是指从事某种职业的个人，对他人、集体（班组、部门、单位、行业）和社会所承担的责任。各行各业的职业责任不同，但是都有一个共同要求，就是要忠于职守，尽心尽力，保质保量地完成工作赋予你的责任。

职业责任具有差异性、独立性、强制性的特点。差异性指社会分工不同，造成不同职业的性质、功能、业务范畴、技术要求等都不尽相同，因此其职业责任也不同。独立性指不同岗位的职业权利有时相互独立，这种独立性决定了各自的职业责任具有排他性，不能受他人干预。强制性指职业责任一般通过制定具体的规章制度、岗位职责、条例等来表现，这些表现形式具有强制性，所有职业人员必须遵守。

（四）职业纪律

职业纪律是在特定的职业范围内从事某种职业的人们要共同遵守的行为准则。

职业纪律具有一致性、特殊性、强制性的特点。一致性指各行各业的职业纪律在组织、劳动、财经等方面的要求是一致的。特殊性指各行各业根据行业的特点又具有一些区别于其他行业的特殊纪律。强制性指职业纪律同其他纪律一样，是从业人员必须共同遵守的规则，不遵守职业纪律，须根据情节给予行政或经济上的制裁。

从业人员要熟知职业纪律，避免无知违纪；要严守职业纪律，不能明知故犯；要自觉遵守职业纪律，养成严于律己的习惯。

（五）职业良心

职业良心是指从业人员在履行义务的过程中所形成的职业责任感以及对自己职业行为的稳定的自我评价与自我调节的能力。职业良心有个体表现与群体表现两种形式。个体表现指从业人员在职业活动中对工作的负责精神、对他人的责任感、对自己职业行为的是非感、对错误行为的羞耻感；群体表现指职业良心在某某单位、某某行业的整体表现。

职业良心具有时代性、内隐性、自育性的特点。时代性指职业良心是与时代相联系的一种道德表现。职业良心是人们在职业生活中逐渐形成的。内隐性指职业良心是一种看不见、摸不着的道德情感。自育性指职业良心是在职业生活中，自我培养、自我教育形成的，是依靠自我约束、自觉参加逐渐形成的。

职业良心的培养要贯穿于职业活动整个过程中，职业活动开始前要进行筛选导向，职业活动过程中要进行监督调节，职业活动结束后要进行总结评判。

（六）职业荣誉

职业荣誉是从业者对自己的职业行为所具有的社会价值的自我意识和自我体验。

职业荣誉具有阶级性、激励性、多样性的特点。阶级性指职业荣誉感与社会阶级相联系，不同阶级对于职业荣誉的认同也不一样。激励性指单位、社会通常把从业人员对单位、对社会的贡献的大小同荣誉联系起来，贡献越大，荣誉的级别也就越高。多样性指职业活动的内容多种多样，获得职业荣誉的形式也多种多样。

从业人员要正确对待职业荣誉，争取职业荣誉的动机要纯，获得职业荣誉的手段要正，对待职业荣誉的态度要谦。

模块七　弘扬职业精神

（七）职业幸福

职业幸福是指从业人员在具体的职业活动中，由于奋斗目标、职业理想的实现而获得的精神上的满足和愉悦。

职业幸福具有阶级性、层次性、广泛性的特点。职业幸福的阶级性是和职业荣誉的阶级性相联系的，不同社会阶级对于职业幸福的理解不同。层次性指不同层次的从业人员都有自己所处层次的职业幸福。广泛性指每一种职业都有自己的职业幸福点。

从业人员追求职业幸福，要正确处理好以下三种关系：个人幸福与集体幸福之间的关系、物质幸福与精神幸福的关系、创造职业幸福和享受职业幸福的关系。

三、职业道德修养

职业道德修养是指从事各种职业活动的人员，按照职业道德基本原则和规范，在职业活动中所进行的自我教育、自我改造、自我完善，使自己形成良好的职业道德品质，是一种自律行为。职业道德修养的提高，一方面靠他律，即社会的培养和组织的教育；另一方面取决于主观努力，即自我修养。两个方面缺一不可，而且后者更重要。

（一）职业道德修养的基本规范

1. 爱岗敬业

就是要热爱自己的工作岗位，热爱本职工作，要做到乐业、勤业、精业，干一行爱一行。

2. 诚实守信

就是要忠诚老实、信守诺言，这是为人处事的基本原则。诚实守信要求我们做到诚信无欺，讲究质量，信守合同。

3. 办事公道

就是指从业人员在办事、处理问题时要站在公正的立场上，按照统一标准和统一原则办事，遇事要从客观实际出发，做出客观、公正的判断和处理。

4. 服务群众

就是为人民服务，并且在服务过程中要做到热情周到、满足需要。

5. 奉献社会

指全心全意为社会、为人民服务，是为人民服务精神的体现。要把社会利益、公众利益摆在第一，不期望回报和酬劳，是一种人生最高境界。

（二）提升职业道德修养的途径

根据现代职业生活的多元化特点和社会主义市场经济对从业人员职业道德修养的要求，应从以下几个方面来加强职业道德修养的培养。

1. 坚持学习马克思主义伦理观

在马克思主义的历史唯物主义中，论述了许多关于道德以及社会主义道德和职业道德的科学观点，是我们职业道德修养的指针，有利于从业人员树立科学的世界观、人生观和道德观。学习马克思主义的伦理观，必须坚持理论联系实际。

2. 虚心接受职业道德教育

与现实、行业特点及员工特点相结合，开展有针对性的职业道德教育。职业教育要常教常新，细水长流，随着形势变化而不断推进、完善。职业人员要知行统一，学以致用，一定要在改善行为方面下功夫，通过细小行为的改善，培养良好的职业习惯。

3. 发挥榜样的先锋模范作用

学习先进模范人物还要密切联系自己职业活动和职业道德的实际，注重实效，自觉抵制拜金主义、享乐主义、极端个人主义等腐朽思想侵蚀，大力弘扬新时期的创业精神，提高职业道德水平，立志在本岗多做贡献。

4. 联系实际，积极参加实践活动

参加职业活动实践，在实践中进行自我教育、自我改造，是职业道德修养培养的根本方法。在工作实践中体验、锻炼和提高，并逐步形成与岗位职业道德规范要求相一致的职业道德品质和行为习惯。只有通过实践活动，才能认识到哪些行为是道德的，哪些是不道德的；哪些是被岗位职业道德所接受的，哪些是岗位职业道德所不允许的。

5. 积极开展职业道德评价

进行职业道德评价，不仅能使人们从数量和质量上把握职业道德的价值，从而公平合理、实事求是地对职业道德行为作出正确判断，更能充分发挥职业道德评价的教育作用。在职业道德评价中，职业人员要虚心接受评价，正确对待批评。人非圣贤，孰能无过，虚心接受别人的批评是个人成长进步不可或缺的条件，同时批评别人不仅能够帮助别人提高职业道德修养，也是自己职业道德修养提高的反映和表现。

 总结案例

小李的职业责任

大学刚毕业的小李就职于某港口一家仓储企业。一天，气象台发布台风将于当晚到达。老板随即开会通知员工在天黑前务必将露天货场的货物遮盖严实。于是，员工们按老板的指示在下午四点完成了任务。午夜，猛烈台风来袭。小李很不放心，对同宿舍的同事们说："我们要不要出去检查一下？我担心货物会被淋湿。""你傻呀！我们白天那么卖力地干了，要出事那也是天灾人祸，根本不是我们的责任。"大家几乎异口同声地说。小李却说："那我出去看看吧。"大家对小李的举动都不屑一顾。在猛烈地狂风暴雨下，少部分的货物果然被雨淋湿。于是小李马上顶着风雨上去加固。就在这时，一辆黑色小轿车急速驶来。小李抬头一看，原来是老板，老板也很惊讶地发现了小李。"你也过来了！"老板就轻轻地说了一句。"是的，我就住在旁边，有点不放心就过来看看。"小李答道。几个星期后，小李被提升为部门经理。

点评： 米卢说过："态度决定一切。"小李的好运并不是偶然的，而是来源于一种心态，一种即使在平凡的岗位上也从不抱怨、从不推卸的态度，是一种把自己的工作当成自己的事业来经营的主人翁心态。有了这种心态，就能够精益求精、不计得失地工作，就能够事事替单位着想。有了这样的心态，还愁没有前途、没有事业吗？

思考： 假如你是小李，你会选择怎么做？

模块七　弘扬职业精神

课堂活动

寻找身边的职业道德榜样

一、活动目标

引导学生扎实掌握职业道德的相关知识，理解为什么要在职业生活中遵守职业道德，努力以身边的优秀人物为榜样，践行职业道德，力争做一名合格的职场人士。

二、活动时间

建议30分钟。

三、活动流程

1. 请学生列举各行各业的职业道德规范，归纳职业道德的特点。
2. 请学生讲述所经历的或所搜集到的员工遵守职业道德的故事。
3. 让学生结合自己搜集到的材料，谈谈对职业道德的看法，并归纳总结，理解职业道德的作用，努力践行职业道德。
4. 教师进行分析、归纳、总结。

主题 7.2　诠释爱岗敬业

> ◎哲人隽语
>
> 百行业为先，万恶懒为首。
>
> ——梁启超

学习目标

1. 理解爱岗敬业的精神内涵。
2. 能联系具体的职业岗位，描述乐业、勤业、精业的具体含义。
3. 能在各类实习实践中自觉提升和践行爱岗敬业的精神。

微课

案例思考

最坚强的翅膀是热爱——雪线信使其美多吉

其美多吉，男，藏族，1963年9月生，中共预备党员，中国邮政集团公司四川省甘孜县分公司驾驶员。他30年如一日，驾驶邮车在平均海拔3 500米的雪线邮路上运送邮件，在时刻面临着雪崩、滑坡、泥石流及歹徒抢劫等危险情况下，行程140多万公里，从未发生过一起责任事故。他以螺丝钉精神紧紧钉在川藏线上，将来自党中央的声音、祖国四面八方的邮件送往雪域的各个角落，被群众誉为"雪线邮路的幸福使者"。

1989年，其美多吉成功应聘当地邮局邮车驾驶员，实现了儿时的"邮车梦"。他长年往返的康定—德格邮路是全国最危险的邮路之一，沿途要翻越17座海拔4 500米以上的大山，被人们称为"雪线邮路"。这样的线路，其美多吉坚守了30年。"只要有邮件，邮车就得走；只要有人在，邮件就会抵达。"抱着这样的信念，其美多吉6 000多次往返于甘孜与德格之间，行程140多万公里，相当于绕赤道35圈。

30年坚守初心，其美多吉不仅要面对恶劣天气的危险，还要随时应对突发事件，但他从不向危险和困难低头。跑邮车30年，其美多吉只在家里过了5个除夕。其美多吉说："我们每一颗螺丝钉都是在为藏区安定团结做贡献，我热爱我的工作。"

其美多吉荣获2019年"时代楷模"、全国邮政系统先进个人等称号，被授予全国五一劳动奖章，当选"感动中国"2018年度人物，荣登"中国好人榜"。

点评： 爱岗敬业不仅是个人生存和发展的需要，也是社会存在和发展的需要。只有爱岗敬业的人，才会在自己的工作岗位上勤勤恳恳，不断地钻研学习，一丝不苟，精益求精，才有可能为社会、为国家做出崇高而伟大的贡献。爱岗敬业是平凡的奉献精神，因为它是每个人都可以做到的，而且应该具备的；爱岗敬业又是伟大的奉献精神，因为伟大出自平凡，没有平凡的爱岗敬业，就没有伟大的奉献。全面建设小康社会的伟大事业正呼唤着亿万具有爱岗敬业这种平凡而伟大的奉献精神的人。具备爱岗敬业这种平凡而伟大的奉献精神的人，永远都是强大民族的脊梁！

思考： 结合自己的专业，你认为爱岗敬业需要在哪些方面下真功夫？

一、爱岗敬业的内涵

爱岗敬业属于道德规范的基本要求。爱岗敬业就是在工作中热爱自己的工作岗位，敬重自己所从事的职业，勤奋努力，尽职尽责。

爱岗与敬业有着紧密的联系。爱岗，就是热爱自己的工作岗位，热爱自己的本职工作。敬业，就是以极端负责的态度对待自己的工作。敬业的基本意思就是恪尽职守，大致包括两方面内容：一是敬重自己所从事的工作，并引以为豪；二是深入钻研探讨，力求精益求精。爱岗和敬业，互为前提，相互支持，相辅相成。爱岗是敬业的基石，敬业是爱岗的升华。爱岗是敬业的感情铺垫，敬业是爱岗的具体表现。爱岗敬业是职业道德的基础，也是我们职业成功的重要基础。

（一）爱岗敬业是一种精神

任何人都有追求荣誉的天性，都希望最大限度地实现自我价值。而要把这种理想变为现实，靠的就是在平凡岗位上的爱岗敬业。歌德曾经说过："你要欣赏自己的价值，就得给世界增加价值。"我们正生活在一个技术、资本、商品和人员越来越自由流动的世界，在这个无国界的经济世界里，人才竞争必将越来越激烈。如何面对和利用机遇和挑战，这是摆在每位中职学生面前的重大课题。作为一名新时代的青年，应该走在时代的前列，主动迎接时代的挑战，立足本职，奋发有为，努力实现自己的人生价值。

（二）爱岗敬业是一种态度

当我们接到一份具有挑战性的任务的时候，是畏首畏尾、推诿扯皮，还是无所畏惧勇敢面对？当我们在工作中遭遇挫折、陷入困境的时候，是等待观望半途而废，还是一鼓作气攻坚克难？当我们晋级升迁心愿未达的时候，是牢骚满腹、怨天尤人，还是躬身自省、厚积薄发？答案往往是当我们选择后者并付诸行动之后，我们身上隐蔽存在的人生价值会渐渐凸显出来。一个人只有深深热爱他所从事的职业，才会为之不断地奋斗。"成功的人永远爱岗敬业，失败的人始终在寻找客观理由。"

（三）爱岗敬业是一种境界

当我们把爱岗敬业当作人生追求的一种境界时，我们就会在工作上少一些计较，多一些奉献，少一些抱怨，多一些责任，少一些懒惰，多一些上进心；享受工作给自己带来的快乐和充实感，有了这种境界，我们就会倍加珍惜自己的工作，并抱着知足、感恩、努力的态度，把工作做得尽善尽美，从而赢得别人的尊重，取得岗位上的竞争优势。

如果每个人都能成为一个爱岗敬业的人，把工作当成一种享受，把工作当成一种使命，那我们的生命会更有意义，我们的国家会更加的繁荣强大。

二、爱岗敬业的意义

（一）从个人生存和发展空间上看，爱岗敬业是人类生存本能的需要

一个人的生存和发展，需要必要的环境空间和必要的展示平台。一份职业、一个工作岗位，就是一个人赖以生存和发展的基础性环境空间和展示平台。所以，一个人有了一份职业，一个工作岗位，就应该加倍的珍惜它，加倍地利用好它。每个人现实拥有的工作岗位，要让每个人都感到很满意是绝对不现实的。其满意与不满意都是相对的。

案例 7-2

爱岗敬业的小于

小于是一位采购员，在来到新公司工作之前，她就花了很长的一段时间，学习和研究怎样使所在公司赚钱、用最便宜的价钱把货物买进。她在新公司的采购部门找到一个职位后，就非常勤奋且刻苦地工作，千方百计找供货最便宜的供应商，买进上百种公司急需的货物。

可以说，小于所干的采购工作也许并不需要特别的专业技术和知识（其他部门提出需要买什么，然后她只要决定到哪儿买就行了），但她兢兢业业地为公司工作，节省了许多资金，她的这些成绩在公司上下是有目共睹的。

在她入职一年后，她节省出的资金已超过 80 万元，公司的董事长知道这件事情后，马上就增加了她的薪水，并把她提拔为采购部门经理。

思考：小于的敬业精神不仅使公司受益、使老板受益，更使自己受益，你认为该如何提升个人爱岗敬业精神？

（二）从工作岗位的客观存在上看，爱岗敬业是人类社会化分工和发展的需要

一个社会，现代化程度发展越高，社会化分工就越细，对从事工作的人员素质就要求越高。各行各业都要有人去干，都要有明确的职业工作标准去把工作干好。所以，爱岗敬业不仅能满足个人生存和发展的需要，也能满足社会存在和发展的需要。敬业是我们中华民族的优良传统，从业就必须敬业，敬业才能更好地从业。

三、如何做到爱岗敬业

（一）必须要学会处理好现实生活与理想期望的平衡关系

一个人对工作岗位的需求是随他的成长进步和社会的发展而变化的。人的生存和发展需要是多样性的，是不断变化的。某一个时期可能对某一个工作岗位感到比较满意，但随时事的变迁，其满意度就会不断地发生着新的变化，现实与期望随时随地都会处在不平衡状态。所以说，要做到爱岗敬业，就必须要学会调整和处理好自己的理想期望与现实工作及生活之间的关系，通过分析权衡，正确地认识自己，正确地对待工作，找准自己的定位，切实立足本职，发挥好自己应有的作用。

我们不能把忠于职守、爱岗敬业片面地理解为绝对地、终身地只能从事某个职业。而是选定一行就应该爱一行。合理的人才流动、双向选择可以增强人们优胜劣汰的人才竞争意识，促使大多数人更加自觉地忠于职守，更加爱岗敬业。实行双向选择，开展人才的合理流动，使用人单位有用人的自主权，可以择优录用，实现劳动力、生产资源的最佳配置；劳动者又可以根据社会的需要和个人的专业、特长、兴趣和爱好选择职业，真正做到人尽其才，充分发挥积极性和创造性。这与我们所强调的爱岗敬业的根本目的是一致的。

（二）必须要学会把握好现实生活与实现理想的内在联系

理想与现实有着辩证内在联系。理想和现实虽然是一对矛盾，但理想是来源于现实的，是对现实的某种反映。理想是未来的现实，现实是理想的基础。不能实现为现实的理想或背离现实的理想都是毫无意义的理想。只有善于珍惜现实的人，才有可能抓住机会去实现自己的理想。个人的理想实现是与个人的现实努力联系在一起的，尤其是在市场经济条件下，人们的生存与就业压力都非常大，只有立足本职，干一行，专一行，凭过硬的技术，才有可能去实现自己的梦想。

（三）从事任何工作都需要树立敬业奉献精神

有的人用理想的标准来衡量和要求现实，当发现现实并不符合理想的时候，就对现实大失所望，甚至极为不满。这样发展下去，可能会导致对社会现实采取全盘否定的态度，逃避或反对现实社会。有的人对社会上的丑恶现象深恶痛绝，但时间长了就不以为然，甚至有可能失去了自己的理想，对理想失去信心和热情，产生了"告别理想""告别崇高"，热衷于"实惠"，陷入拜金主义、享乐主义和极端个人主义的泥坑，严重影响了自己的从业态度和人生态度。奉献精神是我国劳动人民的一个优良传统，作为一个从业人员，无论在什么工作岗位上，都需要必要的敬业奉献精神。如果一个从业人员，没有敬业奉献精神，就不可能被社会所容纳，更不可能会有自己选择职业岗位的机会。所以，立足本职，爱岗敬业，挑战自我，奉献社会，是每一个从业人员都必须做到的基本要求。

总结案例

中国故事:"战疫"——"90后"奋战在抗疫一线的感人瞬间

据统计,在4.2万多名驰援湖北的医护人员中,有1.2万多名是"90后",其中相当一部分还是"95后"甚至"00后"。过去,有人说他们是娇滴滴的一代;如今,他们成了抗疫一线的主力军。

正如习近平总书记回信勉励北京大学援鄂医疗队全体"90后"党员中所指出的那样:"在新冠肺炎疫情防控斗争中,你们青年人同在一线英勇奋战的广大疫情防控人员一道,不畏艰险、冲锋在前、舍生忘死,彰显了青春的蓬勃力量,交出了合格答卷。"

"我不想哭,哭花了护目镜没法做事。"一句朴实的话,让全国人民记住了这位大眼睛的姑娘——广东省支援湖北医疗队队员、中山大学附属第三医院内科ICU护士朱海秀。这个1997年出生的年轻女孩,因为工作强度和压力带着重重的黑眼圈。她告诉记者,来的时候没告诉父母,但是前几天被父母知道了。她说:"那是我22年以来第一次看到我爸哭。"她不想对着镜头向爸妈报平安,她说:"我不想哭,哭花了护目镜没法做事。"眼泪就在眼眶里打转,她摆了摆手,说了句"对不起"。在武汉,她要面对的是很多前辈都没经历过的挑战。因为穿着几层防护服,哪怕再渴,朱海秀和同事不喝水,也不吃东西,为的是不想浪费防护服,为的是多些时间和精力照顾患者。与疫魔的较量,没有硝烟,但生死的考验真真切切。对朱海秀和更多她的同龄人而言,这都是一段刻骨铭心的青春记忆。

胡佩,是湖南省儿童医院感染科的一名"新兵"。进入隔离病房后,她每天都要穿着防护服工作8个小时左右,手套里有滑石粉,脱掉以后按照消毒隔离标准,需要长时间用消毒液冲洗。短短几天,原本白嫩的一双手布满了一道道血口子。可是,胡佩没有退缩。她在隔离病房中写道:"我是感染科的一名护士,心中的使命告诉我一线需要我,需要我们这代'90后'热血青年。"

"90后"遇到"90后"。在军队支援湖北医疗队进驻的各定点医院中,湖北妇幼保健院光谷院区的老年患者较为集中,很多在90岁以上,而照顾这些老人的是一群"90后"的年轻护士。细心喂饭、仔细擦身,她们无微不至地关怀着每一位爷爷奶奶。青春活力是她们,细心体贴也是她们,当"90后"护士遇上"90后"患者,她们用实际行动赢得称赞。

点评: 在新型冠状病毒肺炎疫情中,这群朝气蓬勃的"90后"医护人员逆行而上,成为抗疫一线的主力军。他们用行动证明了自己的责任、担当、价值,用行为诠释了爱岗敬业。

思考: 奋战在抗疫一线的"90后"们身上具有哪些品质值得我们学习?

课堂活动

爱岗敬业模范许振超

一、活动目标

懂得爱岗敬业的意义，培养爱岗敬业意识，从我做起，从小事做起，从现在做起，培养爱岗敬业的职业道德意识和职业道德素养。

二、活动时间

建议 40 分钟。

三、活动流程

1. 教师播放视频资料：爱岗敬业模范许振超的成功因素，结合教材，学生思考问题。

问题一：什么叫"绝活"，许振超有哪些绝活？

问题二：这些绝活，许振超是怎样练成的？

问题三：你打算如何将敬业的要求落实到学习、工作当中？（讨论后回答）

2. 将学生按照 6~8 人分成小组，通过小组内部讨论形成小组观点。

3. 每个小组选出一组代表陈述本组观点，其他小组可以对其进行提问，小组内其他成员也可以回答提出的问题；通过问题交流，将每一个需要研讨的问题都弄清楚，形成书面内容。

4. 教师进行分析、归纳、总结。

5. 教师根据各组在研讨过程中的表现，给予评价。

主题 7.3　珍惜职业荣誉

◎哲人隽语

奋斗者是精神最为富足的人，也是最懂得幸福、最享受幸福的人。

——习近平

 学习目标

1. 了解职业荣誉的概念、表现、地位及作用。
2. 能在实践活动体验和感悟职业荣誉感、幸福感。
3. 能树立正确的荣誉观，激发和增强职业荣誉感，做一个对社会有贡献的人。

 案例思考

张永忠：从木工岗位走出来的汽修"老中医"

有人叫他"土专家"，因为他靠一些自制的简单工具，为成千上万的长安汽车用户排忧解难；也有人叫他"老中医"，他的独门绝技"望、闻、听、切"，名震四方。他就是中华技能大奖获得者、长安汽车的发动机专家张永忠。

张永忠 1983 年进厂，一年后，他被安排去参与汽车发动机的组装。从此，他与发动机开启了一段"不解之缘"。

他耳朵很灵敏，总是能从撞击声音中察觉质量问题。张永忠巡查时发现工人在撞击打力过程中，撞击声音似乎和标准力度下发出的声音有些出入。张永忠赶紧看仪器

模块七　弘扬职业精神

的显示，果然工人操作力度不够，这样会导致连杆螺母力矩小出现质量问题，从而引起发动机不合格。工厂当即调查，避免了1 500台不合格发动机流入市场。

张永忠不仅声音听得"精"，脾气还有点"犟"。一次，张永忠发现工厂生产的G系列发动机气门调整螺钉成为影响生产速度的瓶颈。张永忠想解决这个瓶颈。心动不如行动，张永忠首先找到日本厂商，但对方提出需要运回日本，而且不能保证一定能解决。"不求别人，我自己来！"于是，张永忠开始日夜鏖战，自己动手设计、画图纸、试验、再修改，推翻重来……着了魔一样的张永忠心里只有一个念头：把这个瓶颈攻克掉。功夫不负有心人！张永忠最终真的做到了，不但突破了生产瓶颈，提高了生产效率，还获得了国家专利。之后又陆续攻克"F系列发动机PCV阀装配难关""快速换装气门油封"等攻关项目，都获得了国家专利。

在工作实践中，善于总结研究的张永忠还练就了一身发动机调修的真本领，归纳总结出"望、闻、听、切"发动机调修四字诀，即看发动机外观、闻汽车尾气味、听发动机工作异响、找原因把脉。

时光如梭，30多年来，张永忠始终"干一行、爱一行、钻一行"，经他手调修好的发动机已经数不清有多少台。在这期间，他先后被评选为工厂十佳能手、公司一级技能师、重庆市劳动模范、中国兵装集团技能大师、全国技术能手、中华技能大奖。

点评： 一份专注，淬炼出时光的品质；一份坚守，琢磨出情怀的精致。很多像张永忠的匠人们，他们的手，有毫厘千钧之力；他们的眼，有秋毫不放之工。他们兢兢业业，让平凡有了梦想的温度；他们精益求精，用执着追上灵魂的脚步。他们是大国工匠，是"中国制造"的时代精神。这是一种职业荣誉，也是职业道德的具体表现。良好的职业荣誉感是良性社会的标志。只要把本职工作做得出色，就会得到充分的尊敬，自己也能体验职业荣誉感与幸福感。普通人即使在平凡的岗位上也能成就一番事业，推动社会发展、进步。

思考： 结合自己的专业和可能未来要从事的工作，你是如何理解职业荣誉的？

一、职业荣誉认知

（一）职业荣誉的概念及表现

职业荣誉就是职业荣誉感，是指一定的社会或集团对人们履行社会义务的道德行为的肯定和褒奖，是特定人从特定组织获得的专门性和定性化的积极评价，作为从事本职业的个人因意识到这种肯定和褒奖所产生的道德情感。

职业荣誉主要有两种表现形式。一种是奖励层面，包括各种形式的物质和精神奖励，以及由此带来的褒奖和认可。另一种是道德层面，指的是对工作、对他人尽心尽力之后，内心产生的踏实坦然、问心无愧的感觉。

（二）职业荣誉的地位

一种职业之所以能够在社会中存在和发展，是因为它能够满足社会本身的存在和发展的需要，这种需要客观上规定了该职业的社会作用和特性，并且令其在精神以至制度层次上形成职业道德。职业道德一旦产生，就会对这种职业产生不能低估的影响作用。如同社会道德与社会荣誉感的关系一样，作为职业道德的高级组成部分的职业荣誉感，对这种职业道德产生着显而易见的影响——它维护和激励着这种职业道德，并且通过职业道德对该职业产生作用。没有职业道德就没有职业，而没有职业荣誉感的职业道德也难以想象。

职业荣誉感是敬业爱岗的具体表现，是从事该职业的道德情感，一旦个体受到不同程度的刺激，道德情感的崇高性就会渐渐被世俗追求所取代，而渐渐失去职业荣誉感，失去对职业的兴趣。

在一个良好社会里，只要认真把自己职业岗位上的事情做得近乎完美，在社会上就会得到充分的尊敬，作为个人也能够得到充分的职业荣誉感与幸福感。无论个体的职业是什么，也不论个体是在什么岗位，只要为社会做出了贡献，都能够实现自己的价值。

案例 7-3

大历史 小工匠

故宫博物院正是有了一代代文物修复师傅，他们日复一日重复着看似单调，却意义重大的修复工作，让一件件沉睡在库房里、饱经沧桑的文物得以修好如初，才让我们有机会目睹真容。一代代文物修复师傅始终在默默地为中国文化事业做着贡献。

老一代文物修复师傅们大多年纪轻轻就拜师学艺，学习文物修复技能，历经无数个春夏秋冬。他们始终不忘师傅教诲，踏实工作，一干就是三四十年，半辈子都在和文物打交道，修复过不计其数的珍宝。

在故宫的文物修复队伍中还有许许多多年轻人的身影。他们为了文物修复事业，放弃了都市的热闹和喧嚣，来到了故宫西侧办公区内一个个相连的小院子里——这就是他们的工作室，与从事商业艺术创作的同学相比，这里的工作环境略显简陋。但是就是这样一批年轻人为了这份事业，硬是在这一个个小院子里过起了"隐居"的生活。他们在那一张张小小的工作台前，往往一干四五个小时甚至七八个小时，这对于二十多岁，特别是以前学习搞创作、思想活跃的他们来说，确实是一种很大的挑战。可洋溢的笑脸上却呈现出他们对于这份事业的热爱，他们把青春无悔地奉献给了文物修复事业。

总之，无论是老一辈的修复师傅，还是年轻一代的修复师傅，他们都把自己能将那些尘封已久的文物修复如初，让文物再次展现在世人的眼前作为个人价值的体现，始终追求的是那份"无声"的荣誉，忽略了对于物质和金钱的追求。也许他们如果从事商业艺术修复和创作，凭借自身高超的技能肯定能获得更多的物质和金钱，可那又能怎样？一个人的价值不是取决于他拥有多少的物质和金钱，而是取决于他能为他人带来什么。

思考： 你是如何理解职业价值的？

（三）职业荣誉的作用

有没有职业荣誉感，直接影响职业的社会作用，终究也关乎职业人的命运。荣誉提升道德，荣誉催生自律；荣誉启发智慧，荣誉激励热情；荣誉坚定信念，荣誉鼓舞勇气；荣誉孕育责任，荣誉成就伟业。

二、职业荣誉的现状及对策

曾经，我们崇尚"劳动最光荣""只有分工不同，没有高低、贵贱"；曾经，我们歌唱"我当个石油工人多荣耀"；曾经，我们给予一些特殊行业无限敬意，"人类灵魂的工程师""最可爱的人""白衣天使"，从什么时候开始，职业荣誉感渐行渐远？对许多人来说，职业，仅仅变成谋生的手段，其所承载的人生价值和理想在慢慢消失。

（一）职业荣誉缺失的原因

1. 与我国处于社会转型期有关

在市场经济大潮的冲击下，人们原有的价值体系发生了巨大的变化。新型的、多元化的社会价值观正在形成。在市场经济条件下，形成了趋利的价值观和评判标准——考察一个人是否值得尊重，金钱成了"硬杠杠"；评判一份职业是否有价值，要考量"投入产出比"；在利益的驱使下，人们的职业荣誉感和对职业的忠诚度自然会下降。

在社会学的研究范畴中，职业荣誉感和职业声望、职业地位相互关联。在机制转型期的中国，对于一些职业的评价往往是截然相反的。例如官员、医生、律师、演员、警察等。形成"冲突性的职业声望评价"，影响人们的职业荣誉感。

2. 制度体系的不健全

任何一个职业的进入都有门槛，都有其职业规范、职业技术、职业技能等方面的要求，而我国在这些方面的培训、考核、认证等制度体系恰恰不健全。在制造业发达的德国等欧洲国家中，木工、瓦工、车工、电工等技术工种，都要先经过行业协会的培训，通过考试拿到证书，才能进入企业工作；加上完善的用工制度和社会保障体系，技术工人不仅收入高，也有社会地位，因此格外有职业荣誉感，非常敬业。

我国目前只有很少一部分农民工通过职高、中专、技校的学习拿到了资格证书，而大多数人都没有经过培训就直接上岗，工作的流动性也很大，收入没保障，这部分数量庞大的产业工人，怎么会有职业荣誉感？

3. 个人因素的影响

道德责任感淡薄，导致职业荣誉感缺失。社会责任感和职业操守的淡化，从而衍生功利思想和个人主义的滋长。从另一个角度来说，职业荣誉感淡化，也是社会职业道德教育弱化的一种体现。当人们不再为自己从事的职业感到光荣和自豪时，那么对社会的责任、义务和对工作的热情也会随之淡漠，无私奉献、全心全意为人民服务的根本宗旨也将被严重弱化。

（二）培养职业荣誉感

职业荣誉感与敬业精神、职业道德息息相关。良好的职业荣誉感是良性社会的标志。只要把本职工作做得出色，就会得到充分的尊敬，自己也能体验职业荣誉感与幸福感。普通人即使在平凡的岗位上也能成就一番事业，推动社会发展、进步。

职业于人有双重意义，它不仅是我们安身立命、养家糊口的岗位，还是实现人生价值和理想的载体。社会主义核心价值观在个人层面提出的第二个价值准则就是敬业。有了职业荣誉感，才能发自内心的爱岗敬业，全身心地投入工作中，才可能为国家、为社会、为家庭，也为自己创造未来。在我国，强化职业荣誉感势在必行。

1. 要从制度体系上加以保障

人们能够通过职业水平的不断提升实现职业地位上升，从而得到相应的尊重。这需要我国不断完善用工制度，形成长期、稳定的雇佣关系，加大对农民工的社会保障力度，让农民工"体面劳动"。同时借鉴发达国家的经验，多发挥行业协会的作用，加强对技术工人的职业培训、考核和认证等。

2. 通过深化改革

调整收入分配制度，增加广大劳动者的收入。同时为培育爱岗敬业人才提供机制、制度保障，让实干者得实惠，让苦干者吃香，让老实人不吃亏。

3. 积极引导价值导向、舆论导向

要通过形式新颖、内容丰富的主题活动和教育，大力宣扬和赞颂职业道德模范，奖励那些不同岗位具有强烈职业荣誉感和自豪感的优秀人才，以此让更多的人在感佩荣誉的同时，感悟社会责任和为人民服务的义务。

4. 从自身做起

石油大王洛克菲勒对自己的女儿说过这样一句话："如果你视工作为一种乐趣，人生就是天堂；如果你视工作为一种义务，人生就是地狱。"立足本职，创先争优，热爱自己的本职工作，时刻保持干事创业的激情，时刻保持奋勇争先的干劲，时刻保持积极进取的斗志；要树立干就干好、干就干优、干就一流的人生观和价值观，以高标准要求自己，以精益求精的态度对待工作。

我们要从自己做起，从现在做起，努力增强荣誉感、使命感和责任感，我们要以苦干实干做基础，与本职工作和工作大局紧密结合，做到干一行、爱一行；学一行、专一行；争创一流，努力做一个积极进取的人、热爱事业的人、能职相称的人、受到周围同事信赖和尊重的人。

总结案例

陈久友——我为祖国"焊"长空

头戴面具，手持焊枪，火光四溅，是我们对焊工最基本的印象。走进中国航天科工三院239厂热加工部焊接组，总能看到航天首席技师陈久友在耀眼的焊花中奋战的身影。摘掉焊接防护面具，只有30多岁的他额头已经布满了深深的抬头纹；这每一道抬头纹伴随着他完成的焊缝，款款讲述着航天"焊"匠背后的深情故事。

在外行看来，焊接作业的工况并不算友好，夏天湿热的温度、长时间刺眼的弧光以及焊花随时可能带来的高温灼伤；不但艰苦而且危险。然而不深入了解焊接的人不会知道，焊接不同于其他工种的另一项巨大挑战——长时间、不间断作业。

航天元器件制造过程中，切削金属可以一点点打磨直至接近精确尺寸；然而焊工手中的武器"焊枪"一旦通电，温度骤然升高，航天精密部件金属内部性能活跃起来，有且只有一次操作机会让焊工完成一"焊"到位。这期间，焊工师傅不能吃饭、不能休

模块七 弘扬职业精神

息、不能去厕所，甚至端着焊枪的手都要长时间稳定，不能抖动；遇到关键焊点，甚至连眼睛也不能眨。

陈师傅左手持待焊工件，右手稳稳端住焊枪，经常一干就是1个小时，碰上复杂结构的焊接关系，三四个小时连续作业也是常事。他长时间受力的手腕用医用绷带裹着；厚重的防护服里，包裹着常年被汗水浸透的衣服。一次，他焊接油箱，由于太过投入，高温金属蒸汽将露出的工作服衣角瞬间烫焦脆化，他都浑然不觉。

"17年焊接工作经验"、集团公司首席焊工、三院技术能手、航天技术能手、青年岗位能手、航天基金奖获得者等多项技能荣誉称号，陈师傅总是觉得自己的付出太少，得到太多。

点评："焊"卫祖国长空的成就感、荣誉感，没有什么可以替代，有的也只是他作为航天工匠对品质精益求精的执着。社会主义核心价值观里也提到"敬业"一词，与职业荣誉感息息相关。我们要珍惜职业荣誉，恪守职业道德，爱岗敬业，诚实守信，办事公道，服务群众，奉献社会，发扬工匠精神，在工作中做一个好建设者。

思考：结合自己专业，谈一谈该如何珍惜职业荣誉？

课堂活动

与本专业相关的职业荣誉感的专题讲座

一、活动目标

增加对职业荣誉感的认识，针对性培养个人职业荣誉感。

二、活动时间

建议60分钟。

二、活动流程

1. 结合所学知识，通过上网及其他途径查找相关资料，加深了解培养个人职业荣誉感的方法和途径。

2. 邀请在工作岗位上有出色表现的优秀校友作为讲座嘉宾，进行关于职业荣誉感的分享。

3. 教师将学生按照6~8人分成小组，通过小组内部讨论形成小组观点。

4. 每个小组选出一组代表陈述本组观点，其他小组可以对其进行提问，小组内其他成员也可以回答提出的问题；通过问题交流，将每一个需要研讨的问题都弄清楚，形成书面内容。

5. 教师进行分析、归纳、总结，根据各组在研讨过程中的表现，给予评价。

模块八

提升职业素养

导读导学

高素质的职业人,是一个具有健康心理和生理素质、科学文化素质、良好思想品德的人,也应该是掌握一定劳动技能的劳动者。人们无论是从事理论研究、科学发明,还是从事行政管理、市场营销,乃至工农业的生产,都是以一个劳动者的身份立足于社会的。在现实生活中,职业行为持续人生的大半时光,从学校毕业步入职业生涯,到年老退休离开职业岗位,长达三十多年。要在青少年时期理解劳动价值,为将来的职业活动做出合理选择。因此,培养中职学生热爱劳动和劳动人民的品质,增强劳动观念和意识,提升职业素养至关重要。

每个人都对未来充满憧憬,但现实有时总不尽人意,有可能会身不由己走上自己不喜欢的岗位。如果我们能够清楚地了解自己的能力、性格、气质和兴趣,从而选择既适合自己的个人特点、又有机会从事的职业和岗位,在校期间注重岗位素养修炼并养成终身学习的习惯,相信我们每个人都有机会取得成绩,实现人生抱负。

本模块包括探索人职匹配、提升岗位胜任能力、终身学习和未来劳动三部分。在探索人职匹配中学习运用霍兰德的职业适配性探索职业兴趣,使用 MBTI 16 种性格类型的特征和职业倾向探索职业性格、职业能力;提升岗位胜任能力中,重点阐述了岗位职业素养内容和提升岗位胜任能力的方法;在培养终身学习习惯中重点强调了终身学习的习惯培养方法及对职业生涯的价值需要。

模块八　提升职业素养

主题 8.1　探索人职匹配

 学习目标

1. 了解人职匹配包含的内容、理论和工具。
2. 能够使用霍兰德职业兴趣图，更多了解自己，为择业做准备。
3. 能运用 MBTI 探索职业性格，愿意与他人交流关于自身人职匹配方面的疑惑。

◎哲人隽语

人若志趣不远，心不在焉，虽学无成。
——张载

 案例思考

四年大学苦读的这个专业，工作后要放弃吗

陈民大学就读的是材料工程专业，但毕业后他阴差阳错地进了某家高科技电子公司。这家刚起步的电子公司需要大量的技术工程人员，而国内的大学又很少有对口专业的毕业生。这是个很好的机会，陈民在进入这家高科技公司前对微电子制造技术一无所知，如同白纸一张，但主管们基本都是海外归来，他们带回了不少微电子技术制造的技术和书籍，工作中边学边做让他觉得每天都很充实。为了让他们尽快掌握工作技能，产品部门主管还在下班后给新晋工程师讲授专业知识。虽然材料专业毕业的他比起微电子专业毕业的同事，他的专业知识明显比人家欠缺，但努力学习最新的微电子技术，很快掌握了不少知识，工作两年后同期入职的陈民和同事们已经可以胜任产品工程师的工作；比起大学四年的学习他们在工作中更快地获取技能，虽然专业不对口，只要抱着继续学习的心态，工作中的技能学习会受益匪浅。

点评：在学校所读专业只是工作的敲门砖，有些专业看似不相关但还是有用的，无论如何都要认真学习。如果你现在不喜欢自己的专业，或者说你所学的专业不太好找工作，是完全可以跨其他专业的，但是这也会使你付出比别人还要多很多倍的努力，因为别人的起跑线比你高。工作中也需要时时保持学习的状态。

思考：你为什么选择了现在的专业？你想从事什么工作？你觉得自己能胜任吗？

一、人职匹配

用人单位靠什么标准来衡量一个毕业生是否符合岗位需求呢？在人力资源管理中，招聘人才主要使用的是人职匹配理论。人职匹配理论就是关于人的个性特征与职业性质一致的理论，较有影响力的理论有特质因素论和霍兰德职业兴趣理论，这里重点介绍霍兰德职业兴趣理论。

霍兰德是美国著名的职业指导专家，他认为，就职业选择而言，兴趣是个体和职业匹配过程中最重要的因素，个人的职业兴趣特性与职业之间应有一种内在的对应关系——对从事的职业具有巨大兴趣的从业者，可以在很大程度上提高他们工作的积极性，最大限度地提高工作效率，促使人们积极地、愉快地从事该职业。

他认为大多数人可以被归纳为六种人格类型：现实型（R）（特质操作）、研究型（I）

(特质逻辑思考)、艺术型(A)(特质创意表达)、社会型(S)(特质友善助人)、企业型(E)(特质影响说服、有领导力)和事务型(C)(特质严谨规律)。霍兰德职业兴趣图如图8-1所示。

职业类型也有六种类型，分类名称及性质与上述人格类型分类一致。现实型(R)典型职业如：制图员、机械装配工等。研究型(I)典型职业如：科学研究人员、工程师。艺术型(A)典型职业如：导演、画家、作家等。社会型(S)典型职业如：教师、护士、公关人员等。企业型(E)典型职业如：政府官员、企业领导等。事务型(C)典型职业如：秘书、会计、行政助理等。

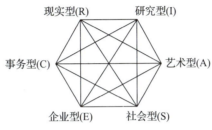

图8-1　霍兰德职业兴趣图

一个人的行为表现，是由他的人格与他所处的环境交互作用决定的。人总是寻找适合个人人格类型的环境，锻炼相应的技巧与能力，在相匹配的环境，可以施展才能抱负、实现价值观。人格类型与职业类型匹配度的高低，可以预测个人的职业满意度、稳定性及职业成就。

人职匹配的本质，就是"人的信息与职业的信息之间的匹配"关系。人与职业环境的类型匹配是形成职业满意度、成就感的基础。霍兰德的职业适配性，强调的是基于"我是谁"去做选择。在职业兴趣测试的帮助下，个体可以清晰地了解自己的职业兴趣类型和在职业选择中的主观倾向，从而在众多的职业机会中找寻到最适合自己的职业，避免盲目行为。尤其是对于学生群体和缺乏职业经验的人，霍兰德的职业兴趣理论可以帮助他们更好地去做职业选择和职业设计。

二、探索职业兴趣

兴趣是人们力求认识某种事物和从事某项活动并带有积极情绪的意识倾向。兴趣是在一定需要基础上，在社会实践中发生和形成的，它在人的职业选择过程中具有重要作用，是进行职业选择的重要依据。人们在选择职业时，当外界环境限制较少时，更倾向于寻找与自己兴趣有关的职业。

职业环境的变化和社会生活的日益丰富、科学技术的发展、新行业和新职业的不断出现，都会对人的兴趣产生影响。有的人兴趣一经形成就稳定不变，尽管以后兴趣面不断拓宽，但始终保持原来的职业兴趣。有些人则职业兴趣多变，缺乏稳定性和持久性，对某一职业很容易发生兴趣，但很快又会被另一种职业兴趣所代替。在选择职业时，这种态度很难适应职业生涯的要求。只有稳定的职业兴趣才能推动深入理解问题，从而获得系统和深刻的知识，奠定成功的基础。

模块八 提升职业素养

案例 8-1

兴趣使他不会疲倦

年仅 40 岁就获得诺贝尔奖的丁肇中（见图 8-2），从小就对物理有浓厚的兴趣。20 岁时，他带着仅有的 100 美元，远赴重洋到美国密歇根大学学习数学和物理。在 3 年多的时间里，他刻苦读书，把全部精力都贯注于学业中去，有人问他："这样刻苦攻读，你不觉得苦吗？"丁肇中笑着答道："不、不、不，一点也不，没有任何人强迫我这样做，正相反，我觉得很快乐。因为我有兴趣，我急于要探秘密。"正因为如此，丁肇中以优异成绩毕业，并被留在普林斯顿从事研究工作，后来，又成为哥伦比亚大学助理研究员，与里奇特同一天发现了 J/Q 粒子，共同获得了诺贝尔物理学奖。

图 8-2 丁肇中

作为世界顶尖的物理学家工作到六七十岁后本可像许多科学家那样功成身退，但他依然选择奋战在科研一线。他说，好奇心和兴趣是他生命的原动力，"工作就是我的兴趣，兴趣使我不会疲倦。"

思考：你从丁肇中一生的学习和工作中领悟了什么？

三、探索职业性格

（一）性格的定义

性格是指人们在对人、事、物的态度和相应行为上表现出来的特征，它是一种个体内部的行为倾向，是相对稳定、具有核心意义的、与社会联系最为密切的个性心理特征。性格是一个人的职业素质中最核心、最具稳定性的内容。在职业发展中，性格也决定着一个人的职业适应性和职业成就。

职业性格是指人们在长期特定的职业生活中所形成的与职业相联系的、稳定的心理特征，是个人内部的动力，也是确定个人在职业上的特征性行为的依据。

（二）性格类型与职业倾向

MBTI 性格类型理论是以荣格的人格分类理论为基础，与其相对应的 MBTI 职业性格测试是目前应用最为广泛的职业人格评估工具。

MBTI 人格共有 4 个维度，每个维度有 2 个方向，共计 8 个方面，分别是：

（1）能量获取方式：外向（E）——内向（I）。
（2）信息获取方式：感觉（S）——直觉（N）。
（3）分析判断的方式：思考（T）——情感（F）。
（4）行事的方式：判断（J）——知觉（P）。

4 个维度的两个方面，可以组合出 16 种性格类型，见表 8-1。

表 8–1　MBTI 16 种性格类型的特征和职业倾向

性格类型	特征	职业倾向
ISTJ	工作缜密、有责任心、讲求实际	管理者、执法者、会计、审计师、行政人员
ISFJ	沉静友善、忠诚、有奉献精神，喜欢实际可行地帮助别人	教育、健康护理、宗教服务、服务员
INFJ	正直坚定、富有理想、对别人有洞察力、感情强烈	咨询服务、教导/教育、电影编剧等艺术工作者
INTJ	具有创意头脑、能很快掌握事物规律、思维严谨、有怀疑精神、坚韧不拔	科学家、研究人员、工程师等
ISTP	容忍、冷静、坦率诚实、重视效率、善于观察、擅长分析	各类技术专家、技师、熟练工种、执法者、军人等
ISFP	敏感仁慈，沉静友善，喜欢有自我空间，灵活，易于相处，多用行为表达情感	健康护理、服务业、机械和维修、手工制作者
INFP	敏感、理想化、忠诚、信仰坚定、具有忍耐力和适应性、有好奇心	艺术家、作家、咨询服务、社会工作者、社科类研究人员
INTP	缄默超然、灵活易变、思维开阔、喜欢分析。喜欢思维理念多于社交	科学或技术研究人员、作家、设计师、艺术家等
ESTP	活跃、率直友善、随遇而安、讲求实际、专注及时的效益、善于用行动解决问题	各类贸易商、零售商、房地产经纪人、保险经纪人、体育工作者等
ESFP	热情大方、乐于助人、擅长交际、喜欢具体的事实、富有灵活性、即兴性	销售人员、客户经理、表演人员、节目主持人、导游、社区工作人员、健康护理、儿童保育等
ENFP	乐观自信、富有创造性、好奇、乐于欣赏支持别人，观察力强	儿童教育工作者、职业规划顾问、社会工作者、培训师、节目策划人、广告撰稿人
ENTP	思维敏捷，喜欢变化与挑战，开放健谈，富有想象力，善于洞察别人、随机应变	投资顾问、市场营销人员、广告创意、艺术总监、访谈类节目主持人、制片人
ESTJ	传统、合群、高效、务实、善于分配和处置资源，喜欢制度分明、稳定的工作环境	大中型企业员工、业务经理、职业经理人、管理者
ESFJ	友好、富有同情心和责任感、重视人际关系、果断坚定、谨慎、讲求实际	办公室行政或管理人员、秘书、医护人员、教师、学校管理者、银行、酒店、餐饮业管理人员等
ENFJ	温情，有同情心，关心他人，社交活跃，积极协助他人成长	人力资源、销售培训员、职业指导顾问、心理咨询师、记者、节目主持人（新闻、采访）等
ENTJ	自律、有条理、分析能力强、富有远见、善于领导、决策和组织、乐于指导他人	各类管理者、领导者、行业领域专家等

四、探索职业能力

（一）能力的定义

能力是完成一项目标或者任务所体现出来的素质，是直接影响活动效率，并使活动顺利完成的个性心理特征。能力，是一个人能否进入职场的先决条件，是能否胜任职业工作的主观条件。它可分为知识技能、可迁移技能和自我管理技能。

◎知识窗

职业基本能力

（二）能力与职业

在日常生活中，"喜欢一件事"并不等于"能干好一件事"。喜欢是一种主观体验，而做好一件事还包括了主体客观条件。所以，在设计职业发展的时候，个体不能只考虑自己的兴趣，还要客观评价自己的能力。人在其一生之中，要从事各种各样的社会生活和社会生产活动，必须具备多种能力与之相适应。

任何职业岗位都有相应的岗位职责要求，一定的职业能力是胜任某种职业岗位的必要条件，因此，个体在择业时，首先要明确自己的能力优势及胜任某种工作的可能性。

 总结案例

最牛应届生

刘辰再过一个月就要毕业了，面对严峻的就业环境，他压力很大。

他是一个公交迷，北京市所有的公交线路他都了如指掌。从小学六年级开始，他就开始关注北京市的公交线路。哪条公交改线路了，哪辆公交车换车型了，他都会把它们记录下来。从上初中起，他就是同学们的出行顾问。

就在他为找什么样的工作发愁时，《非你莫属》节目组通过了他的申请，他可以到现场去求职。来到现场，他发现果然有一家公司有适合他的职位——旅游体验师。

主持人问他有什么才艺，他说："我是一个公交迷，对北京市的公交、地铁线路都有一些研究。"主持人来了兴趣，想现场考考他，于是问了他几个从一个地方到另一个地方如何坐车的问题，刘辰不假思索地就答出来了。他的回答把台上12位老板的情绪都调动了起来，他们开始争先恐后地向他提问。他有问必答，不但准确无误地按顺序报了一大堆地铁站的名字，而且还应一位老板的要求，给一对情侣设计了一个在北京一日游的路线。

本来众多老板并没有打算招他进公司，可是他对公交的这种专注精神显然为他打开了各个公司的大门。老总们不仅不约而同地向他发出了热情的邀请，而且个个绞尽脑汁，在现场因人设岗，给他非常好的职位和待遇，只为留住这个人才。

最终，他选择了一家他感兴趣的公司。主持人问这家公司的老总："你给的薪水是不是太高了？"这个老总回答："专业的、执着的、优秀的人才，是无价的。"是的，无论在哪个行业，最缺的永远都是专注的人。专注的人永远不缺机会！正如一个老总说："很多用人单位不招应届大学生，不只是因为他们缺少工作经验。更主要的是，他们缺少一种精神，缺少一种专注和投入的精神。而他最打动人的，就是他的敬业和那种往里钻的专注。只要有这种精神，无论在哪个行业，都能干出一番成绩。"

点评： 有许多毕业生都在抱怨找不到工作，其实，企业又何尝不知，作为毕业生缺少工作经验是很正常的事情。所以企业更看重的，往往是这个毕业生对工作的投入度、专注度以及热情与激情。如果明白了这一点，我们很多人就不会抱怨自己缘何找不到工作了。

思考： 你认为自己最需要掌握的职业能力有哪些？

课堂活动

思考人生

一、活动目标

探索人职匹配，促进对个人生涯规划的思考。

二、活动时间

20 分钟。

三、活动流程

1. 请学生们思考一下自己喜欢做的五件事，其中，哪些可能与自己将来的职业有关，把它们写在表 8-2 中。

表 8-2　自己喜欢做的五件事

序号	喜欢做的事情	有关的职业
1		
2		
3		
4		
5		

2. 看着表 8-2 中自己所填写的内容，谈谈自己的感受是什么。

3. 以宿舍为单位分成若干组，每组选出组长，由组长负责对问题进行讨论并归纳组内同学的想法。

4. 组内推选出一名代表在班级分享本组想法，其他小组可以对其进行提问，小组内其他成员也可以回答提出的问题。

5. 教师进行分析、归纳、总结，根据各组在研讨过程中的表现予以赋分。

模块八　提升职业素养

主题 8.2　提升岗位胜任能力

> ◎哲人隽语
> 智力比知识重要，素质比智力重要，觉悟比素质重要。
> ——张瑞敏

学习目标

1. 了解岗位素养含义和岗位职业素养包含的内容。
2. 可根据岗位胜任能力要求，绘制自己的岗位胜任力提升蓝图。
3. 认同良好职业习惯的重要性，积极提升自身岗位胜任素质和能力。

案例思考

一位"90后"的微博致富秘诀

赵成是一名普通的学生，为了赶时髦，他于 2010 年 3 月注册了自己的"差不多先生"微博。放暑假后在家里没事干，就不断回复别人的评论。到 7 月份，粉丝已达到 5 000 多人。这让他很兴奋，开始研究如何将微博"养大"，遂采取了如下措施。

赵成认为，要想增加粉丝，必须给微博一个大气的官方化名称。冥思苦想后，他将原"差不多先生"改成了"糗事大百科"，这样就与微博的内容很贴近。而改名字只是开头，要想快速拥有货真价实的粉丝，还需找到一个强大的依靠，让人们关注自己。他瞄上了草根微博榜的前几名，通过不断投稿，渐渐引起了"牛博"们和他们的粉丝的关注。5 个月时间，他的粉丝快速增长到 35 万人次，强势挤进微博转发榜前 3 名，其影响力不亚于一家中等规模的都市报。

"传、帮、带。"很快他发现这样不是长久之计后就决定开辟第二条"战线"：选定几个与他粉丝差不多的企业为合作伙伴，彼此转发微博内容后，引起彼此粉丝的关注。这一招，使"糗事大百科"又迎来新的飞速发展期，到 2011 年 6 月已突破 60 万人。

"敢冒险。"通过在微博上发留下手机号的"有没有人对你说'晚安'"的大冒险游戏，粉丝数速增，仅在"糗事大百科"上就有 12 600 多人参与了这个冒险游戏。

"谋转型。"赵成明白要想保持长盛不衰，必须在第一时间抢占热门话题，转发各种有趣素材。他放弃了打游戏、逛街、课间活动和网聊，全身心查阅资料并予以加工，再配上精美的图画，更使微博增强了感染力。

成为草根微博百强博主后，很多广告商找到赵成要与他合作，但他只是接一些软广告，仅这些月收入就达 20 000 元。他说："我若要答应了所有广告商，收入肯定不止这个数，那我就失去了做人的根本，更寒了粉丝们的心，我绝对不能那样做。"

点评： 微博改变了赵成，使他从一个腼腆内向的大男孩儿，成为一名自信的草根微博百强博主。很多人满足于平庸的现状，在推诿、偷懒、取巧中应付自己的生活，却并不知道：想要成功就必须选择生活而不是让生活选择你。

思考： 你认为岗位职业素养包含哪些内容？

一、岗位与岗位素养概述

(一) 岗位概念

岗位是组织为完成某项任务而确定的由工种、职务、等级性质所组成的工作位置，是个体承担一项或多项责任以及为此赋予个体权利的总和。它是社会经济技术发展的产物，是按照一定标准化分工，由具体职责和任务、岗位工作规范和员工上岗能力指标要求组成的集合体。它是企业员工从事活动或工作的载体，也是员工生存发展的平台。

(二) 岗位职业素养

岗位职业素养和社会基本素养是不同的。岗位职业素养具有一定的职业个性，如救灾是社会责任，而爱岗敬业是职业责任。岗位职业素养主要包括以下几个方面。

1. 岗位道德素养

岗位道德素养也称职业道德，是职业人最为重要的职业素质之一，是从业人员在生产活动中必须遵循的行为准则。岗位道德素养主要表现为爱岗敬业、奉献精神、质量效益意识和岗位意识，是从业者最基本的岗位素养。学生从学校走向岗位，就要按照岗位道德素养的要求，并不断地自我修炼。

2. 岗位担当素养

岗位担当素养主要指岗位责任。具体讲，员工要为岗位任务担当、产品质量担当、企业发展担当、岗位规范担当，也要为问题担当。拖拉、不负责任甚至推脱责任都是岗位担当素养不高的表现。当企业遇到发展困难时，员工敢于担当是岗位应有的素养。对学生而言，择业就业就意味着岗位担当的开始。

3. 岗位服务素养

服务是将自己的劳动产品或劳务提供给对方的过程，简单地讲就是为自己以外的人或单位做事情。个体在为别人提供服务的同时，也在享受别人的服务。因此，岗位的服务意识不能缺少，尤其是服务型岗位，服务特性则更加凸显。服务态度和服务品质是岗位服务素养的核心内涵，所以个体应将岗位的服务质量和服务的有效性，作为锤炼岗位服务素养永恒的主题并不断强化。

案例 8-2

礼宾送客十步曲

徐靖是一家四星级酒店贵宾楼的前厅主管，她2001年毕业于山东省旅游职业学院宾馆日语专业。徐靖在酒店这个大课堂里孜孜不倦地汲取营养，不断充实完善自己，伴随山庄不断成长。前厅部是留给宾客第一印象和最后印象的地方，是服务环节的重中之重。小徐身先士卒，带领大家不断钻研业务、提升自身素质，在班组中营造积极向上的氛围。她勤于思考，不断创新，本着方便宾客、易于掌握的原则，总结和提炼了《前厅常见问题处理100问》《前厅对客服务关键点》，将前厅服务关键环节总结提炼，在关键点上提供有针对性的服务。《前厅细微服务口袋标准》，简化优化标准，印制小卡片，方便员工培训；《温馨带房流程》让宾客有备受关注的体验，感受到好客山东的热情；《礼宾送客十步曲》

将礼宾员送客的过程加以规范，这些言简意赅的文字更容易被员工接受，取得了很好的效果。小徐常说："以匠人之心，追求服务的极致，把工作中的每个细节都做到完美，让客人满意加惊喜。"这是她作为一名山东酒店人所追求的目标。

思考： 徐靖身上是如何体现岗位服务素养的核心内涵的？

4. 岗位安全素养

安全意识是岗位的第一要素。企业的工作规程和工作规范的重要功能，就是保护员工安全、岗位生产安全和产品质量安全。没有安全就没有效率和效益，保障安全是对社会、组织、家庭及自己负责任和尽义务。

5. 绿色环保素养

它是关于人与人、人与社会、人与自然和谐相处的绿色知识、生态伦理情怀、绿色意识和绿色行为的总和。学生是绿色素养提升的主导力量，必须把绿色素养与解决实际问题结合起来，真正做到学以致用，真正成为全球生态文明建设的重要参与者、贡献者、引领者。

6. 岗位学习与创新素养

当今社会，创新已经成为国家、企业和员工个人发展的灵魂，也是社会竞争、岗位竞争的关键要素。中职学生应该培养自身的创新意识，提高竞争力，岗位创新素养是新一代青年人必须具备的素养。创新源于对学习和工作的钻研，个体要让创新成为工作习惯。

二、岗位胜任的基本能力

岗位能力不仅有类型差别，如会计师和建筑设计师；也有层次差别，如技术工人，可分为初、中、高、技师和高级技师5个等级层次，每个等级的岗位能力要求均不同。管理岗位和技术岗位，能力要求差距也很大。因为中职院校学生刚毕业，主体上是进入技能型岗位，所以这里主要介绍技能型岗位的通用能力要求。

（一）岗位专业能力

无论个体学什么专业，将来选择什么岗位，都必须具备较强的专业能力，学好专业是学生的职责，是择业的本钱。即使在就业之后，也必须不断地提升岗位专业的工作能力，如果毕业后所选择的岗位与专业不对口，那么应不断提升综合能力，拓展思路。

（二）岗位学习能力

它是岗位专业能力的支柱。岗位胜任素质和胜任能力与学习能力密切相关，一个学习能力弱的人或学习意识淡薄的人，不可能有持续的岗位胜任能力，更谈不上岗位创新。因此，对中职学生而言，择业就业是人生岗位学习的开始，不是学习的终止。

（三）团队协作能力

中职学生从学校走向企业，进入了一个新的组织，团队协作能力是必备的岗位能力。培养团队协作能力主要是学会在不同的位置上各尽所能，与其他成员协调合作，与同事进行有效沟通，具有包容心，善于发现别人的长处，不能对个人得失斤斤计较。

（四）自我管理能力

对于新入职的中职学生来说，从管理能力来讲，主要是做好自我管理。岗位的自我管理能力是岗位发展的基础，也是团队建设的要素之一。自我管理包括自我学习的管理、工作时间的管理、岗位行为规范和岗位精神的培养等。一个既不遵守纪律又不想学习的员工，不仅不能实现岗位发展，而且迟早会被社会淘汰。

（五）岗位创新能力

具备了岗位创新意识，还必须锻炼岗位创新能力。想创新且有能力创新，这是新时代的企业对现代员工的客观要求，也是员工岗位发展的必然趋势，更是一名优秀员工的标志。中职学生只有在校期间就重视培养创新能力，提升自己的竞争力，才能在岗位上得到更好的发展。

（六）岗位沟通能力

沟通是人生重要的生存和工作技能，岗位工作也需要与各方沟通才能完成。沟通就是交流思想和想法，互相理解，互通信息，解除误会，提高效率，使组织更加协调。

三、养成良好的职业习惯

职业习惯是指一个人长期从事某种职业而养成的那种极富职业特点的言谈举止。职业习惯的基本要求可以总结为态度、效能和超越。

良好的职业行为习惯不是一蹴而就的，是通过日复一日的实践与锻炼养成的，在平时的工作与生活当中要注意细节，从细节做起，具体表现在以下几个方面。

（一）掌握企业行为规范与办公流程

俗话说："无规矩不成方圆。"规矩在企业当中也就是制度。规章制度可以保证企业的管理有序化、规范化。遵守公司的规章制度是一个员工应该具备的职业精神与职业素养的表现。

（二）及时反馈工作中的问题

在工作当中遇到不懂的问题要及时请教。对于很多刚进入职场的新人来说，对于不懂的问题往往会自己去琢磨，不敢去问领导，怕给对方添麻烦。其实在遇到问题的时候应该及时请教，避免用自己的主观意识判断，最终酿成错误。遇到不会的问题及时请教可以及时止损。

（三）做工作计划与总结

工作计划是对即将开展的工作进行设想与安排，工作计划是个体能高效完成工作的最有效的手段。制订工作计划的方式既可以是文字形式，也可以是表格形式。工作计划有以下4个必备要素。

（1）工作内容：要明确工作目标、工作任务都是什么。

（2）工作方法：要采取什么措施与策略去完成工作内容，也就是将"怎么做"具体明确。

（3）工作分工：要明确什么人来做什么。在安排的过程当中必须要做到胸有成竹，哪些先做哪些后做，应该根据轻重缓急合理安排。

（4）工作进度：要制定出完成期限，并将时间细分，预计各个阶段应该完成的事情，根据时间线开展工作。

（四）倾听工作安排，不懂就问

在领导布置任务的时候要注意仔细倾听，包括团队的任务、目标，以及开展工作的方式方法和每个人员的分工，等等，遇到听不懂的情况要第一时间请教。在领导布置完任务之后，用自己的话向领导复述一遍任务，以便双方对于事情的理解与表述是一样的，避免造成偏差，导致最终白白费力工作，还引起领导的不满。

（五）服从工作安排，勇于承担责任

勇于承担责任是一种优秀品质，也是在职场中生存的基础。无论职位高低，能力大小，都应该站在自己职务的角度，遇事独当一面，肩负起所在职位的责任。

（六）主动进行工作汇报

当领导安排了工作的时候要主动汇报工作进展。美国著名管理经营专家马克·麦考梅克曾说："谁经常向我汇报工作，谁就在努力工作；相反，谁不经常汇报工作，谁就没努力工作。"

主动汇报工作，有助于消除上下级之间因沟通不畅引起的误解。作为员工，不要等着领导问起才汇报工作，而要主动汇报，让领导及时了解个体的工作情况，察觉出员工工作中的问题，给予指导和帮助，这样不但可以避免执行跑偏，还能有效地化解危机。

主动向领导汇报工作，还能体现出员工尽职尽责、认真工作的职业态度，能给领导留下很好的印象；而且领导可以根据员工的工作进展，及时对后续工作做好安排。

四、做好时间管理与目标管理

（一）时间管理

俗话说："时间就是金钱，效率就是生命。"时间对每个人来说都很重要。每个人每天都有 24 小时，有的人将时间变成工作成果、变成成绩，而有的人任凭时光飞逝，之所以有这样的反差，主要在于是否有效利用了时间。

（二）目标管理

经典管理理论对目标管理（MBO）的定义为：目标管理是以目标为导向，以人为中心，以成果为标准，而使组织和个人取得最佳业绩的现代管理方法。目标管理又称"成果管理"，俗称责任制，是指在企业个体职工的积极参与下，自上而下地确定工作目标，并在工作中实行"自我控制"，自下而上地保证目标实现的一种管理办法。

现代管理学之父彼得·德鲁克于 1954 年在其名著《管理的实践》中最先提出了"目标管理"的概念。德鲁克认为，并不是有了工作才有目标，而是相反，有了目标才能确定每个人的工作。

◎知识窗
时间管理的特点

◎知识窗
OKR 工作法介绍与应用

实习女生怎样转正联合国

郑汉娜的特长之一是打招呼。做实习生的时候，她每天都认真打招呼，这让她在办公室所在的10楼居然无人不知、无人不晓。和那些认为只要和自己部门的人搞好关系就万事大吉的人不同，她和楼上、楼下各个地方的人员都相处甚好。能让她在这么短的时间里，建立起如此广泛人际关系的第一要领，就是交流的第一步：打招呼。

和不同国家的人聊天，是件让人兴奋而又有趣的事。所以，汉娜总是会找他们一起聊天，特别是看到那些精通三四国语言的人员，汉娜总会产生要更努力学习外语的动力。她明白即使只是对话，对她来说也是非常珍贵的经验。

实习时间快要结束的时候，汉娜不顾其他人的劝阻，执意提交了正式职员的志愿申请。结果，她的材料审核获得了通过。但并不是材料通过了审核就大功告成了，最重要的还是面试时的对答，很多人等了一辈子也没等到这个面试机会。因为联合国只有当出现空缺职位时，才可能招聘新的正式职员。先不说空缺很难出现，就算一时出现了空缺，那些有着不凡经历、过硬学历的人也早已排成了长队。

随着实习生活渐渐走向尾声，汉娜心中也越发焦急起来，因为她拿着6个月的旅游签证，过不了几天，就不得不离开美国了。虽然规定实习生活不得超过6个月，但是看到汉娜的诚恳和努力，上司硬是给她延长了1个月。她的礼貌、工作的认真，其他人都看在眼里。他们总会告诉她，哪里有空缺了，哪里需要人了。就在她准备回国前的第2天，她接到了面试的消息，没有想到面试当天平常要进行1个小时左右的面试，却在几分钟里结束了，没有一个提问。

面试官对她说："欢迎你。我们部门主要负责并执行这些工作，从今以后希望你能努力工作。"接着对她说："我们早就通过你的简历了解你了，更是从你的上司和同事那里，听到了许多你努力工作的称赞。报名的人虽然都有着华丽的背景，不过面试的时候，我们是带着这样的想法的：'我是不是真的很想与这个人共事；万一有一天被关在电梯里几个小时不能出来，我是不是愿意和这个人在一起。'你和其他把我想得太过可怕的人不同，你总是带着灿烂的笑容向我问好，走近我和我聊天。我肯定是更愿意和这样的你一起工作。"

点评：汉娜是在用一颗敞开的心灵，时刻准备着靠近别人，用一颗充满真诚的心去对待他人。汉娜的成功离不开她过强的岗位职业素养和过高的岗位胜任能力，而这些与她在校学习期间的勤学勤练是分不开的。从我们进入职场的那一天到结束的那一刻，社会永远都在不断地变化过程中，因此不管处在哪个年龄阶段，我们都需要不断地学习提高自己各方面的能力，才能面对工作带给我们的压力。

思考：在人工智能时代下，你认为提升岗位胜任能力需从哪些方面努力实践？

雇主需要的素质与能力测试

一、活动目标

了解职场所需要的素质与能力，并树立自觉培养职场素质的观念。

二、活动时间

25 分钟。

三、活动内容

表 8-3 是广泛被预期的雇主所需要的系列素质与能力的要求。在阅读了每条素质与能力的要求之后，用 1~5 分的分值在每个维度上进行自我评定（在相应空格中画"√"）。

表 8-3 雇主所需要的系列素质与能力要求

问题	自我评定				
	1 分	2 分	3 分	4 分	5 分
1. 拥有职位所需要的教育背景，并且获得了良好的成绩					
2. 拥有相关工作经验或实习经历					
3. 沟通以及其他人际交往技能					
4. 动机、坚韧和活力					
5. 问题解决能力和创造力					
6. 判断力和常识					
7. 适应变化的能力					
8. 情绪成熟度（行为职业化，并且有责任感）					
9. 团队精神（拥有团队工作的能力和兴趣）					
10. 积极的态度（具有工作的热情和主动性）					
11. 客户服务导向					
12. 信息技术技能					
13. 网络搜索技能					
14. 愿意持续学习与工作、公司和行业相关的知识					
15. 幽默感					
16. 独立、负责和尽职（包括良好的工作习惯和时间管理）					
17. 上级能力（有主动承担和完成任务的责任，并且能影响他人）					

四、评分标准

采用五档评分法：1 分 = 非常低，2 分 = 低，3 分 = 中等，4 分 = 高，5 分 = 非常高。

五、结果解释

（1）了解自己的优势和不足：那些自评得分在 4 分或 5 分的条目，将是你的优势，请继续保持；那些自评得分是1分或2分的条目，是你需要进一步提升的方面，建议考虑参加一些正规的、关于以上条目的自我发展、培训和教育。

（2）了解自己的职场竞争力：所有条目的平均得分在4分以上，说明有较好的职场竞争力，有更好的发展潜力；平均得分在2~4分，说明需要在保持优势的同时，对不足的方面进行加强；平均得分在2分以下，说明需要加强基础训练，从每一件小事做起，培养自己的职业素质。

主题8.3　终身学习和未来劳动

学习目标

1. 理解终身学习的内涵，了解未来的劳动和职场。
2. 能复述终身学习的特点，可归纳培养终身学习的5个习惯，愿意尝试培养习惯的方法。
3. 分析终身学习对个人的意义，愿意养成终身学习的习惯。

> ◎ 哲人隽语
>
> 人们在一生的每个阶段，都可以接触和学习许多形式的智力、体力方面的知识技能，它们的大门是敞开着的。
>
> ——保罗·朗格朗

微课

案例思考

好学的比尔·盖茨

比尔·盖茨最大的成功法则，就是他始终没有停止学习，学习并不一定非要在学校里完成，学校只是学习发生的一个环境。

在生活中，几乎所有的学习都发生在学校之外：在家里、在运动场上、在旅行中、在阅读的书籍里、在我们喜欢的爱好中，甚至是在手机中。著名演说家马克·吐温也曾说过："自我教育是唯一的教育方式。"

根据比尔·盖茨自己的估计，他坚持每周读一本书长达52年，其中许多书与软件或业务无关。在整个职业生涯中，他每年安排两周时间作为阅读假期。

思考：比尔·盖茨终身学习的习惯给了你哪些启示？你最近半年平均多久读完一本书？

一、终身学习的内涵及特点

（一）终身学习的内涵

1. 学习是一种持续终身的活动

终身学习是指开始于人的生命之初，终止于人的生命之末，包括人的发展的各个阶段几个方面的学习活动，既包括纵向的一个人从婴儿到老年期的各个不同发展阶段的各种学习，也包括横向地从学校、家庭、社会等各个不同领域的各种学习活动。终身学习彻底改变传统的学习观念、学习思想，对学习赋予了全新的认识，全新的理解。党的二十大报告指出要"推进教育数字化,建设全民终身学习的学习型社会、学习型大国。"

2. 学习是个体的一种自发的生活方式

"终身教育"是一种理念,"学习化社会"是一种保障措施,二者只为人的完善提供了条件,若要真正实现人的完善还必须通过个体的学习,内化为个人的经验才能实现。因此,"终身学习"的重要内涵就是,它是个体的一种自发的生活方式。在这样的生活方式中,学习者学会观察、听讲、表达自己的观点,提问题和思考;他能够认识到自己所需要的教育,并能规划和评价自己的学习。

3. 学习是多样化、个性化的

终身学习尊重每个人的个性和独立性,重视学习者自主、自发地不断发展,它不仅使学习内容多样化的范围扩大,而且教育、学习的技术与方法等也进一步扩大化,学习者可以自主地从多种内容和方法中进行选择。另外,终身学习的目标也是多样化的,"学会认知、学会做事、学会共处、学会生存"是终身学习理念的重要支柱与最终目标。

(二)终身学习的特点

1. 终身性

这是终身教育最大的特征。它突破了正规学校的框架,把教育看成是个人一生中连续不断的学习过程,是人们在一生中所受到的各种培养的总和,实现了从学前期到老年期的整个教育过程的统一。

2. 广泛性

终身教育既包括家庭教育、学校教育,也包括社会教育。可以说,它包括人的各个阶段,是一切时间、一切地点、一切场合和一切方面的教育。终身教育扩大了学习天地,为整个教育事业注入了新的活力。

3. 全民性

终身教育的全民性,是指接受终身教育的人,包括所有的人,不论男女老幼、贫富差别、种族性别。联合国教科文组织汉堡教育研究员达贝提出终身教育具有民主化的特色,反对教育知识为所谓的精英服务,使具有多种能力的一般民众能平等获得教育机会。而事实上,当今社会中的每一个人,都要学会生存,而要学会生存就离不开终身教育,因为生存发展是时代的主流,会生存必须会学习,这是现代社会给每个人提出的新课题。

4. 灵活与实用性

现代终身学习具有灵活性,表现在任何需要学习的人,可以随时随地接受任何形式的教育。学习的时间、地点、内容、方式均由个人决定。人们可以根据自己的特点和需要选择最适合自己的学习方式。

二、培养终身学习的习惯

(一)主动学习的习惯

1. 主动学习的定义

主动学习,意指把学习当作一种发自内心的、反映个体需要的活动。它的对立面是被动学习，即把学习当作一项外来的、不得不接受的活动。

主动学习的习惯，本质上是视学习为自己的迫切需要和愿望，坚持不懈地进行自主学习、自我评价、自我监督，必要的时候进行适当的自我调节，使学习效率更高、效果更好。

2. 主动学习的习惯的养成

主动学习的习惯主要包括6个方面：①把学习当成自己的事情；②对学习有如饥似渴的需要；③对自己的学习及时有效地进行评价；④主动调节自己的学习行为，以适应不同的环境和需要；⑤遇到困难坚持不懈；⑥要正确对待别人的帮助。

3. 培养主动学习习惯的要点

首先，要培养对学习如饥似渴的需要；其次，把学习当成自己的事情；最后，学会进行自我评价。

（二）不断探索的习惯

1. 不断探索的定义

不断探索，就是在未知的领域里，凭借自己的兴趣爱好、凭借自己的发现和寻找进行学习，多方寻求答案，解决疑问。

2. 培养不断探索习惯的要点

首先，要对周围某些事物、现象，对听到和看到的观点、看法有浓厚的兴趣。如果周围的任何事物和现象都引不起你的丝毫兴趣，不能令你有所感触，不能让你心动，那就不可能产生真正的探索。探索首先来源于兴趣。

其次，还需要不断丰富自己的信息资源。信息资源，既包括人际方面的资源，也包括知识方面的资源。

（三）自我更新的习惯

1. 自我更新的定义

自我更新，就是不固守已经掌握的知识和形成的能力，从发展和提高的角度，对自己的知识、认识和能力不断地进行完善。

2. 培养自我更新习惯的要点

第一，要让自己心态开放；第二，培养对新事物、新现象的敏感性；第三，要善于进行反思；第四，要进行自我更新；第五，虚心；第六，重视别人的意见，主动纳言。

（四）学以致用的习惯

1. 学以致用的定义

常常听到有学生抱怨学校里学的东西没有用，果真如此吗？学不致用，当然无用；学以致用，自然会有用。在我国现阶段的学校教学中，可能由于种种原因，教师并不能经常引导学生把刚刚学到的知识与生活实践联系起来，很少给学生出一些生活类的题目，把一段时期学习的某个专题，甚至多种学科的多个专题的知识结合起来，进行综合运用。

2. 学以致用的内涵

"学以致用"的精髓，一方面在于把间接的经验和知识还原为活的、有实用价值的知识。这个还原的过程需要有一双敏锐的眼睛和始终思考的心灵。而始终思考的心灵，则让我们不断去发现现象背后隐藏的规律。

"学以致用"的精髓，另一方面在于动手。理论上行得通的东西，在实践中做起来可能远远比想象的复杂得多。对于技术性的工作，最优秀的往往不是学历高的人，而是有操作倾向、操作能力和操作经验的人。

在"学以致用"的过程中，人们能够充分发掘自己的潜力。很多人对自己没有信心，认为自己这也不行、那也不行，肯定什么也做不好。所以，多做，就会发现自己能做的事情其实很多；少做，就会发现能做的事情越来越少。

3. 培养学以致用习惯的要点

首先，要经常观察和思考。观察和思考是一切智慧的源泉。现象和规律都是客观地存在着，就像苹果园里的苹果年年都会往下掉，被砸中的人也不计其数，却只有牛顿因此发现了万有引力定律，这就是观察和思考的结果。可以说，几乎所有的发现都来源于细心的观察和思考。

其次，要学会"做"。"做"是这一习惯的核心，我们要不断动手去做实验，验证自己提出的想法和观点。

（五）优化知识的习惯

1. 优化知识习惯的定义

在知识社会里，信息浩如烟海，有人说："会游泳者生，不会游泳者亡。"这里的"游泳"就是指管理知识与处理信息。可以肯定地说，21世纪最重要的学习能力就是学会管理知识和处理信息。具体地说，你不可能也不需要记住所有的知识，但你可以知道去哪里找你需要的知识，并且能够迅捷地找到；你不可能也不需要了解所有的信息，但你可以知道最重要的信息是什么，并且明确自己该怎么行动。

2. 优化知识习惯的内涵

首先，科学管理知识和处理信息，要学会反思。中国之所以有改革开放的巨变，得益于对历史与现实的反思。人类之所以向往和平与发展并越来越重视环境保护，也得益于对历史与现实的反思。具体到我们每一个人的真正进步，无不得益于对过去的反思。所以说，人之所以为人，反思是特别重要的特点之一。

其次，科学管理知识和处理信息，要学会有效地利用计算机和网络，同时要在了解的基础上避免对计算机和网络的不良运用。要学会管理知识和处理信息，不使用计算机和互联网几乎是不可能的。计算机的功能有很多，如游戏、绘图、统计、阅读电子出版物、看电影或动画片、听音乐，等等。

3. 培养优化知识习惯的要点

首先，要多思考。做错了题或写错了字，要自己主动思考，而不是急于去向老师、父母和同学问正确答案。因为学习是一个"悟"的过程，而"悟"是别人替代不了的。做完了作业，首先要自己检查，自己反思总结。

其次，要多复习。读书学习有一个把书变薄再变厚的过程，即读完厚厚的书或学完长长的课，经过反思会悟出最关键的东西，这就是把书由厚变薄。抓住最关键的东西，加以联想、引申、升华，薄薄的东西便逐步加厚，又成为一本厚书。但是，这已经不是原来的书，而是学习者个人独创的书。

再次，要多动笔。俗话说："好记性不如烂笔头。"由于写作比讲话往往更深刻、更理性、更严谨，多动笔便成为反思的基本方法之一。譬如，写日记、写读书笔记等方法，值得大力提倡，这对自己的成长有特殊意义。每个人的成长过程都是自我意识发展的过程，是个人与社会互动的过程，必定伴随着酸甜苦辣，而这些都需要自己去一一品味。

最后，有效利用互联网。计算机与互联网有如此大的作用和影响，我们要学会健康有效地利用互联网。

三、终身学习是实现职业生涯价值的需要

（一）终身学习是职业生存的需要

随着现代科学技术的发展，许多行业已不再是代代相承、永远不变。尤其是信息技术的迅猛发展，对人们的生活方式、学习方式产生着重要的影响，终身学习的重要性也越来越明显。"只有终身学习，终身受教育，才能终身就业"，终身学习已经成为现代劳动力市场的一条基本规律。

当今世界，科技突飞猛进，信息量与日俱增，社会各个领域的科学知识不断由单一走向多元，不断向更深、更广的层面发展，因此，要求人们迅速学习和更新专业知识。随着社会主义市场经济的快速深层次发展，职业分类也越来越细化、越来越规范，出现了很多新的职业领域。在工作中单靠原来学习的专业知识是远远不够的。

如果只满足现在所学的专业知识，迟早会被社会淘汰。只有不断地充实和开拓自己的知识领域，适应新的职业和岗位要求，才能跟上时代的步伐。因此，每个职场人都必须认清终身学习对自身成长和发展的重要性，自觉地树立终身学习的观念，不断地提高自身的素质，以适应职业生存的需要。

（二）终身学习是被尊重的需要

一个人想要受人尊重，首先得有一定的学识，具备较高的素质。而学习是获得这些的前提和必要条件。学习是人类生存和发展的重要手段，终身学习是我们自身发展的必由之路。"活到老，学到老"是每个人应有的学习观。人们已经感受到学习的必要性和重要性，主动提高自己内在素质的人越来越多。

终身学习对职场人更为重要。如果我们不能经常更新知识结构，不能对新知识、新技能保持好奇与敏锐，就有可能落后于时代的脚步，成为别人眼里的"老古董"，甚至被职场和社会淘汰。而且，人格的魅力在于通过知识积淀所形成的诸多良好的品质：修养、风度、气质、幽默感，对别人的尊重，以及对真理的追求与敬畏。因此，终身学习能使我们

永葆活力，更有魅力，更受职场的欢迎。通过不断地学习，我们才能使自己的学识更加渊博，才能提高自身的各方面素质和能力，进而获得别人的尊重。

（三）终身学习是提高幸福感的需要

幸福感是一种心理体验，它既是对生活的客观条件和所处状态的一种事实判断，又是对生活的主观意义和满足程度的一种价值判断。它表现为在生活满意度基础上产生的一种积极心理体验。而幸福感指数，就是衡量这种感受具体程度的主观指标数值。终身学习可以使我们紧跟时代的脚步，获得社会的认可，个人的认识有所提高，职场发展顺利，因此，个人生活的满意度也会随之提升，从而提升幸福指数。

从对幸福感的影响因素的分析中，我们不难发现，就业状况、收入水平、教育程度等因素起着至关重要的作用，而这些因素都可以通过终身学习去获得。对于个体来说，我们只有通过自己的刻苦努力，坚持不断地学习和实践，才能紧扣时代的脉搏，跟上时代的步伐，进而才可能拥有较好的职业和收入，提升职业幸福指数。

（四）终身学习是适应社会和实现个人梦想的必然要求

21 世纪是"知识爆炸"的时代，知识老化加速，职工更替频繁，社会变化急剧，任何人都不可能拥有足以应对社会发展的知识。因此，必须通过学习，不断丰富自己。学习是人类生存和发展的重要手段，要想更好地适应社会，驰骋职场，终身学习是必由之路。

通过终身学习，可以促进自己的学识、能力和素质的全面发展，提升个人的社会竞争力，适应飞速发展的社会，进而实现个人梦想。

四、展望未来的劳动和职场

（一）未来的发展趋势

1."互联网+"

2015 年 3 月 5 日，时任国务院总理李克强在提交第十二届全国人民代表大会第三次会议审议的《政府工作报告》中提出，制定"互联网+"行动计划，推动移动互联网、云计算、大数据、物联网等与现代制造业结合，促进电子商务、工业互联网和互联网金融健康发展，引导互联网企业拓展国际市场。通过"互联网+"形成的新的经济形态，就是当前与传统行业整合、融合发展的阶段，就像工业革命一样，改变着未来的生活方式和生产方式。

（1）支撑和驱动"互联网+"的技术要素。

——终端技术：这类技术包括移动芯片、传感器、新材料、新能源等多个方面。我们日常的手机就是最典型的终端设备，正是智能手机的普及，造就了移动互联网的空前发展。

——软件技术：这类技术包含云计算、大数据、人工智能、人机交互等多个方面。这些技术的发展延展了企业和技术的边界，也降低了企业的生产成本。

——网络技术：这类技术包含 5G 技术、NFC、工业无线技术等。便捷、快速的网络技术是对前两种技术的强力支撑。

（2）"互联网+"将迎来的变革。

①互联网+农业。是以互联网技术为支撑，将农业的标准化、规范化向前推进，实现现代化的耕种。在生产过程中，通过农场中的各种传感节点与互联网平台的通信，实时地掌控数据，将智慧化农业、牧业带到农业生产中，之后再通过网络平台打破农产品销售信息不对等，通过现代的物流体系、电商体系，为农民打开致富之门。

②互联网+工业。是实现智能制造、中国制造的未来，也是打破国外技术垄断的机遇，工业生产的智能化体现在设备的智能化、资源管理的智能化、供应链管理智能化、生产智能化多个方面。对于传统生产方式巨大的改变，也在影响着新一代产业工人的职业能力模型。

③互联网+民政。通过大数据的分析，政府的决策更加科学化、智能化，办事流程更加简洁、高效、透明。智慧化的城市建设，也大大提高了人民生活的质量和幸福感。

④互联网+创新创业。在大众创新、万众创业的大时代，互联网让创新这件事变得更加容易，加强了不同创业者之间彼此的链接、分享和共生。

2. 数据智能

从远古的结绳记事，到文字的发明，再到古代史官对于历史、人文、星象数据的记录，直到现在的大数据，不可否认的是数据记录存储方式的不断进步，从而推动技术的变革、生活质量的改变。人工智能的基础也是依赖于数据让机器更加智能化，不同的时期和科技水平下，"智能"的具体含义也是不同的。

数据化，不仅仅对于数据的记录，还包括分析、融入以及指导行为，通过互联网技术，我们的文字、地理坐标、情绪感受、健康状况等都被精确地数据化了。这些数据化的参数、指标也是人机交互的共同语言，未来的职业要想不被智能化、数据化取代，一定程度上，需要的是可以读懂和设计这些语言的人，就是现在产业工人的生存空间，大量的工业机器人替代了人工，但是这些控制管理机器人的背后是操作这些机器的人，设计程序、调整改良机器，甚至是"教育"这些机器。

智能化，是一个我们看到的结果，机器、系统逐渐取代人工，人为的决策也依赖于智能化的结果。不能否认，智能化是未来的一大趋势。而人们对于智能的发展，也一直都是喜忧参半。有人在担忧失业，有人在憧憬未来，有人在发掘行业机会，毋庸置疑，机器的逻辑算法必然超过人类，但是沟通能力、创造性思维等领域是不会被替代的，开放性、创造性人才永远是时代需要的。

伴随物联网、数据科学和计算能力的高速发展，可以断言，未来就是一个数据智能的时代，只有积极拥抱未来、关注科技，才能发现自己未知的可能性。

3. 组织变革

2020年初发生在全球的新型冠状病毒肺炎疫情给全球经济带来了巨大的影响，也在一定时间段内，改变了人们生活、工作、学习的方式。"在家办公""在家学习"一时间成了常态，很多企业在这个阶段被迫启动在线模式、互联网模式。这一巨大的冲击，结合着互联网的发展，一定程度上也将加速企业组织的变革。

（1）组织协同创新。创新不再是一个人的事情，而是不同团队成员之间协同完成，每个环节和上下游的关系也将更加紧密。

（2）领导者不再是管理，而是赋能。这一点可以从根本上改变组织结构模式，在互联网公司最为明显，领导更多的是给予团队支持，而不是命令。这样的赋能，也不再是源自一个领导者，可能是一套数据系统，或是一个部门、一个管理后台。

（3）生产模式。企业与企业之间的合作和分工更加精细化，万物互联的时代，不仅仅链接起来的是机器，链接的也是企业与企业之间的协同。这点可能改变公司或者颠覆传统公司的形态，团队与团队之间的合作共生不再是企业内部的事，而扩展到了企业之外。

4. 绿色环保

绿色环保理念的深入人心，也在改变着经济发展的方向，新能源已然成为一个发展潜力巨大的行业领域，传统行业也在节能环保方面取得了技术的不断进步。

绿色环保理念的发展促使社会出现了绿色职业和绿色技能。绿色职业是在农业、制造业、研发部门、管理和服务业领域有助于持续保护和恢复环境质量的职业；主要指那些帮助保护生态系统和生物多样性的工作，通过高效的方式减少能源、材料和水资源的消耗，避免废弃物污染环境的工作。

与绿色职业相似，绿色技能不仅包括绿色职业从业者的技能，还指所有行业从业者需要具备的绿色技能。与互联网技能一样，绿色技能将成为未来所有工作岗位的基本能力要求。因为绿色经济发展要求所有行业的工作者都具备一些基本的环境保护意识、能力和责任感，避免在工作中对环境造成破坏性影响。

（二）未来的职场

1. 新职业

随着社会分工的日益精细化，许多新职业随之产生。新职业是指经济社会发展中已存在一定规模的从业人员，具有相对独立和成熟的技能而尚未被国家正式承认（在我国，指的是未被纳入《中华人民共和国职业分类大典》）的职业。

2019年4月，人力资源和社会保障部发布了一批新职业，包括：人工智能工程技术人员、物联网工程技术人员、物联网安装调试员、大数据工程技术人员、云计算工程技术人员、数字化管理师、建筑信息模型技术员、电子竞技员、电子竞技运营师、无人机驾驶员、农业经理人、工业机器人系统操作员、工业机器人系统运维员13个。

2020年2月，人力资源和社会保障部、市场监管总局、国家统计局联合向社会发布了智能制造工程技术人员、工业互联网工程技术人员、虚拟现实工程技术人员、连锁经营管理师、供应链管理师、网约配送员、人工智能训练师、电气电子产品环保检测员、全媒体运营师、健康照护师、呼吸治疗师、出生缺陷防控咨询师、康复辅助技术咨询师、无人机装调检修工、铁路综合维修工和装配式建筑施工员16个新职业。这是自2015年版《中华人民共和国职业分类大典》颁布以来发布的第二批新职业。通过观察以上16个新职业，我们可以发现，这些职业都需要一定的专业知识，而且技术行业居多。不管是以前还是现在，技术人员都是企业的核心员工，所以不难推测这些职位的薪资待遇都很高。

2. 传统行业变革

互联网相关专业的火爆，让很多在校的学生为自己所学的传统专业而担忧，害怕毕业之后就业困难，或者所从事的工作不够"高大尚"，其实完全没有必要。首先互联网对传统行业其实是赋能的过程，也是彼此融合的过程，所以才需要"互联网+"的理念。那么对于传统专业的学生，在学生阶段，也应该有"互联网+"的思维，就是在自己专业技能的领域，学习相关内容的一些互联网知识、技能。这样就是在不断地增值的过程，也是传统行业变革的过程，所以，不管你学的是什么专业，在技能学习上是没有边界的。传统行业和互联网行业的边界在逐渐模糊，对于人才的能力也更加多元化，一个工厂的工程师可能需要懂得简单的编程知识，一个写字楼里的程序员可能需要懂得工厂的生产流程。传统行业的或是专业的变革，对人才能力的需求就是多元化、智能化。

◎知识窗

李开复写给大学生的第七封信

（三）应对未来的能力

1. 互联网+专业技能

无论在传统行业还是新兴行业，互联网思维已成为当下的主流，学生阶段的主要工作就是学习专业技能，但是必要的互联网技能或者思维一定是要在这个阶段养成的。这里通过对几个行业或者专业的分析，可以解释什么是互联网+专业技能。

（1）营销专业。这是涵盖各行各业、非常传统的专业，一些院校会细分到汽车营销、美妆营销这些具体的产业里。无论个体未来销售的是什么样的产品，都会有一个行业属性，汽车、医疗、化工这些都是行业属性，在学校里除了学习营销相关的知识，可能更多的就是这些行业的知识了。但是在实际工作中，随着企业的销售模式的互联网化，营销人员就需要具备相应的技能，企业运用各种技术手段以达成销售的目的，客户营销管理系统、新媒体矩阵、社群营销、直播带货等新的营销方式和技能正是"互联网+营销"的专业技能。那么个体就可能需要学习一些相关的软件、操作的技巧套路，甚至是管理的流程。

（2）汽车维修专业。这个专业代表了维修技师这一类传统职业技能专业，尤其在汽车领域，随着新能源汽车技术的发展，维修技术的方向也产生了巨大的改变，设备越来越趋向智能化。一方面是检测设备的智能化，另一方面是车载的智能化系统，这些都是需要学习的新技能方向。同时，随着汽车行业的发展，配套的充电设备的维护、车联网技术等新兴领域也是未来这个传统专业学生新的就业出口。

（3）管理专业。管理专业包含了一些细分的方向，如物流、金融、酒店、财务、生产等。这些行业的管理手段不再是过去的人管人，而是从流程上开始的数据化、在线化，每个行业也有专业的行业管理软件，这些软件让企业更加高效，让管理更标准化。所以尽早地接触这一类的软件也是互联网+职业技能的体现。

2. 职业素养+专业技能

职业素养其实不是一个技能，而是一系列技能的综合体现，甚至也包含了"互联网+"的思维以及专业技能的提高。所以真正的职场核心竞争力，就是职业素养+专业技能。

那么，职业素养的学习要如何开始、什么时候开始呢？可以肯定的是，职业素养的培养，越早开始越好。一个人的思维、习惯养成需要花费很长的时间，一个人的表达需要不断的演练，一个人自我管理和团队合作的意识也需要尽早开始，更重要的是自学能力的培

模块八　提升职业素养

养。这些与职业素养相关的能力并非一朝一夕可以掌握，有的人甚至工作多年依然职业素养能力不足。所以，在平时的专业技能学习的同时，不断提高职业素养的能力才是综合的职业能力。

总结案例

活到老学到老的于光远

著名经济学家于光远（1915—2013，图8-3）可谓活到老、学到老的践行者。为了不落后于时代，2001年，86岁的他开始使用电脑并建立了自己的网站；时隔5年后，91岁的他又开始开博客当"博主"。他每天花大量的时间坐在电脑前，除了吃饭、睡觉，他基本都在电脑上写着、学着、玩着、快活着。

头顶"著名经济学家"桂冠的于光远晚年开始攀登文学高峰，散文出手不凡，自称"21世纪文坛新秀"。90岁之前，于光远出版了75部著作，其中包括散文集《古稀手记》《窗外的石榴花》《我眼中的他们》《我的编年故事》等。他表示，不过百岁生日，要出百部著作，91岁时，他出版的著作已达80部。

图8-3　著名经济学家于光远

点评： 终身学习能帮助我们满足对世界的好奇心，开阔视野，发掘自我潜能，而且还能不断丰富我们的精神世界，使我们不断超越自己。于光远虽年逾古稀，但仍坚持学习和写作，笔耕不辍。而我们作为正处于求学阶段的学生更应该如此，因为学习是无时无刻都可以进行的，不能总是等到需要学习的时候才学习。我们作为生活在人工智能时代的中职学生更应该养成终身学习习惯，做一名合格的社会主义现代化的建设者和接班人。

思考： 作为即将走进职场的学生，你认为应如何做到善于学习、乐于学习、勤于学习？

关于终身学习价值的演讲比赛

一、活动目标

使学生充分认识终身学习和其价值,并愿意养成终身学习习惯。

二、活动时间

建议30分钟。

三、活动准备

每位学生结合课堂内容,通过上网及其他方式查阅相关资料,要求每个人结合自己的学习和实践经历,准备一篇关于终身学习的价值的演讲稿,字数约800字。

四、活动流程

1. 教师将学生按照4~6人划分小组,组内进行分享并选出最佳演讲稿。
2. 每组推选最佳演讲稿的同学代表本组参与演讲比赛。演讲内容为:
(1)什么是终身学习?
(2)终身学习的重要性有哪些?
(3)你准备如何做到终身学习?
3. 每名演讲者演讲结束后,其他组同学可以对其提问,演讲者现场回答。
4. 教师针对本次演讲比赛进行归纳、分析和总结。
5. 全班不记名投票选出本次演讲的冠亚军,教师根据各组在活动过程中的表现予以赋分。

参考文献

[1] 刘向兵. 劳动的名义［M］. 北京：中国工人出版社，2018.

[2] ［苏］B. A. 苏霍姆林斯基. 苏霍姆林斯基论劳动教育［M］. 萧勇，杜殿坤，译. 北京：教育科学出版社，2019.

[3] 彭新宇，陈承欢，陈秀清. 职业素养的诊断与提高［M］. 北京：电子工业出版社，2018.

[4] 罗小秋. 职场安全与健康［M］. 北京：高等教育出版社，2009.

[5] 本书编写组. 马克思主义基本原理概论［M］. 北京：高等教育出版社，2013.

[6] 檀传宝. 劳动创造美好生活［M］. 北京：中国劳动社会保障出版社，2019.

[7] 顾明远，边守正. 陶行知选集［M］. 北京：教育科学出版社，2011.

[8] 李珂. 嬗变与审视：劳动教育的历史逻辑与现实重构［M］. 北京：社会科学文献出版社，2019.

[9] 刘艾玉. 劳动社会学教程［M］. 北京：北京大学出版社，2004.

[10] 刘向兵，等. 新时代高校劳动教育论纲［M］. 北京：社会科学文献出版社，2019.

[11] ［美］Robert D. Lock. 把握你的职业发展方向［M］. 钟谷兰，曾垂凯，时勘，等，译. 北京：中国轻工业出版社，2006.

[12] 成志明. 苏宁：背后的力量——组织智慧［M］. 北京：中信出版社，2011.

[13] 董克用，李超平. 《人力资源管理概论（第三版）》学习指导与案例［M］. 北京：中国人民大学出版社，2013.

[14] 李艳. 人力资源管理工具大全［M］. 北京：人民邮电出版社，2009.

[15] 潘新民. 世界500强人力资源总监管理笔记 2［M］. 北京：化学工业出版社，2014.

[16] 王志杰，陈卫民. 职业素养基本训练［M］. 北京：中国劳动社会保障出版社，2015.

[17] 姚裕群. 人力资源管理与劳动保障案例集［M］. 北京：清华大学出版社，2015.

[18] 姚裕群. 人力资源开发与管理通论［M］. 北京：清华大学出版社，2016.

［19］［德］克里斯托弗·迈内尔，［德］乌尔里希·温伯格，［德］蒂姆·科罗恩. 设计思维改变世界［M］. 平嬿嫣，李悦，译. 北京：机械工业出版社，2017.

［20］［美］布朗温·卢埃林，［美］罗宾·霍尔特. 适合比成功更重要［M］. 古典，译. 北京：中信出版社，2013.

［21］［美］德鲁·博迪，［美］雅各布·戈登堡. 微创新：5种微小改变创造伟大产品［M］. 钟丽婷，译. 北京：中信出版社，2014.

［22］［美］菲利普·科特勒. 营销管理［M］. 梅汝和，梅清豪，周安柱，译. 北京：中国人民大学出版社，2001.

［23］［美］凯文·凯利. 必然［M］. 周峰，董理，金阳，译. 北京：电子工业出版社，2016.

［24］［美］克莱顿·克里斯坦森，［加］迈克尔·雷纳. 创新者的解答［M］. 李瑜偲，林伟，郑欢，译. 北京：中信出版社，2013.

［25］［美］克莱顿·克里斯坦森. 创新者的窘境［M］. 胡建桥，译. 北京：中信出版社，2014.

［26］［英］马特·里德利. 自下而上：万物进化简史［M］. 闾佳，译. 北京：机械工业出版社，2017.

［27］包季鸣. 领导力与职业责任［M］. 上海：复旦大学出版社，2012.

［28］曹建华. 职业素质教育［M］. 北京：国防工业出版社，2015.

［29］陈川雄，鲜跃勇，王志刚. 职业素质拓展［M］. 北京：高等教育出版社，2014.

［30］陈春花，曹洲涛，曾昊. 企业文化［M］. 北京：机械工业出版社，2010.

［31］陈烈强. 高职创业教育与实践［M］. 广州：华南理工大学出版社，2014.

［32］陈松，张大红. 移动互联网背景下市场营销策略创新性研究［J］. 人民论坛·学术前沿，2018（7）.

［33］陈涛涛. 世界500强企业面试笔试攻略［M］. 北京：中国法制出版社，2015.

［34］陈一鸣. 硅谷最受欢迎的情商课［M］. 北京：中信出版社，2013.

［35］陈苡，史豪慧. 市场营销学［M］. 2版. 广州：暨南大学出版社，2015.

［36］陈宇，姚臻. 就业与创业指导［M］. 北京：外语教学与研究出版社，2014.

［37］百度学术网 https://xueshu.baidu.com

［38］人民网 http://cpc.people.com.cn

［39］中华全国总工会 http://www.acftu.org